侯会 著

儒家经典

RU JIA JING DIAN

讲给
孩子的
国学
经典

（一）

生活·讀書·新知 三联书店

图书在版编目（CIP）数据

讲给孩子的国学经典. 第一册，儒家经典／侯会著. —北京：
生活·读书·新知三联书店，2020.8
ISBN 978 - 7 - 108 - 06833 - 0

Ⅰ. ①讲…　Ⅱ. ①侯…　Ⅲ. ①国学－青少年读物②儒家－青少年读物
Ⅳ. ① Z126-49 ② B222-49

中国版本图书馆 CIP 数据核字（2020）第 060924 号

责任编辑　王海燕
装帧设计　蔡立国
责任校对　陈　明
责任印制　宋　家
出版发行　生活·讀書·新知 三联书店
　　　　　（北京市东城区美术馆东街 22 号　100010）
网　　址　www.sdxjpc.com
经　　销　新华书店
印　　刷　河北鹏润印刷有限公司
版　　次　2020 年 8 月北京第 1 版
　　　　　2020 年 8 月北京第 1 次印刷
开　　本　635 毫米 × 965 毫米　1/16　印张 20.25
字　　数　218 千字　图 47 幅
印　　数　00,001－10,000 册
定　　价　48.00 元
（印装查询：01064002715；邮购查询：01084010542）

目 录

总序
该不该学点国学

一

孩子们要不要学一点国学？常有朋友提出这个问题。就让我们看看什么是"国学"吧。

"国学"一词有二义。最早是指设在京城的太学（又叫"国子监"），等同于帝制时期的"中央大学"。到了近代，"国学"又成为中国传统学术文化的统称。这后一义的产生和使用，是与清末"西学东渐"的大趋势分不开的。

那时国门半开，许多人对外来文化不无抵触情绪，于是便有了"临潼斗宝"式的反应：你有西医，我就祭起"国医"（中医）；你展示西画，我就挑出"国画"；你唱西洋歌剧，我就敲起"国剧"（京剧）的锣鼓；你有拳击，我就报以"国术"（中华武术）……西来学术统称"西学"，中国传统学术就称作"国学"。然而"不打不成交"，两种文化经过比拼较量，在众多领域形成中西合璧、互生互补的良性文化生态，这又是人们始料未及的。

时至今日，"国学"已定格为传统学术的同义语。宽泛地讲，这个"大筐"里无所不装："四书五经"、诸子百家、"二十四史"、医方兵书、诗文小说……几乎所有的传统典籍，都成为国学研究的对象。

二

也常听到不同的意见：都什么时代了，还搬出这些"陈谷子烂芝麻"来"难为"孩子？持此论者，不妨听听钱穆先生的一席话。

钱穆是当代著名的历史学家，他在《国史大纲》一书开篇说："任何一国之国民，尤其是自称知识在水平线以上之国民，对其本国已往历史，应该略有所知。"在"略有所知"的同时，尤其要"附随一种对其本国已往历史之温情与敬意"。

这种"温情与敬意"，表现为"至少不会对其本国已往历史抱一种偏激的虚无主义（即视本国已往历史为无一点有价值，亦无一处足以使彼满意），亦至少不会感到现在我们是站在已往历史最高之顶点（此乃一种浅薄狂妄的进化观）；而将我们当身种种罪恶与弱点，一切诿卸于古人（此乃一种似是而非之文化自谴）"。钱穆认为，只有明白这一点的人越来越多，这个国家才有向前发展之希望。

类似的话，大学者陈寅恪先生也说过。他认为，我们对祖先及本民族的历史，应秉持一种"了解之同情"。

三

朱自清先生是现代散文大家，他也主张学国学吗？——不但积极提倡，还身体力行，写过一本《经典常谈》，为年轻读者引路。谈到写书的缘起，他说：传统教育专注于"读经"，固然失之偏颇；不过终止"读经教育"，并不等于取消"经典训练"——那应是"中等以上的教育"中"一个必要的项目"。而"做一个有相当教育的国民"，至少应对本国经典"有接触的义务"。

《经典常谈》以作品为纲，依次介绍了《说文解字》《周易》《尚书》《诗经》"三礼"、《春秋》三传"、"四书"、《战国策》《史记》《汉书》等；另有"诸子""辞赋""诗""文"等篇，因涉及作品太多，只能笼统言之。——朱先生在书中没提"国学"这个字眼儿，但这本小册子所划定的，正是国学经典的范畴。

书以"常谈"为名，我理解，便是以聊天的口吻、通俗的语言，把艰深的学术内容传达给读者；是"切实而浅明的白话文导言"，"能启发他们（指读者）的兴趣，引他们到经典的大路上去"（朱自清《经典常谈·自序》）。

大教育家叶圣陶先生称赞朱先生这种"嚼饭哺人的孜孜不倦的精神"，并打比方说，读者如同参观岩洞的游客，朱先生便是向导，"自己在里边摸熟了，知道岩洞的成因和演变"，在洞外先向游客讲说一番，使游客心中有数，"不至于进了洞去感到迷糊"（《重印〈经典常谈〉序》，三联书店 1980 年）。

四

我年轻时每读《经典常谈》，常生感慨：一是省悟大师的白话散文如此优美，应与他蓄积深厚的国学功底密切关联；二来又感到遗憾——书的篇幅不长，正读到繁花似锦处，却已经结束了。

我日后动手撰写《中华文学五千年》（后更名为《讲给孩子的中国文学经典》），便是受朱先生《经典常谈》的感召与启发。书稿中除了对历代文学家做概括介绍，也挑选一些诗文辞赋、小说戏曲的代表作，予以讲解。——明眼的朋友还能从行文中看出对《经典常谈》的学习与模仿。

我的这套小书（包括不久后续撰的《世界文学五千年》，即《讲给孩子的世界文学经典》）问世二十七年，先后在大陆和台湾多家出版社再版，总数达二十多万套（四十余万册），可见即便不是大师之作，青少年学子对此类书仍是有需求的。

只是这套书的内容局限于文学，对经史、诸子着墨不多。几年前，有位出版界的朋友笑着问我：有没有新设想，把"文学经典"扩展到经学、史学、哲学、伦理等方面，写一套《讲给孩子的国学经典》？——我听了不禁心动：那正是《经典常谈》所"谈"的范畴。

然而国学典籍浩如烟海，又该从何谈起呢？我想到了《四库全书》。那是清代乾隆年间按"经、史、子、集"四部分类法编纂的一套大型丛书，尽管存在着这样那样的问题，但该丛书收入了较高文化价值的传统典籍三千五百余种（连同存目部分，超过万种），在保护、传承传统文化典籍方面，功不可没。

受此启发，我把《讲给孩子的国学经典》分为"儒家经典"（经）、"史书典籍"（史）、"诸子百家"（子）和"文集诗薮"（集）四个分册；从《四库全书》的四部中分别选取十几部乃至几十部经典之作，对各书的作者、内容、主题、艺术做概括介绍，并精选其中有代表性的篇目或片段，做出详注简析；另又采用"文摘"形式，力图把尽量多的精彩内容呈献给孩子们。

有大师开创的"常谈"模式，加上此前编写"文学经典"的点滴体验，本书秉承的仍是一如既往的形式和风格：不端"架子"，不"转（zhuǎi）文"，力求让严肃的经典露出亲切的笑容，使佶屈聱牙的文字变得通俗入耳，在古老经典与年轻读者之间搭起一座畅行无碍的桥梁……

撇开"训练""教育"这些略显沉重的字眼儿，年轻的朋友（还包括各年龄段的读者）完全可以抱着轻松好奇的态度来翻阅——好在不是侦探小说，不必一行不漏地从头读起；对哪册感兴趣，有需求，便可读哪册。也不妨翻到哪里，就从哪里读起。我深信，经典是有"磁性"的，以其自身的丰富、优美、睿智、理性、深邃，总能吸引到你。你也很容易发现，当个"有相当教育的国民"，承担对本国经典"接触的义务"，其实一点也不难，眼下的阅读，便是"现在进行时"。

顺带说到，本书所引古代诗文，以目前通行的版本为依据。注释及译文凡有歧义处，也尽量采用较权威的说法，恕不一一列出，特此说明。

前言
庄重儒典，轻松阅读

"读经""念经"各不同

在传统的四部典籍中，"经"部居首，专录儒家经典。而读经，也正是研习国学的重头科目。

"读经"可不是"念经"——"远来的和尚会念经"，念的是佛经，属于"翻译作品"。"经"的概念其实是地道的"国货"。"经"字的本义，是布帛的纵线，因其绵绵不绝，便有了长久之义。人们取其象征意义，用来称呼典范之作，有真理长存的意思。

荀子劝人读书，就说"始乎诵'经'，终乎读《礼》"，他所说的"经"，是指《诗经》《尚书》等儒家经典。在佛教传入之前，一提"经"，专指儒家经典。

佛教的传入约在西汉末年。和尚们见儒学典籍称"经"，颇有"高大上"的意味，便也借用"经"来称呼佛学典籍：《金刚经》《法华经》《华严经》等名称，便是这么来的。比起儒典称"经"，要晚上好几个世纪呢。

你也称"经"，我也称"经"，怎么区分呢？习惯上，人们把诵读儒经称为"读经"，也就是通过朗读或默诵，将书中道理理解后牢记于心；而"念经"则指佛教徒念诵佛经，口中喃喃有声，有时还敲着木鱼……

"经"有两种，研习方法各有不同，朋友们不要搞混哟！

从"六经"到"十三经"

最早的儒家经典有六部，称"六经"，即《诗》《书》《礼》《乐》《易》《春秋》。相传这六部经书都曾由孔子亲手整理，被当作课本来教导学生。

六经中的《诗》即《诗经》，是一部古老的诗歌总集。捧着这本厚厚的诗集，你会发现我们的老祖宗并不呆板，他们情感丰富、语言曼妙。贵族、田夫，姑娘、小伙儿，几乎人人都是出口成章的诗人。

《书》又称《书经》或《尚书》，是一部古老的历史文献汇编。儒家主张"敬天法祖"，老祖宗说的话、写的文章，自然要恭恭敬敬录于简策，奉为圭臬。

《礼》即《礼经》，也叫《仪礼》。儒家最重视礼仪规矩，上至国家政治，下到吃饭穿衣，都有一套严格的礼仪规定。《仪礼》就是记录并讲解礼仪的书。

"礼"的重要内容之一是祭祀，除了奉献祭拜，还要奏乐歌咏。于是《礼经》之外又有研究音乐的《乐经》。礼、乐并举，成为儒家的最高政治理想。——这个"乐"，可不是随便哼哼小调，乐和乐和！

《易》即《周易》，是一部跟占卜有关的书。《春秋》则是一部编年史，主要记录东周前期的历史。

不过儒家后学对《易》的兴趣远远超出占卜的范围，达到哲学的层面。《周易》的地位也因而蹿升，跃居"六经"之首。六经的排序，于是变成《易》《书》《诗》《礼》《乐》《春秋》。

可惜六经中的《乐经》很早就失传了，有人说被秦始皇的一把火烧掉了，也有人说相关内容并入了《礼》。——这样一来，"六经"也便瘦身为"五经"。西汉时，朝廷设"五经博士"，便是专门研究传授这五部经书及相关解经之作的。

后来又有几本先秦著作陆续受到儒家重视，"经"的队伍也不断扩展。例如，《礼》由原来的一部扩展为三部：《仪礼》《周礼》《礼记》；《春秋》也派生出三部解经之作：《春秋左氏传》《春秋公羊传》《春秋榖梁（Gǔliáng）传》。

此外，《孝经》《论语》《尔雅》《孟子》等，也相继被儒家学派接纳为经书。到南宋时，经书的规模基本固定下来，总共十三部，俗称"十三经"。——其中《尔雅》是一部字典，属于"小学"范畴。

经典中的经典

清代为编纂《四库全书》，成立了专门机构"四库全书馆"，参与编纂的学者们如纪昀、陆锡熊、戴震、姚鼐等，被称为"四库馆臣"。《四库全书》所著录的每本书，先由馆臣们批阅研读，编写内容提要，对该书的作者、主旨、源流、得失等做出简要评介。把这些提要编纂起来，便形成二百卷的目录大作《四库全书总目提要》（以下简称《四库总目》）。《四库总目》在四部之下又分若干类，有的在类下还有子目（也称"属"）。

看看"经部"底下是如何分类的。据《四库总目》可知，"经部"下又分十类，依次是《易》《书》《诗》《礼》《春秋》《孝经》、"五经总义"、"四书"、"乐"和"小学"。各类中除了收录经书原著，也收录历代的解经之作。有些著作是对五经的综合研究，便收入"五经总义"中。

"四书"的概念是南宋学者朱熹提出来的，他认为儒学要义全都包含在《论语》《孟子》《大学》《中庸》这四部书中，其中《大学》《中庸》是《礼记》中的两篇文章。

另外，《乐经》早已失传，《四库全书》仍将相关著作收拢来，编入"乐"类。至于"小学"，是研究文字的学问，打头的便是《尔雅》，那是"十三经"中的一种。

不能不说，在四库群籍中，"经部"诸书是经典中的经典。十三部儒家经典，部部含蕴深刻、体大思精，全是"难啃的硬骨头"。笔者不揣冒昧，尝试对这些经典做一点浅显的解说。纵然没有生花之笔，也力求做到让人听得懂、读得进。

也只有读进去，才能发现经典之美：《易》的超然深邃，《诗》的优美纯粹，《书》的宏深古朴，《礼》的庄重谨敬，《左传》的生动流畅，《论语》的仁厚亲切，《孟子》的雄辩畅达……

这还只是从文学角度欣赏；进一步阅读你还会发现，我们今天的道德观念、伦理准则、生活哲学、行为逻辑、思维模式、语词积累……大半都来自这些经典，只是你我浸润其中，浑然不觉罢了。

给孩子们讲国学经典，就从儒家经典讲起吧。

　　清乾隆年间，大才子袁枚买了一处花园，取名"随园"。花园的前主人是江宁织造隋赫德，更早的主人是曹寅，也就是《红楼梦》作者曹雪芹的祖父。袁枚很是得意，逢人便说：我这随园就是《红楼梦》中的大观园啊！他还在园门上贴了一副口气很大的对联："此地有崇山峻岭茂林修竹，斯人读三坟五典八索九丘。"

　　这副对联被同时代的学者赵翼看到了，故意发帖子给袁枚，向他求借"三坟五典八索九丘"。袁枚知道碰上"较真儿"的，只好悄悄把对联摘掉了。

　　"三坟五典八索九丘"是啥东西？原来那是上古时代的几部典籍："三坟"是指伏羲、神农、黄帝的书，"坟"有大的意思；"五典"是指少昊、颛顼（Zhuānxū）、高辛、唐尧、虞舜的书，"典"有法则的意思。总之，"三坟五典"是三皇五帝时代的经典大作。至于"八索"，就是八卦，"索"即求索。"九丘"是九州的志书，"丘"有聚拢之意，意思是把九州的地理物产、风土人情统统记录到书中。

　　这些书，袁枚还真拿不出来。三皇五帝是传说中的帝王，那时的典籍上哪儿找去？不过也别说，"八索"若指八卦，还能从《周易》中找到一些踪迹；而"五典"中的"唐尧""虞舜"之作，也还能找到几篇，收在儒家经典《尚书》里。

辑一 《周易》不仅是占卜书

是谁创造了八卦

就让我们先看看《周易》吧。这是一部占卜书，古老而又现代。

外出旅游常会碰上占卜算卦的：一位老者席地而坐，面前铺块儿白布，上面画着阴阳八卦，写着"《易》算大师""附送手相"等诱人的广告。还真有人停步求问：经商的问财运，年轻人问婚姻，学子问能否上名牌大学，老人问问啥时抱孙子……不过如今科学昌明，真信的不多；来算卦的多半是出于好奇，或干脆为了解闷儿。

古人则不同。倒推上万年，人类还很脆弱，他们拿着简单的工具和武器外出觅食，却往往空手而归；又常担心相邻部落突然打来，不知双方厮杀，胜算如何。——有没有法子预知未来、趋吉避凶呢？于是沟通天人、预测休咎（吉凶）的占卜术，便应运而生了。

较早的占卜术是拿龟壳或牛羊肩胛骨在火上灼烧，根据裂纹

商周人用作占卜的龟甲

的走向来判断吉凶。每个部族乃至国家都有专职的巫师或占卜官，遇到大事——战争啦，天灾啦，乃至婚丧嫁娶、狩猎远行……都要占卜一下，并把占卜的时间、事由、吉凶判断及占卜者的姓名，或繁或简地刻在甲骨上。所用的文字，我们就称之为"甲骨文"。据考察，这种"占"的预测术，早在七千年前就出现了。

还有一种占卜方法叫"筮"（shì），是拿蓍（shī）草来占验。蓍草是一种多年生的草，因为寿命长，人们认为它有灵性，能知过去未来。比起龟甲兽骨，蓍草也更容易获取。

照古书记载，八卦是大神伏羲发明的。先是黄河里浮出一匹龙马，背上驮"河图"；又有一只神龟出现，背上驮着"洛书"。——那是一些由黑、白点子组成的奇怪图案。伏羲便以"河图""洛书"为蓝本，又仰望苍天、俯视大地，观察鸟兽的花纹及远近人事，最终发明了八卦。

伏羲是传说中的三皇之一，三皇的另两位是女娲和神农。据神话讲，伏羲和女娲还是一家子呢！他俩本是兄妹，后来发了洪水，人类都跟鱼虾做了伴，只剩伏羲、女娲躲过浩劫，跑到昆仑山上。为了延续人类，兄妹俩结为夫妻，生儿育女。今天的中国人，据说都是他俩的后代。

这么说，八卦应当与人类同寿了。可是根据严谨的科学考察，八卦应当兴起于商末周初，距今三千多年，很可能是由商、周的巫师、卜官创作并归纳的，跟"人文始祖"伏羲没啥关系。伏羲只是传说中的人物——甚至有人说，伏羲不是人，是只大葫芦！

八卦与计算机

就说说八卦吧。八卦共有八组卦图，而基本单位却只有两个：一个是整画"━"，叫"阳爻（yáo）"；一个是断画"╍"，叫"阴爻"。把阳爻、阴爻三个一组搭配起来，可以排出八组不相重复的卦，每卦有个专名，代表一种事物。

例如三个阳爻排在一起（☰），称作"乾"，代表天。三个阴爻排在一起（☷），称作"坤"，代表地。人们称天地为"乾坤"，便是由此而来。

此外，乾、坤还分别代表男、女。旧时婚姻，要为男女双方合"八字"，分别称"乾造"和"坤造"。此外，古代称君权和夫权为"乾纲"。而日常所说的"坤伶""坤表""坤车"，则是指女演员、女款手表及女式自行车。

乾、坤两卦一阳一阴，都很"纯粹"。若拿阳爻、阴爻相互穿插配合，又会怎样？如用两阳爻一阴爻，或两阴爻一阳爻配合，又各能组成三种卦象，连同乾、坤两卦，共是八组（☰、☱、☲、☳、☶、☵、☴、☷），称乾、兑（duì）、离、震、艮（gèn）、坎、巽（xùn）、坤；分别代表着天、泽、火、雷、山、水、风、地。——这也就是所谓的"八卦"了。

照古人的说法，天地未分时的混沌状态称"太极"，后来清者上升，浊者下降，分出阴、阳，是为"两仪"。再由两仪生出金、木、水、火"四象"（也有说四象是指"东、西、南、北""春、夏、秋、冬"或"太阳、太阴、少阴、少阳"的）。最终四象再衍生出"八卦"。——其中奥妙，真是玄而又玄！

只是八卦所代表的事物毕竟有限，怎么能再扩展呢？于是有聪明人把八卦两两重合，排列成六十四组不相重复的卦象。天地万物、大千世界，便都包含其中。

回头看看，这么复杂的体系，它的基本单位只有阳爻和阴爻，多么神奇！而一阴一阳构成大千世界的道理，还启发了西方学者。三百多年前，欧洲兴起一股中国文化热。德国数学家莱布尼茨（1646—1716）惊奇地发现：《周易》以阴、阳构成一切的做法，使用的是二进制数学模式。

我们今天使用的数学模式是十进制的，研究从 0 到 9 这十个数字。二进制则只有 0 和 1 两个数字符号，相当于电流断开与接通的两种状态，这正适用于计算机的运算。——日后计算

世界上最早的手摇计算机，是莱布尼茨根据周易原理发明的

机的设计，便采用了二进制模式。

今天无论学习、工作还是生活，谁又离得开计算机呢？而计算机的设计原理，竟是受《周易》的启发。谁说八卦老掉牙？它所包含的认识机制，至今还焕发着生机！

把八卦重叠为六十四卦的人，相传是姬昌，也就是周武王姬发之父，后来被追封为周文王的那位。他本是殷商朝的部族领袖，被商纣（Zhòu）王囚禁在羑里（Yǒulǐ）那地方，坐在牢里闲得无聊，便拿一把蓍草摆弄来摆弄去，最终演为六十四卦。——而记录、讲解六十四卦的书，便是《周易》。

不易捉摸的"易"

先前叫《易》的书有三部：《连山》《归藏》《周易》，合称"三易"。可惜前两部已经失传，只剩下一部《周易》。《易》也就成了《周易》的专名。

为什么叫"周易"呢？"周"当然是指八卦盛行的周代。不过也有人说，"周"还有周遍、普遍之意。——也对，六十四卦涵盖天地、包罗万象，没有什么不能测知的。

至于"易"，解释就更多。一说"易"字上面是个"日"，下面是个"月"，日为阳，月为阴，一阳一阴便是世界的全部了。

另一种说法，"易"是简易的意思。你看，不用龟壳兽骨，无须复杂的仪式，只用阴阳两爻重叠变化，便能预测吉凶，多么简易！

还有人说，"易"是个动词，指变易。暑往寒来，红颜白发，无论是自然还是人事，总在不停地变易。然而变又是好事，《周易·系辞》便说"穷则变，变则通，通则久"（穷：困窘。通：通达。久：久远）嘛！万事万物有变化才有发展。

《周易·系辞》还有"生生谓之易"的说法。"生生"就是不停孳生，新陈代谢。这里依然是变的意思。

《系辞》是后人对《周易》的解释，不一定就是"易"的本义。至于东汉许慎《说文解字》说"易"即蜥蜴，也就是俗称的"变色龙"，一天十二个时辰不断变换颜色——也仍是强调变易。

另有学者说"易"本是官名，也就是"觋"（xí）——古代女巫称"巫"，男巫称"觋"。本来嘛，算卦占卜正是巫师的老本行。

还有学者推测，八卦的名称最初大概也来自官名。据说伏羲时代有八位高官，上朝时手中握着圭板——那是一种礼器，长条形，一尺来长，上尖下方。其中天官的圭板上刻着乾卦，地官的圭板上刻着坤卦，还有火官、水官、木（或风）官、雷官、山官、泽官，圭板上分别刻着离、坎、巽、震、艮、兑，被称为"八圭"。后来用作占卜，"圭"旁加个"卜"字，便成了"八卦"。——这样的解说，倒也蛮有趣儿。

卦名与爻题

总的说来，六十四卦便是《周易》的全部内容了。而每卦又包含六爻，加起来共三百八十六爻。——本应是三百八十四爻，然而《乾》《坤》两卦地位特殊，各多出一条"用爻"来。

这么多卦啊爻啊，使用起来可有点儿不方便。不怕，古人又给每一卦、每一爻都取了专名和序号，即"卦名"和"爻题"。——我们把六十四

阴阳八卦图

卦的卦名列在本节的末尾，它们依次是"乾""坤""屯""蒙""需""讼""师""比"……也有两字的卦名，如"小畜""无妄""明夷""归妹"……

爻题则有个大致规律：阳爻称"九"，阴爻称"六"。每卦六爻，从下往上数。最下一爻称"初某"，是阳爻的就称"初九"，是阴爻的就称"初六"；下起第二爻，是阳爻则称"九二"，是阴爻则称"六二"；第三爻则称"九三"或"六三"，依此类推。到最上一爻，称"上九"或"上六"。

这么说有点抽象，还是举个例子来看。如《泰》卦，从卦画看，是上"坤"下"乾"叠加在一起（䷊）。爻题依次是"初九、九二、九三、六四、六五、上六"。再如《咸》卦，从卦画看是上"兑"下"艮"（䷞），爻题则是"初六、六二、九三、九四、九五、上六"。——那么《既济》（䷾，上"坎"下"离"）

的爻题又该如何表述？你不妨自己试试。

有人说，爻题从下往上数，多别扭！其实自然界的大树小草，不也是从下往上长吗？其中蕴含的生生不息之气，反映的正是《易》的精神。

附录：

《周易》六十四卦卦名

一、乾，二、坤，三、屯，四、蒙，五、需，六、讼，七、师，八、比，九、小畜，十、履，十一、泰，十二、否，十三、同人，十四、大有，十五、谦，十六、豫，十七、随，十八、蛊，十九、临，二十、观，二十一、噬嗑，二十二、贲，二十三、剥，二十四、复，二十五、无妄，二十六、大畜，二十七、颐，二十八、大过，二十九、坎，三十、离，三十一、咸，三十二、恒，三十三、遁，三十四、大壮，三十五、晋，三十六、明夷，三十七、家人，三十八、睽，三十九、蹇，四十、解，四十一、损，四十二、益，四十三、夬，四十四、姤，四十五、萃，四十六、升，四十七、困，四十八、井，四十九、革，五十、鼎，五十一、震，五十二、艮，五十三、渐，五十四、归妹，五十五、丰，五十六、旅，五十七、巽，五十八、兑，五十九、涣，六十、节，六十一、中孚，六十二、小过，六十三、既济，六十四、未济。

（注：《既济》的爻题依次为"初九、六二、九三、六四、九五、上六"，你答对了吗？）

《易传》：为《易经》插上翅膀

有了卦名和爻题，也还是茫无头绪。别急，古人又给每一卦、每一爻配上了解说文字，分别称"卦辞""爻辞"，合称"卦爻辞"，总共有四百五十条之多。

只是这些卦爻辞的文字都很简略，有的甚至读起来不知所云。——譬如开篇第一卦是《乾》卦，卦辞是"元亨利贞"；爻辞依次是"初九，潜龙勿用""九二，见龙在田，利见大人""九三，君子终日乾乾，夕惕若，厉，无咎"……每条寥寥数语，言辞古奥，不加注解便很难读懂。

"经"难懂，就出现了解经的"传"——注意，儒家经书一般都带有解经之作，称为"传"或"记"。而广义的《周易》，便是由《易经》和《易传》组成的。

《易传》不止一种，有《文言》、《彖（tuàn）》（上下）、《象》（上下）、《系辞》（上下）、《说卦》、《序卦》、

《周易彖》书影

《杂卦》，共七种十篇，又称"十翼"——如同给《易经》插上了翅膀。

《易传》的内容，有的是对卦名、卦义及卦爻辞的解释，有些则是对经文的发挥。至于它们的作者，有人认定是孔子。——孔子晚年喜读《周易》，曾说过：让我多活几年，五十岁再研读《周易》，就不会犯大错了（"子曰：'加我数年，五十以学《易》，可以无大过矣。'"《论语·述而》）。司马迁写《孔子世家》，说孔子读《周易》十分刻苦，由于反复翻阅，把编竹简的皮绳子都磨断了好几回（"韦编三绝"）！——读得刻苦，自然有许多心得体会，记录下来，便成了"十翼"。

不过又有人说，"十翼"的作者多半是战国乃至秦汉的学者。只是他们在讲解《周易》时，不时提到"子曰"如何如何；是假借孔子的大名呢，还是真的握有孔子读《易》的"秘籍"，就不得而知了。

给"元亨利贞"点标点

《乾》卦是《周易》开篇第一卦，卦辞只有四个字："元亨利贞。"对此，古今学者有不同解释。

《文言》认为，这四个字应该断为"元、亨、利、贞"，代表着上天"四德"。君子受四德的熏陶感化，便能率众行仁、扬善合礼、施惠循义、坚贞有成。

此外，也有人把"元亨利贞"跟四季相匹配，认为符合春种、夏长、秋收、冬藏之理。讲得头头是道。

这中间，也有人表达了不同意见。当代学者高亨便说，"元亨利贞"几个字在《周易》中多次出现，如《坤》卦中便有"元亨利牝（pìn）马之贞"的表述。牝马就是母马。照上面的解释，是不是说母马也讲"四德"，也有"贞操"呢？这成了什么话？

南宋版《周易注疏》书影

其实，《周易》的卦爻辞是有规律的，无论文字多少，大致总能分成两部分。前一部分记述事实、描摹现象，后一部分判断"休咎"（吉凶）。据此，"元亨利贞"也应分为两部分："元亨"和"利贞"。

高亨解释说："元"有大的意思，"亨"在古代可以跟"享"相通；"享"就是祭祀，"元亨"实指大享之祭，那是祭祀先王的隆重典礼。——这是卦辞的记事部分。

"利贞"则是判断吉凶的部分。"利"是好的意思。"贞"除了有贞节、坚贞之义，还有占卜之义。——你看，"贞"的上部是个"卜"字，下面的"贝"表示占卜时所送的财货。

可能古人大祭时卜得《乾》卦，结果都很顺利；于是卜者总结经验，便有了"元亨，利贞"的卦辞，意思是卜得此卦是利好之兆。这样解释，显然比"四德"之说更有说服力。

顺带说到，在《周易》卦爻辞中，有几个吉凶判断的字眼儿是巫师卜官们常用的。如上面提到的"吉""利",都是好兆头。同类字眼儿还有"大吉"、"元吉"(也是大吉)、"终吉"(最后结果为吉)等。

至于负面的判断,则多用"吝"(艰难)、"厉"(危险)、"悔"(困厄)、"咎"(灾患)、"凶"(大祸)等字眼儿,程度一层比一层深。

有时候,也用否定的方式表达正面的判断,如"悔亡"(即"悔无")是说先有困厄,后来克服了;又如"匪咎""无咎""无不利"等,也属这类用法。

《乾》卦里面净是龙

说罢卦辞,再看看《乾》卦的爻辞——前头说过,《周易》每卦均为六爻,不过《乾》《坤》两卦特殊,各多出一条"用爻"来:

> 初九,潜龙勿用。
>
> 九二,见龙在田,利见大人。
>
> 九三,君子终日乾乾,夕惕若,厉,无咎。
>
> 九四,或跃在渊,无咎。
>
> 九五,飞龙在天,利见大人。
>
> 上九,亢龙有悔。
>
> 用九,见群龙无首,吉。

北京北海公园九龙壁上的神龙形象

我们发现，这七条爻辞几乎都提到了龙。龙是传说中的神物：鹿角蛇身，鱼鳞鹰爪，上可腾云，下可潜水……只是儒家学者受先师孔子的教诲，避谈"怪力乱神"（怪异、暴力、悖乱、鬼神），于此处只好含混解释说：龙乃"变化之物"，象征圣人之德——"龙德"。于是《周易》里的"龙"也便成了圣人、君子的精神象征。

"初九，潜龙勿用"是说"建子之月"（夏历十一月，乃周历一岁之首）阴气正盛，阳气潜伏于地下，尚未萌发。此刻"小人之道"盛行，"龙德"圣人只宜深藏隐居。此条结论是"勿用"，即啥事也别做，静待时机。

"九二，见龙在田，利见大人"是说随着阳气上升，圣人出离隐居状态，进入社会层面。虽然暂时还无所作为，但跃跃欲试，前途向好，因此说"利见大人"——适合拜会身居高位的人：找工作的去见老板，求学的拜见导师，都是吉兆。

不过也有人说，这里的"大人"应指圣人本人；"利见大人"是说天下之人宜见圣人。无论如何，筮得此爻，大大有利就是了。

"九三，君子终日乾乾，夕惕若，厉，无咎"是说君子的事业已经起步，干得很卖力。"乾"的意思是健，"乾乾"即刚健奋发、自强不息之貌。不但白天拼命干，夜晚休息时也心怀警戒，不敢放松。"夕惕若"的"夕"是夜晚，"惕若"是忧惧、警惕的样子。——一个拼命工作又日夜警惕的人，即使有危险（"厉"），也总能逢凶化吉、遇难成祥（"无咎"），那几乎是一定的！

再看，"九四，或跃在渊，无咎"。按前人解释，"或"即惑。这是说君子不要一味冒进，有所疑惑则应停下脚步思考、休整，如此方能"无咎"。"渊"即水潭，那里是神龙的巢穴，最适合它休养生息。

"九五，飞龙在天，利见大人"是说龙德君子重新出发，所谓"蛟龙终非池中物"，最终总能一飞冲天。此乃事业发达之象，筮得此爻，自是吉兆。——"九五之尊"可是帝王之位！

然而物极必反："上九，亢龙有悔。""亢"有高的意思；谁不想在事业上更上层楼、步步高升呢？然而高处不胜寒，身居高位的人总是孤独的，很容易成为众矢之的；若不知警戒，结局肯定不妙，困厄（"悔"）也随之而来。

"用九"的爻辞是"见群龙无首，吉"。孔子解此卦时，说过"天德不可为首"的话。唐代学者解释说：物极必反，不表现出谦和退让，一味强出头，就要走向反面了（"九是天之德也，天德刚健，当以柔和接待于下，不可更怀尊刚，为物之首"）。

后人说"木秀于林，风必摧之"，又说"出头的椽子先烂"，看来这个"头儿"可不好"出"啊！而"群龙无首"刚好契合孔子"天德不可为首"的话，因而这又是吉兆。

当代学者说《乾》卦

本想把《易传》"十翼"中有关《乾》卦的《文言》《彖》《象》《系辞》等内容，连同历代学者的注疏文字一股脑儿抄在这里，却又怕洋洋万言，多占纸张。

令人疑惑的是：商、周时的巫师卜官们，真的有那么广博的学问、深邃的思想，能在拢共不足百字的卦爻辞中，注入如此广博艰深的意义吗？当代学者对此表示怀疑。

相比之下，当代学者的阐释似乎更接近经典本义。有学者认为，《乾》卦中的"龙"根本不是什么圣人"龙德"，而是指一种神秘动物——至少古人认为它绝对存在，深信不疑。

据《左传》记载，鲁昭公二十九年秋，"龙见于绛郊"。"绛"即今天的山西绛县，当时是晋国的国都，龙就出现在都城郊外。

此事还引起晋国大夫魏献子和蔡墨的关注，两人展开一场讨论。他们提到：龙是"虫"中"智者"，很难生擒。又说虞舜时曾有"豢龙氏""御龙氏",专门能调教龙、驾驭龙。又说龙经过驯养可以骑乘,还能驾车。龙也分雌雄,且肉味鲜美……

当代学者认为,《左传》记述的"龙",很可能是一种未经驯化的野马。不错,古人相马,即有"八尺为龙,七尺为騋(lái),六尺为马"的说法。

蔡墨在讨论中还说龙是"水物",本属"水官"管辖,后来朝廷不再设水官,豢龙、御龙之术也随之失传。——野马倒也常在水边栖息。

两位饱学的古人自然也谈到《周易》中的龙,历数有关龙的卦爻辞:"潜龙勿用""见龙在田""飞龙在天""亢龙有悔""龙战于野"……好几条都出自《乾》卦。

可见讲《乾》卦,不必兜圈子说什么"圣人""龙德"之类,龙就是龙,如此而已。简单地说,"潜龙"是说龙潜藏不见、静而不动。"见龙在田"是指龙出现在田野上,与《左传》中"龙见于绛郊"的情形相仿。"或跃在渊"则指龙跃于深潭——既然是"水物",跃入水中自然是"得其所哉",因而说"无咎"。而"飞龙在天"则是获得充分发展空间的好兆头。

至于"亢龙",学者以为"亢"即"沆"(hàng),是指草多水浅的泥坑,龙处其中,乃被困之象,故说"有悔"。而"群龙无首"则是指群龙高飞入云,龙首被云所遮蔽,人们只能见到龙身龙尾,那当然也是升腾之象,因而是吉兆。

如此解释,简单明了,可能更合古经本义。

《坤》卦：马儿啊，你慢些走

《坤》卦卦辞字数稍多：

> 坤：元亨，利牝马之贞。君子有攸往，先迷后得主，利。西南得朋，东北丧朋。安贞吉。
>
> ◎牝马：母马。◎有攸往：有所往。

仍如《乾》卦卦辞，"元亨"是说从前举行大享之祭时曾筮得此卦。"利牝马之贞"则表示占问母马之事，得此卦为利好。如母马怀孕生驹，必定是马驹健壮、母子平安。"贞"依然是"占"的意思。

在古代，马匹无论在生产还是战争中，都是重要物资。母马生育繁殖，是种群扩大、财富增值的大事；主人占得此卦，当然喜上眉梢。

同是《坤》卦，若用来占问君子前途，又将如何？例如君子要去旅行，一路上顺利吗？卦辞说：恐怕有点小波折——前半段有迷失道路的危险（"先迷"），不过还好，最终能回归正道，找到客店（"后得主"），所以仍是利好。

还要注意，往西南走更有利，会遇到朋友，得贵人相助（"西南得朋"）；往东北则问题多多，与伙伴同行，中途可能闹翻或失散，甚至伙伴死掉也未可知（"东北丧朋"）。——不过也有人说，"朋"还可以代指钱财：古人以贝壳为货币，十只贝壳用绳子一穿，叫作一"朋"。因此"得朋""丧朋"又可能有发财、破财之意。总之，占问旅途安否，得此卦为吉兆。但也要小心，中间不无禁忌。

以上是今人对卦辞的理解。那么古人又是怎么看呢？唐代学者解释说：《坤》卦是《乾》卦的对立面，乾代表高天，坤代表大地，这也决定其柔顺、广大的特点。

提到"牝马"，只是一种比喻。因为坤道属阴，而"牝"（雌性的）与"牡"（雄性的）相对，也属阴。且《坤》卦的马与《乾》卦的龙相比，显然要柔顺许多。——牛难道不"柔顺"吗？为什么不以牛为喻呢？唐人说：牛不能"行地无疆"，无以表现大地的"广生之德"，马却可以。

至于"君子有攸往，先迷后得主"，则是说属性为"坤"者——譬如女人、臣下、仆从乃至母马，要找对自己的位置，不要跑到男人、国君、主子或公马的前头去，否则就要迷失方向（"先迷"）。只有跟在后面夫唱妇随、君先臣后、母马随着公马走（"后得主"），才能阴阳和谐、天下太平。这样解说，固然符合古人的尊卑观念，然而是否就是卦辞原意，则要打个大大的问号。

古代学者接下来又解释：按八卦规定，西南属阴，东北属阳。占得《坤》卦，自然往西南走更有利。

想想挺有意思：今天的旅行者出发前忙着查看地图，了解道路状况及风土人情。古人则是忙着算卦，若筮得《坤》卦，原定的东北之行就有可能被取消。上天的警示，岂可等闲视之？

《坤》卦爻辞歧义多

《坤》卦的爻辞也是七条，仍是惜墨如金：

> 初六：履霜，坚冰至。
>
> 六二：直方大，不习，无不利。
>
> 六三：含章可贞。或从王事，无成有终。
>
> 六四：括囊，无咎无誉。
>
> 六五：黄裳，元吉。
>
> 上六：龙战于野，其血玄黄。
>
> 用六：利永贞。

先看"初六"。"履霜"即踏霜，这是秋天的景象。秋天阴气凝结，不知不觉，冰封雪盖的冬天就来到了（"坚冰至"）。此爻是说事物的大变化总是从微小的转变逐渐累积而成，所以要防微杜渐，不可掉以轻心。

"六二"有些难解："直方大，不习，无不利。"有人说，"直""方""大"都是大地的特征，地平线是直的，大地是方的（天圆地方嘛），又是广阔无垠的。所象征的道德理念，是正直、端方，胸怀广阔。秉承了这样的道德，就是不去刻意修习（"不习"），也可以事事顺遂，无往而不利。

另一种解释这样断句："直方，大不习，无不利。"学者说：古代"直"字可代"执"，也就是掌握、操作。"方"是指将两条船并在一起，也指竹木编成的筏，行于水上十分安稳，不易翻覆。"大不习"是很不娴熟的意思。此爻意思是说，驾驭"方"舟的人，即便技术很不熟练，也绝无翻船的危险。这两种解释，哪种更合经文原义呢？

对于"六三：含章可贞。或从王事，无成有终"，人们也有不同理解。一种认为："含章"是指美德蕴含而不显露，暗喻辅佐君王，有功不居，最终会得善果；另一种则认为"含章"暗示武王伐纣的那段历史。占卜遇此爻，诸事可行；作为从征者，即使没有显赫战功，也可受赏。两种解释孰是孰非，也很难判断。

"六四：囊括，无咎无誉"是说把口袋扎紧（"括"是打结），袋里的东西出不来，袋外的东西进不去，如同一个人闭目塞听、不闻不问，还会有什么毁誉麻烦呢？

"六五：黄裳，元吉"是说古人以黄色裙裳为吉服，故得此爻者为大吉之兆。也有人说，黄色在五色中最高贵，而"裳"类似裙子，是下体之服；这刚好符合"坤"的地位：身份高贵却又居于臣位，故为大吉。这后一种解说，也仍有牵强的意味。

"上六"中又出现龙的形象："龙战于野，其血玄黄。"两条龙在野外"死掐"，以致受伤流血，血色一黑一黄（"玄"即黑）。这景象够惨烈的！

古人的说法是：上六乃"阴之至极"，而阴到极盛时，也可以显现为龙形。阴龙、阳龙相斗，还能有好结果吗？此爻没有吉凶判断，解经的人说，这是两败俱伤之象，吉凶还用说吗！

"用六"爻则只有三个字："利永贞。"也就是说，占得此卦，用来卜问长期的吉凶，结果是利好；跟卦辞中的"安贞吉"倒是一致的。

"积善之家，必有余庆"

古人对《易经》的疏解，多有附会之处，还总喜欢往伦理、政治等大道理上靠，仿佛经书每个字都隐含着微言大义似的。

其实呢，《周易》古经的编纂，更可能是古人在整理占卜档案的基础上归纳而成的。卦辞、爻辞之间有的联系紧密，有的关系松散，有的甚至根本没啥关联。

就说《坤》卦中的"黄裳，元吉"吧，真的跟《坤》卦的总体精神——柔顺、广大有什么联系吗？又如"龙战于野，其血玄黄"，放在《乾》卦里还好理解，放到《坤》卦中就不好解释了。不是说"牝对牡为柔，马对龙为顺"（《周易正义》）吗？怎么一会儿工夫马又变成龙了呢？

弄明白《周易》只是一些占卜实例的整理归纳，这些问题也就迎刃而解了。说到底，《易传》的价值并不全在占卜上；许多解经文字中包含着道德、哲学的思考，以及对人生经验的阐释与感悟，那才是书中的瑰宝！

例如《坤卦·文言》解释初六"履霜，坚冰至"时，就说了这样几句话：

> 积善之家，必有余庆；积不善之家，必有余殃。臣弑其君，子弑其父，非一朝一夕之故。其所由来者渐矣，由辩之不早辩也。《易》曰："履霜，坚冰至。"盖言顺也。

◎弑：杀，专指臣子杀君父。◎渐：逐渐。辩：通"辨"。

◎盖言顺也：以上所讲，总体意思是顺应天道。

这是说，善有善报、恶有恶报，不管什么结果，都是有前因的，是微善小恶一点一滴积累起来的，如同冰冻三尺，非一日之寒一样。智者明察秋毫，能见微知著，见霜降即做好防寒的准备。之所以发生弑君、弑父的恶行，就是因为没有及早警惕，将阴谋消解于未萌之时。

《坤卦·文言》的这番话，是否就是经文"履霜，坚冰至"的本义呢？很难说。不过由降霜结冰，悟出"见微知著""防微杜渐"的道理，倒是给人们敲了警钟。

至于"积善之家，必有余庆；积不善之家，必有余殃"，更成为千古名言。——有人认为"因果报应"的理念不是华夏固有的，是西汉末年佛教传入中国时带来的，这说法显然不准确。其实早在三四百年前，《易传》对此已有明白表述。

也可以这样理解："善恶有报"是东方文化共有的价值判断，内中宣示的扬善抑恶的立场和理念，成为人类文明的宝贵财富。

"庆余堂"是一家国药店老字号，含有"积善之家，必有余庆"之意

清华校训出《乾》《坤》

如果试着从《周易》中挑选一两句对当代影响最大的格言，《乾》《坤》两卦的《象》辞肯定能入选。试看《乾·大象》：

《象》曰：天行健，君子以自强不息。

这是《象》辞对《乾》卦精神的总体概括。有人问：《乾》卦代表天，为什么不叫"天卦"呢？古人解释："天"是指自然界的现实存在，"乾"则代表天的一种精神。"乾"与"健"同，有强壮、刚健之意。

世上万物皆有盛衰，"好花不常开，好景不常在"嘛。然而只有"天"不会倦怠，你看：日月升落，四季交替，周而复始——你见过"天"有松懈怠工的时候吗？

"天"的刚健之德感动了君子，君子也因此奋发自强、拼搏不已。《乾》卦"六三"说"君子终日乾乾"，讲的就是这个。

儒家学派的主张，多半给人偏于阴柔的印象：谦谦君子、温良恭俭让。然其内在精神却是刚健纯粹、中正不倚的，一旦目标认定，便矢志不渝、决不放弃！

再看《坤·大象》：

《象》曰：地势坤，君子以厚德载物。

《坤》卦代表大地，有着辽阔深厚、承载万物的体魄胸怀；精神上与《乾》卦相对，以柔顺、承受为德，体现为宽厚包容的品德；这同样感化着君子。

《礼记·中庸》谈到"诚"这种品德时，认为君子的"至诚"之德有悠远、博厚、高明的特点，"博厚，所以载物也；高明，所以覆物也；悠久，所以成物也。博厚配地，高明配天，悠久无疆……"。这是从天、地、时间三个维度析解君子之德，正可与《易传》的阐释相参照。

清华大学是中国数一数二的高等学府，其校训即"自强不息，厚德载物"。这还是 1914 年梁启超先生到清华大学演讲时所强调的一种精神，正是取自《乾》《坤》两卦的象辞。后来被刻于校徽，成为校训。

有人说：清华校训不止八个字，后面还有"独立之精神，自由之思想"。其实这是误传。因为"自强不息"里已经包蕴了独立不羁、勇于探索的精神；而"厚德载物"自然也有着包容百家、让思想自由驰骋的意思。若再加上两句，反而是叠床架屋了。

勇猛精进而又谦逊宽容，这不仅是对清华学子的要求，也不仅是对全国青年的期待，它已成为中华民族的文化基因和精神追求！

清华大学的校训"自强不息，厚德载物"来自《周易》

盈亏有道说《谦》卦

当然，《易经》本身也有道德思考，且看《谦》卦。"谦"就是谦虚、逊让，心怀诚敬，三思而行。"五经"之一的《尚书》是最古老的经书，其中的《大禹谟》中已有"满招损，谦受益，时乃天道"的说法。大禹可是夏朝的开国之君，距今已有四千多年！

《易传·系辞》中说："谦，德之柄也。"——若想端起一只锅，得去抓牢锅柄；若要修养道德，就得从"谦"入手。可以说，"谦"是一切道德的抓手。

古人甚至认为，天下有"一道"，掌握了这个"道"，往大处说可以治理天下，退一步讲可以安定国家、和谐家庭，再退一步，至少可以独善其身。这个"道"是什么？答案便是："谦德。"（《韩诗外传》）

《谦》卦是《周易》第十五卦，其卦画（☶）是艮（山）在下，坤（地）在上。山从来是屹立在大地之上，怎么会跑到地底下去了？学者说：这说明大地虚怀若谷，足以容纳万物。人们夸奖大人物谦逊容人，常说"宰相肚里能撑船"——船算得了什么？胸怀宽阔的大地，可以容得下万仞昆仑！

看看《谦》卦的卦辞："亨，君子有终。""亨"的意思依然是祭享；"君子有终"是说君子的事业最终会有好结果。当然，前提是始终保持谦和的态度，不可自满。

《易传·象》对此有几句疏解：

《象》曰：谦，亨。天道下济而光明，地道卑而上行。天道亏盈而益谦，地道变盈而流谦，鬼神害盈而福谦，人道恶盈而好谦。谦尊而光，卑而不可逾，君子之终也。

◎下济：下降以济万物。卑：低下。◎亏盈：减损过满的。益谦：增益欠缺的。变盈：盈满则会改变。流谦：指水会流向低洼处。害盈：损害过满的。福谦：护佑谦虚的。◎谦尊而光：尊贵者因谦虚而有光辉。卑而不可逾：地位低下的人会因谦虚而使别人难以超越。

大意是说：天虽高，但光明下射；地虽低，但气势上腾。这里面包含着上和下的辩证关系，"谦"的意思也含蕴其中。

接下来是一组排比句：天道主持万物的盈亏，减损盈满者，增益亏欠者。地道也如是，河水过满就会泛滥（"变盈"），并流向低洼的地方（"流谦"）。冥冥中的鬼神也专门忌妒自满者（"害盈"），福佑谦逊者（"福谦"）。人道模仿天道、地道，自然也厌恶自满的，喜好谦虚的。尊贵者会因谦虚而增添光华，卑下者则因谦虚而变得令人难以超越。保持谦德的君子，最终总会有好结果！

谦谦君子，无往不利

再看《谦》卦的爻辞："初六：谦谦君子，用涉大川，吉。"——"谦谦"是谦虚再谦虚。"大川"代表难以跨越的险阻。

此爻是说：只要牢牢把握谦之德，再深再急的大河，也能平安涉渡，结果必然是"吉"。

"六二：鸣谦，贞吉。"——"鸣"即名声在外。谦逊有德，名声远扬，所占依然是"吉"。

"六三：劳谦，君子有终，吉。"——"劳"即功劳，也有说是勤劳的。无论有功还是勤劳，只要谦虚，结局总是大吉大利。

"六四：无不利，㧑谦。"——"㧑（huī）"即挥，也就是发挥。把内心的谦谦之德向外发挥、扩散，当然也是无往不利。

"六五"和"上六"忽然出现了战争的字眼儿，如："六五：不富以其邻，利用侵伐，无不利。"这又是怎么回事？

有人解释说：谦可不是窝囊、退缩，谦是以尊重赢得尊重。如果有个邻居，见我行事谦让便得寸进尺，不断侵害我家利益，使我总不能富裕起来（"不富以其邻"），那么我大张旗鼓地讨伐他，也是无往不利的，因为我正义在手嘛！

此爻还有一种理解，即把标点断为"不富以其邻，利；用侵伐，无不利"。意思是说：自己不富裕，是因为乐善好施、帮助邻居之故，这样做终将带来好报，当然是"利"。不过如果邻居得寸进尺，恩将仇报，那么再行征伐也不迟；正义在手，依然是"无不利"！

想到一则清代故事：文华殿大学士张英是安徽桐城人，老家的亲人要造屋，因宅基地跟邻居闹纠纷，写信到京城寻求支持。张英寄诗一首："一纸书来只为墙，让他三尺又何妨？长城万里今犹在，不见当年秦始皇！"

今天的六尺巷，巷口牌坊刻有"礼让"二字

房啊，地啊，都是身外之物，人情才是最重要的。你看，万里长城今天还很坚固，可修建长城的暴君秦始皇又在哪里？恐怕连骨头都烂没了！

家人得书，恍然大悟，自动把围墙往自家方向撤让三尺。邻家受了感动，也撤让三尺，中间留出一条六尺宽的通道。这条通道至今还在，人称"六尺巷"，成为崇尚谦让、倡导睦邻的"教育基地"。

不过设想一下，假如邻居冥顽不化，你让他三尺，他更进一丈，那就不用再客气了，"用侵伐，无不利"！谦让也是有限度的。

同样，"上六：鸣谦，利用行师，征邑国"，是说君子恪守谦德所带来的远近名声，有利于行军作战、打败敌国。这大概便是孟子描摹过的景象：正义之师所到之处，百姓如同"大旱之望云霓"，早就翘首盼着呢，无不"箪食壶浆以迎王师"！

《周易》六十四卦，各卦的卦爻辞总是有吉有凶，就连代表天地精神的《乾》《坤》两卦也不例外。一卦之中卦爻辞全是正面的，只有极少数，而《谦》卦便是其中之一。看看里面的判断，不是"吉"，就是"有终""无不利"。

这事您怎么看？是不是足以说明先哲对"谦"的推崇，超越其他道德？

《睽》卦里的"堂吉诃德"

《周易》第三十八卦《睽（kuí）》卦，如同一篇"历险记"。卦主一路屡逢奇事又平安还乡，遭遇有点像西班牙小说《堂吉诃德》中那位乡绅骑士。

《睽》卦卦辞只有三个字："小事，吉。"即占卜小事，筮得此卦吉祥平安之意。——"睽"的本义是怒目而视，又有乖离、违背、孤独等义。爻辞中提到"睽孤"一词，有人说那是指孤儿。

且看初爻："初九，悔亡，丧马勿逐，自复，见恶人，无咎。"（丧马：马跑掉了。逐：追逐。自复：自己回来）——"悔亡"就是"悔无"，也就是遇上挠头事，结果还不错。半路上马跑掉了，也不用去追，它自己会回来的。遇上恶人也没啥了不起，只要小心应对，结果是"无咎"。

"九二，遇主于巷，无咎。"人在旅途，最怕找不到打尖住店的地方。然而不久就在小巷中遇到旅舍老板，这下子吃住都有了着落，依然是"无咎"。

"六三，见舆曳，其牛掣。其人天且劓（yì）。无初有终。"（舆：车子。天：额头，也指在额上刺字。劓：削鼻之刑）继续上路，遇上了麻烦：大概是牛车陷在泥坑里；人往后拽，牛往前拉，一动也不动。赶车的是个受过刺额削鼻之刑的奴隶。但是还好，开头有麻烦，问题最终得到解决。

四、五两爻都提到朋友:"九四,睽孤遇元夫,交孚,厉,无咎。"(元夫:有阳刚之气的人。孚:信服)是说这位孤独的旅人遇上一位大丈夫,两人相互信服,虽然险象环生,不过仍是"无咎"。

"六五,悔亡,厥宗噬肤,往何咎。"(厥宗:他的同宗亲戚。噬肤:一种解释是吃肉)这里是说遇上了同宗的亲戚,还一同参加了宴会,自然也是无悔无咎的好事。

"上九"一爻情节最紧张:

> 睽孤见豕负涂,载鬼一车,先张之弧,后说之弧。匪寇,婚媾,往遇雨则吉。
>
> ◎豕:猪。负:同"伏"。涂:同"途"。张:拉开弓弦。弧:弓。说:这里是弛的意思,即松开弓弦。◎婚媾:结亲。

旅人先是看到一口猪伏卧在泥路上,一抬眼,又见一辆满载着"鬼"的车驶过来!旅人连忙拈弓搭箭,拉满弦正要射,却又放下了,因为他终于看清,那不是群鬼,也不是强盗,而是一车穿得花里胡哨的老乡前去迎亲!此刻下起雨来,不过对于奔走旅途的人,这点雨又算得了什么呢?所以筮得此卦如果正逢下雨,也仍是吉兆。

"堂吉诃德"虽然没有挑战风车,却差点跟一车"鬼"干上一仗,也够滑稽的。好在一路上有惊无险,卦辞里说的"小事,吉"就是指这个吧。

也有学者认为,如此丰富生动的情节背后,肯定也有精彩的历史故事。谁的故事呢？应当是少康复国的传说。

少康是大禹的后代，但从他曾祖太康始，王位就被后羿及其弟子寒浞（zhuó）篡夺了。寒浞还杀死少康的父亲后相，身怀六甲的少康之母从水洞钻出，逃回娘家，生下少康。少康是遗腹子，故卦爻辞中称他"睽孤"。

少康成年后，先后当过有仍氏的"牧正"和有虞氏的"庖正"（分别是放牧与庖厨之官）。有虞国君还把两个女儿嫁给他，并陪嫁了十里见方的一块土地以及五百户百姓——这就是史书所说的"有田一成，有众一旅"了。

少康奋发图强、日夜谋划，经过多年努力，终于以少胜多，灭掉寒浞，恢复了夏后氏的统治。——如此说来，《睽》卦所述正是少康中兴所走过的艰苦道路！

这个假设挺有意思，在众多解说中，也算是一家之言吧。

"上九"爻辞的"匪寇，婚媾"一句，在《易经》不止一处爻辞中出现过，像《贲（bì）》卦，如同一篇喜气洋洋的"娶亲记"了。内中"六四"爻辞描写迎亲的场面："贲如皤如，白马翰如，匪寇，婚媾。"（贲如、皤如：形容马的毛色。翰如：马鬃很长的样子）犹如说：那旁有人骑着骏马，毛色雪白略带纹路，马鬃飘飘好不威武，不是强盗，是迎亲队伍。——大概那个年代时兴抢亲，迎亲的队伍兴师动众，远看跟强盗差不了多少！

《周易》六十四卦，我们只简单介绍了四五卦——就是这四五卦，已经让我们粗浅认识到：《周易》是占卜书，同时又是哲学著作、道德课本、历史读本、诗文选、故事书……内容丰富极了！

读读这本古老的著作，了解我们祖先是如何认识世界、探索人生、崇尚美德的……这是每位华夏子孙都应完成的基本功课。

辑二 《尚书》：历久弥新的古史档案

典谟诰训，文体大全

《尚书》即"五经"之一的《书》，又称《书经》，汉代人称之为《尚书》。"尚"与"上"同义，表示时间久远，并带有尊崇之意。——前面说过，"三坟五典"中的"五典"，便包括《尚书》中《尧典》《舜典》，是最早的文献典籍。

《尚书》是一部古史档案集。古史分记言、记事两类，记言的侧重记录古人的言谈、文告；记事的偏重于记叙历史事件。《尚书》所收文献，多半是谈话记录或文告底稿，自然属于记言体。

言谈能记入《尚书》的，肯定都是些大人物。不错，书中所收，多是虞、夏、商、周各朝君王大臣的布告、演讲，也有君臣之间的告诫、谈话。文章体裁各不相同，又分"典""谟""诰""训""誓""命"等。一部《尚书》，俨然就是一本"文体大全"。

"典"的本义是样板、法则。《尚书》开篇的《尧典》《舜典》，便分别记录了上古华族领袖尧和舜的言论事迹：如何为民操劳，如何选贤举能……堪为后世树立榜样，故称"典"。

"谟"即谋，所记为君臣之间的议论谋划。如《大禹谟》《皋陶（Gāoyáo）谟》等，便属此类。

"诰"多半是商、周君王对大臣百姓的劝导训诫之辞，像《盘庚》《大诰》《康诰》等。

"训"是啥意思？您会说：那是上级对下级、长辈对晚辈的训斥之词吧？错了，《尚书》中的《伊训》恰恰是一篇臣下教育君王的训词。

"誓"跟战争有关，是君王或统帅检阅部队的誓师之辞，如《甘誓》《泰誓》《牧誓》《秦誓》等，全都措辞激烈、剑拔弩张的。

"命"则是天子任命官员、赏赐诸侯的策命之辞。如《毕命》《文侯之命》等。

此外还有一篇《禹贡》，专讲九州地理，体裁不在"典""谟""诰""誓"之列。

大人物讲话，用的是"雅言"，也就是当时的官腔。只不过那时"写字"是件奢侈的事，所用材料多为竹简、丝帛之类，有的则铸刻在钟鼎上，颇为不易。因而录为文字时，就要力求精练、以简取胜。

加上那时大量使用同音字（通假、假借），就是当时人读起来，已十分费力。何况经过千万次转抄，不知又增加了几多讹误。如此一来，三四千年前的"雅言"白话，今天读来便觉得"佶屈聱牙"、晦涩难懂了。

准备读《尚书》的朋友，有点心理准备才好。

《尚书》文字分今古

读《尚书》之前，先要"验明正身"；因为在"五经"中，《尚书》的身份疑点最多。

中国号称有五千年文明史，早期的官方文献何止万千。据说春秋时还保留着三千多篇，后经孔子整理，删去虞夏以前不大可靠的部分，只留下一百篇。

不过这话并不可信：孔子自称"述而不作，信而好古"（《论语·述而》），怎么会干出销毁历史文献的事来？

真正销毁文献的是秦始皇！这个暴君要统一天下的思想舆论，大搞"焚书坑儒"，《尚书》也跟其他典籍一同被烧掉了。

山东有个伏生，冒着风险藏起一部来。秦亡后取出，已是残缺不全，只剩二十九篇。伏生便用这个残缺的本子教学生，大家你抄我抄的，用的全是汉代流行的隶书，这就是人们所说的《今文尚书》了。

后来陆续又有几部《尚书》被发掘出来。汉景帝时，鲁恭王为了扩大自己的宫殿，拆掉了相邻的孔子旧宅，从夹壁墙里拆出一批儒家经典来，其中便有一部《尚书》。因为是用秦以前的古体字抄写的，故称《古文尚书》。孔子后人孔安国把它整理出来，献给汉武帝；伏生的《今文尚书》算是有了竞争者。

《古文尚书》比伏生的《今文尚书》多出十六篇来，按说更为宝贵，可官方却不大重视。东汉熹平年间（172—178），国家将"五经"刻在石碑上，立于洛阳太学，当作儒家经典的范本；所选的《尚书》文本，仍是今文的。直到三国魏正始年间

山东曲阜"鲁壁"，相传《古文尚书》即由此获取

（240—249）重刊石经，《古文尚书》才被刻在石头上。

刻在石头上的经书，按说是千年不坏的了。没想到后来屡经战乱，石经居然也遭毁弃。到东晋时，有个叫梅赜（zé）的大夫，又献出一部《古文尚书》，声称是由孔安国作传的本子，共收文章五十八篇。其中三十三篇是从伏生二十九篇拆分而来，另二十五篇则前所未见。

可是据学者分析，这多出来的二十五篇，很可能是后人伪造的。其中三国学者王肃（195—256）的作伪嫌疑最大。

明代小说《三国演义》里有个"诸葛亮骂死王朗"的故事，王肃便是王朗的儿子。他又是晋武帝司马昭的"老丈人"。他对儒、道之学都有很深的研究，曾为《尚书》《诗经》《左传》《礼记》等作注，还撰写了《孔子家语》《孔丛子》等"伪书"。

可能因为有造假"前科"吧，有人怀疑这部五十八篇的"孔传"《尚书》也是他伪造的。——虽说伪造，却也参考了大量可靠的文史典籍，价值也还不可低估。

今天我们读到的《尚书》，就是这部五十八篇的《古文尚书》。为了考辨篇章的真伪，宋以来的学者打了几百年笔墨官司，直到近代，还不断有新见解发表出来。

附录：

《孔传古文尚书》目录

（凡经考证为后人伪造者，加括号以为标识）

【虞夏书】尧典、舜典、（大禹谟）、皋陶谟、益稷、禹贡、甘誓、（五子之歌）、（胤征）。

【商书】汤誓、（仲虺之诰）、（汤诰）、（伊训）、（太甲，三篇）、（咸有一德）、盘庚（三篇）、（说命，三篇）、高宗肜（róng）日、西伯戡黎、微子。

【周书】（泰誓，三篇）、牧誓、（武成）、洪范、（旅獒）、金縢、大诰、（微子之命）、康诰、酒诰、梓材、召诰、洛诰、多士、无逸、君奭、（蔡仲之命）、多方、立政、（周官）、（君陈）、顾命、康王之诰、（毕命）、（君牙）、（冏命）、吕刑、文侯之命、费誓、秦誓。（另有有目无文的四十二篇，恕不俱录）

《尧典》：不私子孙爱贤人

《尚书》内容按年代可分为三部分：《虞夏书》《商书》《周书》。《虞夏书》所收为尧、舜及夏朝的文献。

伏生《今文尚书》开篇只有一篇《尧典》，没有《舜典》；《孔传古文尚书》多出的《舜典》，是从《尧典》分出来的。

古代壁画中的尧帝

尧是上古部落联盟的领袖，名放勋，属陶唐氏，又称"唐尧"，是五帝之一。由《尧典》可知，尧特别重视天文历法，命羲和掌管天地四时。

"羲和"这个名字我们并不陌生，她是神话中的太阳女神，生有十个儿子，也就是十个太阳。后来被羿射下九个，天空中就只剩了一个。

不过也有神话把羲和说成是太阳的驾车人。屈原《离骚》便有"吾令羲和弭节兮，望崦嵫而勿迫"［弭节：停车。崦嵫（Yānzī）：神话中的日落之处］的句子；而唐人李贺诗句"羲和敲日玻璃声，劫灰飞尽古今平"，更让人浮想联翩。

不过在尧的时代，"羲和"指的是羲、和二氏。他们负责掌管天地四时，相当于祭司。尧指导他们如何观察日月星辰，如何主持太阳升降的祭祀，如何制定历法、分出四季、设置闰月。因为据说这样一来，人们便能各安其位，恪尽职守了。

尧还跟大臣们商讨治理洪水等事。他问：

咨！四岳，汤汤洪水方割，荡荡怀山襄陵，浩浩滔天，下民其咨，有能俾乂？

◎咨：嗟叹之词。◎四岳：掌管四方部落的头领。有人说是四个人，也有说是一个人的。割：害。怀：包。襄：上。俾：使。乂（yì）：治理。

尧问：嗨！四岳，洪水汹涌成灾，包围高山、淹没丘陵，浩浩荡荡弥漫于天地之间，百姓都在哀叹，有谁能奉命去制服洪水呢？——于是四岳便向尧推荐了鲧（Gǔn）。鲧治水很努力，只是他采取水来土掩、四面围堵的方法，连治九年下来，竟毫无成效。

尧老了，眼见得力不从心，于是动了让位的念头。四岳又向他推举舜。于是尧把自己的两个女儿连同权柄一同交给了舜。

说起来，尧这位部落联盟的领袖，真正做到了大公无私。因为一开始四岳推荐的是尧的儿子丹朱。可是尧说：不行！他出言不逊又爱狡辩，哪里能行！——竟然"一票否定"！四岳于是又推荐了舜。

《舜典》：敞开明堂的大门

舜名重华，属有虞氏，因称"虞舜"，也是五帝之一。《舜典》便是舜的政绩篇。

舜的命真苦，因为他家没一个"好人"："父顽，母嚚（yín），象傲。"——他爹是乐官瞽叟，眼瞎而固执；他娘是后娘，出言悖谬；同父异母的弟弟象，又傲慢骄横。传说他的父母兄弟三番两次要谋害他，当他爬上谷仓收拾屋顶时，家人撤掉梯子，点起火来；又在他淘井时，往井里扔大石头。所幸全被他躲过了。他忍辱负重，善待家人，居然把家庭关系处理得挺好，也为国人树立了榜样。

尧命舜处理族中事务，他处理得十分妥帖。尧又要他在明堂接待四方宾客，人们见到他，全都肃然起敬。尧又派他到荒山野岭巡视，即使风雨交加，也从不迷路。尧对他考察了三年，终于把帝位让给他。——这种领袖生前便把位置和平移交的做法，有个专称叫"禅（shàn）让"。

舜于是祭告天地，巡行四方，祭祀五岳，又把天下划分为十二州，并制定刑法，放逐不肯听命的顽固分子，天下人都心悦诚服。

舜执政的第二十八个年头，尧去世了。舜隆重安葬了尧，又进一步革新政治。他召集四岳、十二牧（也就是十二州的头头），命人打开明堂四门，表示要透透亮亮地施政，决不搞"暗箱操作"。这样一来，百姓的疾苦之声，也更容易被听到。明堂是部落国家的朝会、祭祀之所，又是最高级别的议事厅。

舜的身边聚集了一大批贤人，而舜最擅长量材录用，让每个人都能发挥出全部才能。他任命伯禹做司空，去治理洪水。伯禹就是大禹，是鲧的儿子。鲧因治水失败，已被舜杀死在羽山！

舜又对弃说：百姓常饿肚子，你来担任后稷，教百姓种五谷吧。又转而对契（Xiè）说：百官不和，父母兄弟不顺，你来当司徒，把五教之德传授给他们。——"五教"就是"父义、母慈、兄友、弟恭、子孝"。这些家庭伦理，被后来的儒家所秉承。

这里不能不多说两句：禹所担任的"司空"，是负责水土工程的官；禹后来接替舜的位子，成为部落联盟的首领，并开创了夏朝。弃的官名是"后稷"，即农事官，"后稷"也便成了他的名字；他是周族的祖先，《诗经·大雅·生民》讲的便是他的故事。契担任的"司徒"是负责教化之官，他是商族的祖先。——"天命玄鸟，降而生商"，他的母亲便是吞卵而孕的简狄。我们后面讲《诗经》时还要说到。

禹、契、弃分别代表着夏、商、周三个部族，三人又同朝为官，同时受到舜的栽培和重用；而他们自己或子孙又都开创了新王朝。——这是历史呢，还是传说？抑或两者兼而有之？

除此之外，舜还让皋陶做了刑狱官，让垂当上百工长，命益负责山林川泽，让伯夷主持祭祀，叫夔（Kuí）负责音乐，派龙掌管上传下达的工作……总之，二十二位大臣各司其职，把天下管理得井井有条。

可惜和尧一样，舜也不是长生不老的神仙。照《舜典》的说法，他三十岁受征召，三十年后正式接替尧的位置；又干了五十年，病逝在去南方巡视的路上。——他的去世，标志着一个时代的结束。

《大禹谟》："四海困穷，天禄永终"

《尧典》《舜典》是《虞夏书》的内容。而《虞夏书》中还包括《大禹谟》《皋陶谟》等。前头说过，"谟"即谋划、议论之意。

《大禹谟》是舜跟禹、皋陶等几位大臣的聊天记录，不是随便聊聊，聊的都是国家大事。

舜一上来就说：禹，你过来！我身居帝位三十三年了，年将百岁，整天忙于政事，常感力不从心。我看你年富力强，从不懈怠，你来领导我们的百姓吧！大禹谦让说：不行啊，在百姓中，我的威信不如皋陶，您还是考虑他吧。

舜于是转向皋陶说：你当然也很棒！你主管刑狱，并不是一味地滥施刑罚，而是以刑辅教，让老百姓服从中道。——皋陶听到表扬，说了下面这番话：

> 皋陶曰："帝德罔愆，临下以简，御众以宽；罚弗及嗣，赏延于世；宥过无大，刑故无小；罪疑惟轻，功疑惟重；与其杀不辜，宁失不经。好生之德，洽于民心，兹用不犯于有司。"
>
> ◎罔：无。愆（qiān）：过失，罪过。◎嗣：后代。◎宥（yòu）：饶恕。◎辜：罪过，不辜就是无罪。不经：不合常法。◎洽：融和。兹用：因此。

皋陶对舜说：那还不是因为您的德治方针好，我们才少犯错误吗？您对待臣下简约，驱使百姓宽容。惩罚有罪者，不株连子孙；奖赏有功者，又常福及后代。对于无心之过，再大也能宽恕；对于故意犯罪，再小也要惩罚。对有疑点的罪过，总能从轻发落；对不能确定的功绩，往往奖赏从丰。与其误杀无罪之人，宁可放过个把坏蛋。这种"好生之德"（爱惜生命的德政）最让百姓感动，因而百姓也能自觉遵纪守法。

读着这些文字，不由得你不惊讶："罪疑惟轻，功疑惟重；与其杀不辜，宁失不经"，这不就是现代刑法学"疑罪从无"的先声吗？

有人怀疑《大禹谟》出自魏晋人之手，认为这代表着 3 世纪中国学者的刑法观点。即便如此，也很了不起！何况在更早的《尚书·吕刑》中，也有类似提法。我们后面还要讲到。

仍回到这场君臣谈话上来。舜在肯定皋陶的功绩后，依然坚持自己最初的选择，认为禹是接替君位的不二人选。也就在这里，舜说了那句被后世儒者千万遍念诵的话：

> 人心惟危，道心惟微；惟精惟一，允执厥中。
> ◎惟：虚词。危：险恶。微：幽微难明。◎允：平允。
> 厥：其。

这里所说的"人心"，是指人的欲望；"道心"则指义理。舜说：人心自私而危险，道心则幽微难明；你要精诚专一，不偏不倚地执守中道啊！——这里的"中"，便是儒家所倡导的中庸之道。

舜又叮嘱禹：不要听信"无稽之言"（没根据的话），做事要广泛征询意见；尤其要爱护百姓。他郑重警告说："四海困穷，天禄永终！"——如果让海内百姓活不下去，天帝赐给我们的权柄、福禄也就永远终止了！

于是在正月初一，禹接受了舜的禅让，成了新的部落联盟领袖。

谛听盘庚的声音

唐代古文家韩愈有一篇《进学解》，文中用"周诰殷盘，佶屈聱牙"来形容国子先生的一肚子"生猛学问"。——这里的"周诰"，即《尚书·周书》中的《大诰》篇，而"殷盘"则是《尚书·商书》中的《盘庚》篇。国子先生能读这样深奥的文章，学问肯定不小。而"周诰殷盘"，也便成为《尚书》的别称。

盘庚本是商代帝王的名字，他是商朝创立者成汤十世孙。他做商王时，商的国都设在黄河以南的奄，也就是今天山东曲阜一带。盘庚力主把国都迁往黄河以北的安阳去。

商族有个特点，似乎特别喜欢搬家。商汤之前，商族的政治中心便迁徙过八回。商汤立国后，又迁徙过五次。学者们探讨商族爱"折腾"的原因，有的说是受洪水威胁，被迫"挪窝"；有的说是从事游牧活动，要寻觅肥美的水草；也有说为了寻找新的铜矿，以铸造青铜器……

至于这回盘庚迁都的理由，据诰文中说，是商族遇上了"大虐"——可能是自然灾害，也可能是政治、军事危机。不过商族臣民们多半不愿意搬迁，一时闹腾得很厉害。

盘庚心知肚明：这全是贵族在下面捣鬼！因为迁都对贵族的影响，实在比平民大得多。于是盘庚召集贵族重臣，发表演讲，既有苦口婆心的劝导，也有软中带硬的威吓。他还不时运用比

精美绝伦的四羊方尊，是商代青铜器代表作

喻，如说搬弄是非者是惹火烧身，燎原之火一旦烧起来，想靠近都不行，还能扑得灭吗？这可是你们自找倒霉，自作自受，怪不得我了（"若火之燎于原，不可向迩，其犹可扑灭？则惟汝众自作弗靖，非予有咎"）！

《盘庚》共分上中下三篇，是《尚书》里篇幅最长的篇章之一，很可能是几次讲演稿的汇编。不过盘庚的唇舌没白费，商族因这次迁都而获得复兴之机，以后历经八代十二王，二百七十年间没再迁过都。

新都安阳在当时叫"殷"，商族也因此称"殷"或"殷商"。20世纪初，考古工作者发掘了位于安阳小屯的殷都遗址，获得大批珍贵文物，包括许多青铜重器以及十五万片占卜用的甲骨。此地也被命名为"殷墟"，成为中国第一个有文献及实物可考的古代都城。

成王《大诰》，周公东征

说罢"殷盘"，再来说说"周诰"。

《周书》中的诰文不止一篇，除了《大诰》《康诰》《酒诰》

《召诰》《洛诰》，还有《金縢》《无逸》《多士》《立政》等，多半都跟周公有关。——大家还记得，"诰"是君王对臣民的劝导训诫文告。

周公名旦，是周文王的儿子，周武王的弟弟，排行老四。因封地在周，故称周公。武王活着时，周公一门心思辅佐这位二哥；武王死后，周公又全心全意扶保侄子，也就是武王的儿子周成王姬诵。

成王当时还是个孩子，只有十二岁。周公一面处理政事，一面又不忘教导培养侄子，让他知道怎样当个合格的天子。

有一回，成王在花园玩耍，捡起一片桐树叶，剪成圭的样子交给弟弟叔虞，说我把唐地封给你。周公听了，去问成王：您是把唐封给叔虞了吗？成王说：哪里，我是说着玩儿的！周公一脸严肃地说：天子无戏言！你所说的每一句话，都要记入史册的。——成王只好把唐地封给了叔虞。通过这件事，这位少年天子懂得了"金口玉言"的分量。(《吕氏春秋》)

武王的兄弟不止一个，除了周公，还有管叔、蔡叔、曹叔、成叔、霍叔、康叔、毛叔郑、召公、毕公等等。看到周公大权在握，有几个兄弟心怀不满；"三监之乱"就是这么发生的。

原来，周灭掉商，把商的原有地盘一分为三，分别命管叔、蔡叔、霍叔监管（一说监管者还有纣王之子武庚），号称"三监"。武王死后，管叔、蔡叔便勾结武庚发动叛乱，要来夺权谋位。

被逼到墙角的周公别无出路，只好领兵迎战。在出征之前，他以成王的口气发表文告，表明心迹，便是那篇《大诰》。"大诰"有广而告之的意思。

因为是代表年幼的天子讲话，所以《大诰》的语气十分谦逊，但态度却无比坚定。开篇即说：不幸啊，上天连降灾祸，而我这年轻幼稚的君主继承了伟大的王业，却还未能通达大道、安定百姓，更不用说推知天命了！

此刻的成王，就像站在深渊旁准备渡河的人，一心寻求渡过激流的法子（"予惟小子若涉渊水，予惟往求朕攸济"）。不过诸侯及王室近臣却都疑虑重重，说：这回局势严重，群情不安，祸患出自上层；即便占到吉卦，也不妨违背一回，还是不要东征吧！

可是周公一旦打定主意，就是九头牛也拉不回来！为了说服众人，周公拿盖房、种地打比方，说：当爹的要盖房，已经画好草图，儿子却不肯夯地筑基，更甭提盖房了！当爹的种庄稼，已经犁好地，儿子却不肯播种，就更甭提收割了。如此这般，爹能放心地说"我有子孙后代，不会荒废我的基业"吗？

怀着继承先王伟业的雄心，肩负着辅佐幼君的重任，周公不顾众人的质疑和反对，毅然率师踏上征程。历经三年苦战，终于打败了东方叛军，从而牢牢夯实了西周王权的基础！

周公"贬低别人，抬高自己"

周公是周朝的忠臣良相，又是儒家推崇的圣人。他忠诚能干，处事稳健，有着安邦定国的大智慧。东征胜利后，他对叛逆者并未赶尽杀绝，仅仅处死了首恶武庚和管叔；对参与者蔡叔、霍叔等只做流放、废黜等处罚；同时又录用蔡叔的儿子，封在新蔡。

对于降而复叛的殷人，周公也没断绝他们的香火。他把微子封在商丘，以承商祀，是为宋国——孔子就是微子的后裔。

周公还在东方营建起一座大城——洛邑，又叫成周，把殷族的上层人物迁徙至此，便于监视。此外又继承前代文化，制定礼乐制度，也就是周礼。

周公

周公特别爱才，听说有贤人来访，如果正在吃饭，就赶紧把嘴里的食物吐出来；如果正在洗澡，也赶紧把头发绾一绾，忙着出来会客。后人称赞他"一饭三吐哺（咀嚼着的食物），一沐三握发"。曹操作诗就曾说："周公吐哺，天下归心！"便是拿周公自比。

不过周公活着的时候，因为功劳太大，权力太高，没少受人猜忌。就连周成王，也对这位大权在握的叔父心存敬畏，常在心里"犯嘀咕"。——他哪知道周公对他父子俩的一片诚心呢？《尚书》中有一篇《金縢》，记录了这样一件事。

周人灭商的次年，武王姬发患了重病。周公背着人建起三座祭坛，坛上放置玉璧，自己则手捧玉圭，向故去的曾祖太王、祖父王季和父亲文王祷告。

周公的祷告词挺有意思，他说：先王啊，您的长孙姬发得了重病，是不是您三位在天上需要子孙去服侍啊？如果那样，就让我姬旦来顶替吧！我这个人能说会做，多才多艺，最擅长服侍鬼神。至于您的那个长孙姬发，可不像我这么能干，他哪里服侍得好呢？……如今我已用神龟占卜，如果您同意我的请求，我就带着璧和圭回去等候您的命令；如果您不同意我的请求，我就把璧和圭丢掉。

周公用灵前的三只神龟占卜，结果竟都是吉兆。周公这才放心，把祷告词放到一只匣子里，用金线缠裹，收藏起来。可能是凑巧，到了第二天，武王的病居然好了！

以后周公辅佐成王，大权在握。管叔等到处散布流言，一时"主少国疑"，政权不稳。周公于是率军东征，收拾了管叔、蔡叔。然而在成王看来，这毕竟是一场"叔叔间的战争"，心里难免结了疙瘩。

周公死的那年秋天，本来丰收在望，忽然电闪雷鸣，狂风大作，不但庄稼倒伏，连大树也都连根拔起！成王和大臣们惊恐万状，赶紧穿上礼服，战战兢兢打开金线封缠的匣子，看到了周公的祷告词。成王拿来问史官，史官说：周公让我们保密，我们哪儿敢泄露呢！

成王捧着祷告词哭泣说：周公替王朝辛苦操劳，我这当晚辈的竟然不知道！如今是老天发威，来彰显周公的盛德啊！我得亲自去主持周公的改葬仪式。

说来也怪，成王刚到郊外，天就下起雨来，风向也变了，倒伏的庄稼又都立起来。太公、召公命百姓把倒伏的大树都扶起培牢。这一年，获得了少有的好收成！

这篇《金縢》可能是战国时人根据周初的史料编写的，从中还能看出商周时人们对天命的重视。至于文中记录的种种奇迹，是偶然的巧合，还是编写者的虚构，则只有"天知道"了。

《汤誓》："时日曷丧，予及汝皆亡"

"誓"这种文体，专门用作战争动员。《尚书》中第一篇战争誓词是《甘誓》，那是夏启为讨伐有扈氏发表的誓师演讲。

夏启是禹的儿子，相传禹在东巡途中死于会稽，临死前把天下传给大臣益。可是诸侯不去朝拜益，反而纷纷跑去拥护禹的儿子启。于是子承父位，启顺理成章坐上天子宝座。以往尧传舜、舜传禹的禅让制度自此瓦解，"公天下"变成了"私天下"。

天下成了一家私产，当然有人不服。有扈氏便出头挑战启的权威，双方在甘地展开了一场大战。甘在今天的河南洛阳附近。启所发表的战争宣言，也便称为《甘誓》。

《甘誓》十分简短，不足百字。意思分两层，前面叙述夏王启临战召见领兵的六卿，宣布有扈氏的罪状，乃是"威侮五行，怠弃三正"，即蔑视金、木、水、火、土"五行"（这里代表自然及社会秩序），遗弃天、地、人"三正"，启因此要代天行讨。接着他发布命令说：

> 左不攻于左，汝不恭命；右不攻于右，汝不恭命。御非其马之正，汝不恭命。用命，赏于祖；弗用命，戮于社，予则孥戮汝！

◎恭命：绝对服从，听从命令。◎御：驾驭战车。◎用命：听从命令。祖：祖庙。◎社：神社。孥（nú）：贬为奴隶。

这是说：车左的将士如不努力射杀左边的敌人，你就是不听命令！车右的将士如不努力刺杀右边的敌人，你就是不听命令！中间的驾车人如不正确驾驭马车，你就是不听命令！凡听从命令，英勇杀敌的，告捷后可到祖庙领赏；不听命令的则要到神社受罚：我将把你们贬为奴隶，甚至砍掉脑袋！

你看，尧舜时代那种宽和、谦逊的行事态度，而今已被恶狠狠的誓词、你死我活的争斗所取代！历史学家认为，这里反映的才是那个时代的真实面貌。——部落领袖由推举转为世袭，乃是历史的必然。

五百年后，商人灭掉夏，同样也是倚仗武力。《尚书·商书》头一篇《汤誓》，便是商代开国之君汤讨伐夏朝暴君桀的战争檄文。

汤即成汤，是契的十四世孙。桀则是夏朝的末代天子，相传他暴虐无道，罪恶累累。决战前夕，商汤发出动员令说："格尔众庶，悉听朕言。非台小子敢行称乱，有夏多罪，天命殛之！"〔格：来。众庶：众人。台（yí）：我。殛（jí）：诛杀。〕——来吧各位，听我说几句！不是小子我胆敢作乱，是因夏王罪恶滔天，我奉天帝之命来诛灭他！

夏王有什么罪恶呢？汤说：夏桀耗尽民力，为害都城，百姓被他搞得筋疲力尽，都发誓说："时日曷丧，予及汝皆亡！"（时日：这个太阳。曷：何时。）——太阳啊，你啥时熄灭啊？

我们情愿跟你一块灭亡！

这个太阳，指的便是夏桀！这句口号还被孟子引入著作，广为传扬，成了极具鼓动性的抗暴誓言！

"天听自我民听"

《汤誓》很简短，还不到一百五十个字。周武王讨伐商纣王的《泰誓》就要长得多；分上中下三篇，将近千言。

武王在《泰誓》中数落纣王的种种恶行：不敬天帝、沉湎酒色、残暴嗜杀、族灭百姓、任用小人、大兴土木，甚至动用炮烙之刑残害大臣，还剖腹剔骨、虐害孕妇……这么多罪行，我们在后世小说《封神演义》都见识过了。别以为那是"小说家言"，一款款都在《尚书》里写着呢！

贬损了一通敌人，武王又鼓舞战友说：他纣王有百万臣仆，却都各怀私心；我只有部下三千，却是三千人一条心！又说：他纣王有亿万百姓，却都"离心离德"，我只有十个大臣，却能"同心同德"。——"离心离德""同心同德"，后来都成了熟在人口的成语。

《甘誓》《汤誓》都不约而同地提到"天命"，周武王自然也不例外。不过，他把"天命"跟百姓的意志联系在一起，说："天矜于民，民之所欲，天必从之。"（上天怜悯百姓，百姓的愿望，上天肯定会听从的。）又说：

天视自我民视，天听自我民听。百姓有过，在予一人，今朕必往！

这意思是说，上天没有眼睛和耳朵，他是借百姓的眼睛、耳朵来看来听的。百姓错了呢，责任我一人承担，今天，殷商我是伐定了！

当然，这样一场大战，胜负难料；武王也心知肚明，所以"丑话说在前头"。他说：如果我打赢了，那也不代表我勇武，实在是因为我父亲无罪（公正的老天帮我战胜了商纣）；如果我打败了，那也不能证明我父亲就有罪，只能说明小子我无能！——在此之前，武王的父亲姬昌被纣王囚禁在羑里，替老爹讨公道，成了武王伐纣的公开口实。

《尚书》中还有一篇《牧誓》，是武王率领诸侯联军在牧野决战的誓师之词。武王下达战斗命令，要联军整顿队伍，奋勇向前，要"如虎如貔，如熊如罴"，像野兽一样勇猛，在商郊牧野决一死战！——从武王杀气腾腾的喊杀声中，我们已能预见到战争的惨烈！

后世儒家把周人伐商想象得过于浪漫，仿佛正义之师一到，一切都瓦解冰消。孟子读《尚书·武成》篇，见其中描述商周大战，打得"血流漂杵"，便质疑说："以至仁伐至不仁，而何其血流杵也？"（以最仁义的去讨伐最不仁义的，何至于血流成河，把狼牙棒都漂起来了？）孟子由此得出结论："尽信《书》，则不如无《书》。"

孟子讲得不错：读书要勤于思考，不可全信。不过就事论事，在讨论商周之战时，孟夫子还是太天真、太主观了！——是不是因为受孟子否定的影响呢？《尚书·武成》篇没能传下来。

"疑罪从无"：比西方领先多少年

《尚书》中还有一篇《吕刑》，相传是周穆王时的文献。

穆王是周朝第五代天子，人称"穆天子"。相传他驾着八匹骏马拉的车子巡行西域，还会见了那里的女酋长西王母——小说《西游记》中的王母娘娘，便是由西王母演化而来的呢。

周穆王不满意传统的刑法，命大司寇吕侯（又称"甫侯"）制定新法典。法典定得很细，共有三千多条，可惜没能传下来。不过有关新法典的指导原则，却保留在这篇《吕刑》中。

别小看这位三千年前的"吕大人"，他心怀慈悲，反对酷刑，理念十分先进。当时有五种刑罚：劓（割鼻）、刵（èr，削耳；也有说这个字是"刖"，yuè，即断足）、椓（zhuó，阉割，也叫"宫"）、黥（qíng，刺额，也叫"墨"）和大辟（杀头），相传都是蚩尤发明，用来对付苗民的。——《吕刑》则提出"祥刑"的概念，也就是以德教感化为主，尽量减少肉体摧残、酷刑折磨。刑狱官断案时，要从多个角度考察案情，处理尽量从宽。

那么审案遇到疑难不明之处，又该如何处理呢？《吕刑》说："五刑之疑有赦，五罚之疑有赦，其审克之。"即是说，运用"五刑""五罚"的标准量刑，如遇疑点，应当从轻判罚，但前提是认真审理、核实清楚。——总的原则是宽大为怀、疑罪从轻。

"疑罪从无"最早是由意大利法学家贝卡利亚于 1764 年提出，当然比"疑罪从轻"更公正、更彻底。不过想到《吕刑》比它足足早了两千六七百年，你就不能不为东方人的智慧而骄傲！

对于疑罪从轻的具体做法，《吕刑》讲得很细：如判处墨刑有疑点，可改判罚金一百锾（huán）。判处"劓"刑有疑点，可改判罚金二百锾（一说三百），而"剕"刑改罚五百，"宫"刑改罚六百，最重的"大辟"，可改罚一千锾。——"锾"是古代重量单位，一锾相当于后来的六小两，一百锾等同于三四十斤，一千锾则重达三四百斤。谁能拥有这么多黄金呢？其实那时所说的"金"多半是指铜。

由肉刑改为罚款，反映着刑法从野蛮到文明的进步；只是这样的刑罚规定显然对富人更有利。

《吕刑》还提出"察辞于差，非从惟从"，也就是从供词中寻找破绽，以求犯罪真相，不能完全相信口供。——现代司法"重证据不轻信口供"的原则，原来老祖宗早就提出了！此外，《吕刑》还说要"哀敬折狱"，即断案时抱着怜悯而谨慎的态度。

《吕刑》还提到刑狱官容易产生的五种弊病：或是凭借官势胡乱判案（"惟官"），或是挟私枉断（"惟反"），或是屈从上级意志（"惟内"，也有说听从"枕头风"的），或是主动勒索钱财（"惟货"），或是暗中接受贿赂（"惟来"）。——一旦查出刑狱官有上述五种弊端，要立即打击，严加惩处，其罪与犯法者等同。

文章最后则是对刑狱官的警告：办案时收受贿赂，不要以为得了宝物，那是你为自己积攒罪证呢，只会招致无穷的祸患！——这话如同响亮的警钟，至今仍有着警示和震慑的力量！

《禹贡》："中国地理"第一章

《尚书》中还有一篇与众不同的文章——《禹贡》，收在《虞夏书》中。

顾名思义，《禹贡》与大禹有关。大禹是中华民族的治水英雄，为了治理水患，他足迹遍及大半个中国，留下"三过家门而不入"的佳话。

禹亲自踏看山川的方位及走向，了解各地的土质和物产。在治水的同时还开山

《尚书》书影

修路，并削木为记，把天下分为九州。也就是冀、兖（Yǎn）、青、徐、扬、荆、豫、梁、雍九片地域；范围东起大海、西至甘陕、南达湘鄂、北抵辽东。

《禹贡》对各州情况有大致描述。举冀州为例：

冀州：既载壶口，治梁及岐。既修太原，至于岳阳。覃怀底绩，至于衡漳。厥土惟白壤，厥赋惟上上，错，厥田惟中中。恒、卫既从，大陆既作。岛夷皮服，夹右

碣石入于河。

◎载：成，这里指工程完成。◎底（dǐ）绩：取得成绩，成功。◎白壤：白色土壤，即盐碱土壤。错：错杂，这里指一、二等赋税相错杂。◎岛夷：沿海及岛屿上的东夷人。河：黄河。

古冀州的范围大致包括山西省全境、河北西北部、河南的北部及辽宁西部，是传说中尧、舜部落活动的核心地区，也是经济文化比较发达的区域。

文中的壶口位于今天的山西吉县附近，黄河至此河床收窄，形成大瀑布，形势险要。大禹治水便从这里开始，然后沿河一路治理梁山、岐山（有人说就是吕梁山和狐岐山），再由太原转而修治太岳山以及覃怀、漳河。

冀州的土质为白壤，赋税可定为一、二等。至于耕地，则是九等中的第五等。待恒水、卫水疏通后，大陆泽也便治理完毕。东方海边的夷人前来进贡皮衣，可以从碣石沿黄河逆流而上。

以下每介绍一州，也都要说到治水的路径、本地的土质、物产及赋税等情况，还包括进贡的路线等。有些州的物产十分丰富，如青州的贡物除了盐、细葛布和各种海产品，所辖的泰山地区还出产丝、麻、锡、松木及怪石；莱夷一带适于放牧，还可收获成筐的柞蚕丝。这些贡品装上船，可以由汶水直达济水。

总的说来，《禹贡》是中国最早的地理著作，大致成于战国人之手。它不仅记述了山川地理、水陆交通等状况，又跟经济、政治密不可分。《禹贡》的"贡"字，便是向天子进贡的意思。

只是篇中制定的贡赋制度带有明显的虚构色彩，纸上写写而已，可能从来没有真正实施过。

辑三 《诗经》：情歌唱彻三千年

他们是中国最早的诗人

有人说中国是"诗的国度"，一点不错。

打开文学史，第一流的文学家差不多全是诗人：屈原、陶潜、李白、杜甫、白居易、苏轼、李清照、陆游、辛弃疾……诗又是中国兴盛最早的文学样式。谁若不信，"有《诗》为证"——这里的所说的《诗》，是指中国第一部诗歌总集《诗经》，又称《诗三百》，因为集子里收录了三百多首诗，准确地说是三百零五首，称"三百"是取其整数。

这三百首诗的作者，少说也有二三百人，可惜绝大多数没留下名字，只有个别例外。如《小雅·节南山》末句为"家父作诵，以究王讻"。这位"家父"，据考是位大夫。再如《小雅·巷伯》末句为"寺人孟子，作为此诗"，这里的"孟子"可不是儒家大师孟轲，他是个"寺人"，也就是宦官。

另外还有位叫尹吉甫的将军，是周宣王的大臣，上马能杀敌，下马能诵诗。《大雅》中的《崧高》《烝民》，便是他的大作，诗中有"吉甫作诵，其诗孔硕""吉甫作诵，穆如清风"等句，便是他的署名了。另据汉代人考证，《鄘风·载驰》的作者是许穆夫人，果真如此，她应是中国最早留下名字的女诗人了！

《诗经》作者有上层人物，也有平民乃至农奴。——"下等人"的作品怎么会跑到经典里去了？原来这跟周朝的政治制度有关。周朝统治者重视文化，天子听政的途径之一，便是让公卿、列士"献诗"，借此听取他们的意见。

公卿的诗只能反映公卿的见解，民间的舆论又怎么采集？天子又定时派官吏到民间"采风"，也就是搜集民间诗歌。

采风一般是在春天进行，"行人"（官名）敲着木梆子（"木铎"）一路走一路搜集民歌民谣，回来交给宫廷乐师，配上曲子唱给天子听。天子不出宫门，便知百姓的疾苦哀乐。

想来当时收集的诗歌远不止三百首。有人说，孔子时代本来留有诗歌三千多首，后经孔子编选删节，只剩下三百首！——这话跟孔子删《书》的说法同样不可信。

学者经研究指出，《诗》大概是由周太师（周代乐官）整理加工的。历朝乐官把公卿列士及百姓的诗歌加工润色、分类编辑，一面在宫廷配乐演唱，一面用来教导贵族子弟，并提供给诸侯士大夫们诵读。

那时的士大夫们讲话，也总爱引几句诗，以显示自己的学养。更多时候，不用他们自己张口，只需点名让乐队演唱就是了，他们要表达的见解立场，就在诗里隐含着呢。这叫"赋诗言志"，又叫"断章取义"。——只是"断章取义"后来又衍生出别的意思来。

总之，那时的《诗》几乎成了"文化"的同义语。

六义：风雅颂，赋比兴

《诗经》有"六义"：风、雅、颂，赋、比、兴。——"六义"其实是两码事儿："风、雅、颂"指的是《诗》的文体分类；"赋、比、兴"呢，说的是《诗》的表现手法。

不错，《诗经》便是由《风》《雅》《颂》三部分组成的。那时的诗是要配乐吟唱的，有人说"风""雅""颂"的叫法跟音乐有关。

"风"就是土风、土乐，也就是民谣小调。为什么叫"风"呢？大概因为风声是最自然的音乐吧。《诗经》里的《风》又称"十五国风"，简称"国风"——据说最早叫"邦风"，汉代时，为了避开高祖刘邦的名讳，改称"国风"。

"十五国风"是从十五个邦国、地区采集而来，按区域分为《周南》《召（Shào）南》《邶（Bèi）风》《鄘（Yōng）风》《卫风》《王风》《郑风》《齐风》《魏风》《唐风》《秦风》《陈风》《桧（Kuài）风》《曹风》和《豳（Bīn）风》，总共一百六十篇，多半为民间之诗。——学者们很重视这部分诗歌，认为它们最能表达民心民意。

"雅"又是指什么？有人说"雅"就是"正"，雅乐指的是周朝王畿（京城周围）的音乐，"京腔京韵"，有别于乡曲土风。

《雅》共一百零五篇，又分大、小《雅》。《大雅》多为周前期的贵族之作；《小雅》创作时间较晚，里面掺有一些民间歌谣，

"十五国风"分布图

跟"风"相近。雅乐多半是在诸侯朝会或贵族宴饮时演唱。

"颂"则是赞美诗,一般是天子或诸侯在宗庙祭祖典礼上演唱,等级也最高,属于庙堂乐诗。演唱时不但奏乐,还配有舞蹈,隆重而庄严。——《颂》又分《周颂》《鲁颂》《商颂》,合称"三颂",共四十篇。

那么,赋、比、兴又是怎么一回事?

"赋"是指一种平铺直叙的写作手法,也就是原原本本把事说明白,不拐弯抹角,也不夸张粉饰。后来"赋"的手法发展成一种文体,铺排的特点也益发突出了。

"比"是打比方。"兴"呢?是先借别的事物做个由头,再引到要吟咏的事物上来。也举个例子:《周南·桃夭》首章为"桃之夭夭,灼灼其华。之子于归,宜其室家"。这是祝贺人家娶新娘的诗,上来先描摹桃花盛开、艳丽如火的景色,烘托出喜庆的气氛。由此引出姑娘出嫁、和顺持家的主题，显得自然而和谐。句中的"夭夭""灼灼"是形容茂盛、艳丽的形容词，"之子于归"则是姑娘出嫁之意。

有时候，"比"和"兴"又很难区分，例如《桃夭》这一首，如若把前两句理解为用盛开的桃花比喻美丽的新娘或预示未来的红火日子，也未尝不可呢。

比兴的手法使诗歌形象变得鲜明生动，也成为中国诗人最爱运用的修辞手段。

"温柔敦厚"，孔子"《诗》教"

拿老人作比，《诗经》差不多有两千六百岁了！人们研究《诗经》的历史，少说也有两千四五百年。而资格最老的研究者，便是孔子。

孔子重视《诗》，还拿《诗》做课本来教学生。他鼓励学生学《诗》。

　　子曰："小子何莫学夫诗？诗，可以兴，可以观，可以群，可以怨。迩之事父，远之事君；多识于鸟兽草木之名。"（《论语·阳货》）
　　◎莫：无人。◎兴：比兴，联想。观：观察。群：合群。怨：讽谏。◎迩：近。

孔子说：小子们，为什么没人学《诗》啊？学《诗》可以训练联想，可以学习观察，可以培养合群观念，可以学习讽刺手法；往近处说，可以侍奉父母；往远处说，可以服侍君王；至少还能多认识些鸟兽草木的名字呢。

孔子不但对学生这么说，对儿子也这么讲。儿子孔鲤从庭院前经过，孔子叫住他问："学《诗》乎？"孔鲤回答：没有。孔子说："不学《诗》，无以言。"（不学《诗》，就不会讲话啊。）于是孔鲤回去后便专心学起《诗》来。

孔子还说过"兴于诗，立于礼，成于乐"（《论语·泰伯》）的话，这是说：诗使人振作，礼使人立足稳固，乐则使人完美。在他老人家看来，诗是礼乐的基础，是学习的开端。

孔子对《诗经》的推崇，是毫无保留的。他说过："《诗》三百，一言以蔽（概括）之曰：思无邪。"（《论语·为政》）即是说，《诗经》中全是真情流露的好诗。

诗离不开音乐，而孔子其实又是音乐家。他说：我从卫国返回鲁国，才把音乐篇章搞定，使《雅》归《雅》，《颂》归《颂》，各得其所（"子曰：'吾自卫反鲁，然后乐正，《雅》《颂》各得其所。'"《论语·子罕》）。

孔子最喜欢《周南》里的《关雎》，说是"《关雎》乐而不淫，哀而不伤"（《论语·八佾》）。《关雎》好在哪儿？它的情调愉悦而有节制，哀怨而不过分。——这是孔子心目中好诗的标准，这也正符合孔子的"中庸"理念，契合他的"《诗》教"原则。

"《诗》教"是孔子的重要教育理念，就是拿《诗》来教导子弟，培养他们的君子风度。《礼记·经解》引孔子的话说："其为人也，温柔敦厚，《诗》教也。"——这"温柔敦厚"四字，便是"《诗》教"的核心。学《诗》的人受着文字与音乐的涵养熏陶，变得温文尔雅、诚恳厚道，君子的风貌不就是这样吗？

孔子对《诗》的理解全面而通透，可是汉代学者的《诗经》研究却如同走进窄胡同。汉儒机械地认为，《诗三百》的作者是史官，每首诗的背后都有郑重的政治含义。就说那首《关雎》吧，明明是恋爱题材的诗歌，可汉儒偏说这诗讲的是什么"后妃之德"——《毛诗》里就是这么说的。

汉代研究《诗经》的有四家：齐、鲁、韩、毛。可惜前三家的著作都没传下来，只有毛亨、毛苌（cháng）的解经之作得以流传，因称《毛诗》。

毛氏师徒是西汉人，两人对《诗经》的讲解有不少望文生义、牵强附会的地方。不过这部《毛诗》对后世影响很大——毕竟是"只此一家"的"老字号"。

《关雎》：中国版"少年维特之烦恼"

就来看看《关雎》吧，它是《国风·周南》第一篇，也是《诗经》第一篇。

> 关关雎鸠，在河之洲。窈窕淑女，君子好逑。
> 参差荇菜，左右流之。窈窕淑女，寤寐求之。
> 求之不得，寤寐思服。悠哉悠哉，辗转反侧。
> 参差荇菜，左右采之。窈窕淑女，琴瑟友之。
> 参差荇菜，左右芼之。窈窕淑女，钟鼓乐之。

◎关关：鸟鸣声。雎鸠（jūjiū）：鸟名。◎窈窕（yǎotiǎo）：形容女子文静美好。淑女：美好的女子。好逑（qiú）：好的配偶。◎参差：不齐貌。荇（xìng）菜：一种水生植物，可食。流：摘取。下文中的"采""芼（mào）"也是这个意思。◎寤寐（wùmèi）：醒和睡，犹言日夜。思服：思念。◎友：亲爱，友好。◎乐：娱悦。

随着诗人的吟诵，你看到河当中的小洲，听到水鸟咕咕叫个不停。那儿有位文静、苗条的姑娘，小伙子（君子）心里喜欢她，想跟她做个朋友。——这开头两句既是环境描写，也是起兴。

第二章写姑娘在小船上采摘荇菜，左边采采，右边采采；她那优美的姿态让小伙儿着了迷，日思夜想不停息。姑娘哪知小伙儿的心思呢？每日依旧那么采啊，摘啊。可小伙儿早已魂不守舍，夜晚在床榻上翻来覆去，难以成眠。

接下来的两章，写小伙儿梦想弹着琴向姑娘求爱，敲钟击鼓地把姑娘迎回家，拜堂成亲。——这正应了那句"剃头挑子一头热"，又如同是一篇中国版的"少年维特之烦恼"！

诗写得既抒情又热烈，不但

清人以《诗经》为题材的书法作品（局部）

文字优美，大概曲调也很悦耳。孔子就曾赞美说：《关雎》从开始到尾章，满耳的音乐声，真是好听极了（"子曰：'师挚之始，《关雎》乱，洋洋乎盈耳哉！'"《论语·泰伯》。师挚：鲁国乐官太师挚。始、乱：音乐的开端和尾章。洋洋：形容声音响亮）！

诗中的"君子"，应当是位贵族青年吧；那位"淑女"能亲自参加劳动，大概是个劳动人家的姑娘。——然而《毛诗序》却说《关雎》是歌颂"后妃之德"，目的是"风天下而正夫妇"（给天下夫妻做个好榜样）。还有人一口咬定这位"后妃"就是周文王的妻子大姒（sì）；又说"左右流之（采之、芼之）"只是比兴手法，并非姑娘在劳动。并说夫妇匹配是"生民之始，万福之原"，婚姻关系理正了，天地万物也便和顺了。连南宋学者朱熹也对此深信不疑，尽管他不大赞同《毛诗》的许多解释。

其实，男大当婚、女大当嫁，男欢女爱、琴瑟和谐，这是天地间最自然的人伦关系，还用谁来做榜样吗？无论哪个时代、哪个民族，爱情与婚恋都是民间歌谣的主题，《诗经》当然也不例外。

《诗经》中的爱情婚恋诗歌多半集中在《国风》《小雅》中。除了这篇《周南·关雎》，还有《郑风》中的《萚（tuò）兮》《狡童》《褰（qiān）裳》《风雨》，《卫风》的《木瓜》《氓》，《王风》的《采葛》，《邶风》的《谷风》，《鄘风》的《柏舟》，《小雅》的《隰（xí）桑》……我们下面再读几首。

"有女怀春，吉士诱之"

周朝那阵子，民间的"规矩"大概还没有后来那么多，姑娘、小伙儿相互爱恋、私下幽会是常有的事。《国风》中的爱情诗篇，也因此占了大量篇幅。

《卫风》中有一首《木瓜》，作者应当是个小伙儿。有位姑娘喜欢他，随手摘了果子送给他。他心领神会，用随身的玉佩回赠姑娘：

投我以木瓜，报之以琼琚。匪报也，永以为好也！
投我以木桃，报之以琼瑶。匪报也，永以为好也！
投我以木李，报之以琼玖。匪报也，永以为好也！

◎木瓜：同下面的木桃、木李都是植物果实。琼琚：与下面的琼瑶、琼玖，都是玉质配饰。◎匪：非，不是。

木瓜、木桃、木李都是极普通的果子，但由姑娘主动"投"给小伙儿，其中含义不言自明。小伙儿用贵重的玉佩回赠姑娘，当然也不是"摆阔"。玉石是坚贞的象征，同时也表达了小伙儿对爱情的珍重。

诗共三章，句式完全相同，只是所赠之物小有区别。这样吟咏，是不是有点啰唆？其实这正是民谣土风的特点：用回环复沓的形式，表达心愿的真诚、誓约的牢靠！这样的形式，我们在《诗经》中还会屡屡碰到。

男女之爱是天底下最自然、最正当的情感，民歌对此毫不

隐讳。"有女怀春，吉士诱之"，这是《召南·野有死麕》中的
句子，表达男欢女爱，说得直截了当：

> 野有死麕，白茅包之。有女怀春，吉士诱之。
> 林有朴樕，野有死鹿。白茅纯束，有女如玉。
> 舒而脱脱兮，无感我帨兮，无使尨也吠！
> ◎麕（jūn）：小獐。白茅：白茅草。◎怀春：指女子动情。
> 吉士：好青年。◎朴樕（sù）：小木，可以做婚礼上的灯烛。
> ◎纯（tún）束：捆绑。◎舒而：慢慢地。脱（tuì）脱：舒缓
> 的样子。帨（shuì）：佩巾。尨（máng）：多毛的狗。

　　诗的前两章说：田野里有只死獐子，用白茅草把它包好。
有个姑娘对小伙儿动了情，好小伙儿把她来引逗。树林里长
着灌木，田野里有只死鹿，拿白茅草把它捆起，姑娘啊如花
似玉。

　　下面是姑娘的话：轻点儿，慢点儿，别乱碰我的佩巾，别
引得狗叫！——你不觉得这是一幅男女幽会的生动图画吗？

　　不过，诗中用白茅包裹的獐、鹿又是什么意思？大概可以
理解为"起兴"手法吧，当然也可看作小伙儿送给姑娘见面
礼。——《木瓜》里的男主角应当是个年轻贵族，所以对姑娘
"报之以琼琚"；《野有死麕》的男主角大概是个年轻猎手，獐鹿
野味正是他手到擒来的见面礼！

大声唱出心中的爱

在爱情交往中，不光小伙儿主动，姑娘照样情感炽烈。有个姑娘想邀心爱的人唱歌，于是吟道：

> 萚兮萚兮，风其吹女。叔兮伯兮，倡予和女！
> 萚兮萚兮，风其漂女。叔兮伯兮，倡予要女！（《郑风·萚兮》）
> ◎萚：从草木上脱落的皮和叶。女：通"汝"。◎叔、伯：这里指爱人。虽说叔、伯，实指一人。倡：同"唱"。和（hè）：应和，跟着唱。一说"倡予和女"是倒装用法，即"予倡女和"。◎漂：同"飘"。◎要：邀请。

散落的木皮啊，草叶啊，风正把你们吹起。弟啊哥啊，我唱你和！以下又重复一遍，只改了两个字：散落的木皮啊，草叶啊，风正把你们飘起。弟啊哥啊，邀我同歌！——你瞧，姑娘一旦心中有爱，表现得一点也不扭捏！

然而表白最为直接的，还要数《小雅·隰桑》中的姑娘。全诗四章，前三章大同小异：

> 隰桑有阿，其叶有难。既见君子，其乐如何。
> 隰桑有阿，其叶有沃。既见君子，云何不乐？
> 隰桑有阿，其叶有幽。既见君子，德音孔胶。
> ◎隰：低洼地。阿：通"婀"，柔美的样子。难（nuó）：茂盛

的样子。下两章中的"沃"和"幽"有肥厚、青黑的意思。◎德
音：情话。孔胶：很牢固，如漆似胶。

女子思念恋人，想象着跟他在桑林里约会。洼地的桑林枝
美叶茂，一旦在那儿跟恋人见面，情话绵绵，多么快乐！可到
了第四章，结构忽然变化，姑娘唱道：

心乎爱矣，遐不谓矣？中心藏之，何日忘之？
◎遐不：何不。谓：告。

心中有爱，干吗不说出来？藏在心里，又有哪一会儿忘得
了？——说是"中心藏之"，其实一句"心乎爱矣"，早把一个
"爱"字大声唱出来了！

恋爱中的人，恨不得时刻相聚不分离。可是姑娘有姑娘的
活计，小伙有小伙的营生。当姑娘去采摘葛藤、草药时，小伙
儿觉得时间真难熬：

彼采葛兮，一日不见，如三月兮！
彼采萧兮，一日不见，如三秋兮！
彼采艾兮！一日不见，如三岁兮！（《王风·采葛》）
◎彼：指对方。葛：一种植物，藤条可编篮筐，其皮可制
成纤维织布。下面的萧、艾也都是植物，往往由女性采摘。

此刻姑娘、小伙儿隔山隔水，听得见声儿，见不到影儿。

小伙儿于是唱道：姑娘你去采葛，一日不见如三月！这种渴盼很快升级为"一日不见如三秋（三季）""一日不见如三岁"！姑娘听到这歌声，能不动心吗？

同样的心思，也会发生在女孩儿身上。《郑风·子衿》是姑娘想念情郎的诗：

> 青青子衿，悠悠我心。纵我不往，子宁不嗣音？
> 青青子佩，悠悠我思。纵我不往，子宁不来？
> 挑兮达兮，在城阙兮。一日不见，如三月兮！
> ◎衿（jīn）：衣领。◎宁：难道。嗣：这里意为寄、送。
> ◎佩：佩玉的带子。◎挑、达：往来。城阙：城门两边的观楼。

头两章唱道：青青的是你的衣衿（佩带），悠长的是我的思念；纵然我不去找你，难道你就此再无音信？第三章是写姑娘约小伙儿在城楼见面，那里应该是以前幽会的老地方。姑娘感叹说："一日不见，如三月兮！"小伙子听到这热切的邀请，一定会飞跑着来赴约的。

《氓》：痴心女遇上负心汉

由爱情引导的婚姻，往往是美满和谐的。不过"痴心女子负心汉"的悲剧，在《诗经》时代也频频上演。《卫风·氓》和《邶风·谷风》便是弃妇的哀歌。

读读《氓》吧，这是一首长诗，六章六十行，记录了一个女子的不幸遭遇。诗的前两章写她与男子从相识到结合的经过。"氓"即民，犹言"这家伙"。

氓之蚩蚩，抱布贸丝。匪来贸丝，来即我谋。送子涉淇，至于顿丘。匪我愆期，子无良媒。将子无怒，秋以为期。

乘彼垝垣，以望复关。不见复关，泣涕涟涟。既见复关，载笑载言。尔卜尔筮，体无咎言。以尔车来，以我贿迁。

◎蚩蚩：嬉笑的样子。布：钱币。贸：交易。◎匪：非。谋：商量。◎淇：淇水。顿丘：地名。◎愆（qiān）期：过期，失约。◎将（qiāng）：请。◎乘：登。垝（guǐ）：倒塌。垣（yuán）：墙。复：返回。关：关口，关门。◎涟涟：流泪貌。◎载笑载言：又说又笑。◎尔卜尔筮：指对方为婚姻事而卜卦求签。体：卜筮的结果。咎言：不吉的判断。◎贿：财货，嫁妆。

唱歌的是女子，她说：你这家伙笑眯眯揣着钱来买丝——哪里是买丝啊，是来求我嫁给你。痴心的我送你过了淇水，一直送到顿丘才回头。后来误了婚期不怪我，是你没请到好媒人。我当时求你别发火，又把婚期改到秋天。

我天天站在墙缺口望着城门，却总也等不到你，闹得我泪珠儿不断。直到把你等来，我才有说有笑。你说已经求签问卜，一切顺利。于是你赶着车来，拉走我的嫁妆，咱俩算是成了夫妻。

可是几年下来，女子真是后悔死了：

桑之未落，其叶沃若。于嗟鸠兮，无食桑葚。于嗟女兮，无与士耽。士之耽兮，犹可说也。女之耽兮，不可说也。

◎沃若：滋润貌。◎于嗟：感叹词。鸠：斑鸠。桑葚（shèn）：桑树的果实。◎耽：迷恋。◎说（tuō）：通"脱"，摆脱。

女子打比方说：桑叶没落的时候多滋润（我也曾有过那样的好日子），唉，斑鸠鸟啊，千万别贪吃桑葚啊（吃多了会迷醉的）！唉，女孩儿啊，千万别过分迷恋男人啊！男人爱上女子还能摆脱；女孩儿若迷恋男子，可就没救了！

接下来的两章，女子述说嫁后多年的遭遇：

桑之落矣，其黄而陨。自我徂尔，三岁食贫。淇水汤汤，渐车帷裳。女也不爽，士贰其行。士也罔极，二三其德。

三岁为妇，靡室劳矣。夙兴夜寐，靡有朝矣。言既遂矣，至于暴矣。兄弟不知，咥其笑矣。静言思之，躬自悼矣。

◎陨：落下。◎徂（cú）：前往。三岁：多年。三是虚数。◎汤汤（shāng）：水势大的样子。渐（jiān）：浸湿。帷裳：车厢的帷幔。◎爽：差错。贰：这里意为忒，错的意思。

行（háng）：行为。◎罔极：无常。二三其德：行为前后不一。◎靡室劳矣：家里的活没有不干的。◎夙（sù）兴夜寐：早起晚睡。夙，早。靡有朝矣：没有一天不是这样的。◎言：语助，无义。既遂：指生活过得顺遂。暴：暴虐。◎咥（xì）：大笑。◎躬：自身。悼：哀伤。

自从我进了你家门，如同枯黄的桑叶离了枝。多年的苦日子熬不到头，浩浩淇水浸湿了车帷。我做妻子无过错，你当丈夫净胡为。男人做事不靠谱，朝三暮四怎么行？我当妻子许多年，家里啥活不是我干？起早贪黑没个完。家境一旦有好转，你却对我变了脸。这些事我娘家兄弟哪知道？见面只顾笑开颜。仔细想来静静思，自伤自悼真可怜！

终于，女子下了分手的决心：

　　及尔偕老，老使我怨。淇则有岸，隰则有泮。总角之宴，言笑晏晏。信誓旦旦，不思其反。反是不思，亦已焉哉！

◎泮：通"畔"，边。◎总角：指未成年的男女。宴：乐。晏晏：温和。◎信誓旦旦：诚恳发誓。反：反复，变心。◎已：完了，算了。

曾说过要跟你一块变老，可若是那样，才真让我烦怨！淇水再宽也有岸，沼泽再广也有沿儿。（若是跟你过一辈子，那可真是苦海无边！）不由得又想起从前两情相悦、"言笑晏晏"的好日子，你那"信誓旦旦"的爱情誓约，仿佛还在耳边，你都忘了吗？人忘了本，还有什么可说的？咱俩的恩义至此完！

听听吧，这是两千多年前一个女子的抱怨，事情却像发生在昨天。你还能从絮絮叨叨的话语里，感受到女子的坚忍与自尊；她遭遇不公平的待遇，却不肯逆来顺受，宁愿选择一拍两散！

《诗经》里最动人的诗篇，往往来自民间，发自小人物的肺腑。只要人性不改变，再过一万年，读起来仍感新鲜！

如何形容"女神"

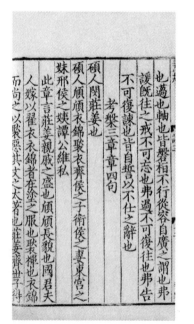

苏辙撰《诗集传》书影二

爱情婚恋诗歌中的青年男女个个俊美。让我们看看《卫风·硕人》是如何形容"女神"庄姜吧。——庄姜是齐庄公之女，嫁给卫庄公为妻；"硕人"便是高挑儿姑娘。

诗歌开篇就赞美说："硕人其颀，衣锦褧衣！"——高个子姑娘身材妙，锦衣再把罩衣套。"颀（qí）"是身长貌，"褧（jiǒng）衣"即罩衣。

以下连用了五六个比喻描摹她的肢体、肌肤、面容之美：

手如柔荑，肤如凝脂，领如蝤蛴，齿如瓠犀，螓首蛾眉。巧笑倩兮，美目盼兮。

◎荑：初生的茅，以喻美人手指。凝脂：凝结的脂油，喻皮肤滑腻。领：脖颈。蝤蛴（qiúqí）：天牛的幼虫，色白而身长。瓠（hù）犀：指葫芦的籽粒，喻牙之整齐洁白。螓（qín）首：螓是类似蝉的昆虫，额头宽大方正。蛾眉：蛾的触角细而长，喻美女的眉毛。◎倩：面目美好。盼：黑白分明。

她的手指细长洁白像茅芽，她的肌肤光洁细腻如凝脂，她的脖颈白腻修长像天牛的幼虫，她的牙齿粒粒整齐如葫芦籽，她的额头方正如螓额，她的眉毛细长如蛾须。尤其是她那灿烂的笑容和黑白分明的美目，仿佛正冲着我们抛媚眼儿呢！

这里用来作比的事物，都是生活中最常见的植物、昆虫等，带着乡土气，贴切而鲜活。一些词语如"凝脂""蛾眉""巧笑倩兮，美目盼兮"，后来都成了描摹美人的熟词儿！

拿画画打比方，《硕人》如同精描细染的工笔画；而《诗经》中又不乏简洁传神的写意画。诗人有本事只用一两个句子，便把女性之美勾画而出。且看《郑风·野有蔓草》：

野有蔓草，零露溥兮。有美一人，清扬婉兮。邂逅相遇，适我愿兮。

野有蔓草，零露瀼瀼。有美一人，婉如清扬。邂逅相遇，与子偕臧。

◎零：落。溥（tuán）：露珠圆貌。下文中的"瀼（ráng）瀼"

形容露珠很多。◎清扬：眉清目秀貌。婉：妩媚貌。◎邂逅：不期而遇。◎臧：善，美好。

田野里绿草丰美，草叶上露珠闪光。大清早遇上"女神"，眉清目秀，妩媚端庄！能跟你不期而遇，让我心花怒放！下一章只换了一两个词，末句犹如说"让我俩成双成对"。唱两支曲的工夫，小伙子已经在考虑谈婚论嫁了！——诗中写美人，并没细写她的五官相貌、鬓发裙裳，只一句"清扬婉兮"，神态尽出！

有些诗人擅长用景物衬托人物之美。如《陈风·月出》咏叹月下美人，第一章这样写道：

月出皎兮，佼人僚兮。舒窈纠兮，劳心悄兮。
◎皎：皎洁光明。佼人：美人。僚：美好貌。下文中的"恻"意为妖冶，"燎"意为明亮。◎舒：舒缓。窈纠：与下文的"忧受""夭绍"都有身段窈窕优美之意。劳心：忧心。悄（qiǎo）：深忧之貌。下文中的"慅（cǎo）"及"惨"都形容忧愁烦躁不安之貌。

月亮出来了，月光皎洁，月下的美人多么迷人。她步履舒缓，腰身优美，美得让我心里发慌！以下两章同样以月亮起兴：

月出皓兮，佼人恻兮。舒忧受兮，劳心慅兮。
月出照兮，佼人燎兮。舒夭绍兮，劳心惨兮。

吟诵着这样的诗句，读者也要融化在这澄澈的月光中，陶醉在神话般的意境里……

"所谓伊人，在水一方"

其实最美的女性是无法用语言形容的，听听这首《秦风·蒹葭》吧：

蒹葭苍苍，白露为霜。所谓伊人，在水一方。溯洄从之，道阻且长。溯游从之，宛在水中央。

蒹葭凄凄，白露未晞。所谓伊人，在水之湄。溯洄从之，道阻且跻。溯游从之，宛在水中坻。

蒹葭采采，白露未已。所谓伊人，在水之涘。溯洄从之，道阻且右。溯游从之，宛在水中沚。

◎蒹葭（jiānjiā）：蒹是荻，葭是芦，都是水边生长的植物。苍苍：苍茫茂盛。后文中的"凄凄"（同"萋萋"）、"采采"同为茂盛、众多貌。◎所谓：所说的。伊人：那人。一方：一边。后文的"湄（méi）"和"涘（sì）"也都是水边的意思。◎溯（sù）：逆水而行。洄（huí）：回环曲折的水道。后文中的"游"指河流。从：就，前往。阻：险阻。后文的"跻（jī）""右"有高起及弯曲的意思。◎宛：宛如，仿佛。后文中的"坻（chí）"和"沚（zhǐ）"指水中沙洲和小块陆地。◎晞（xī）：干。

你看啊，水边芦荻一派苍茫，清晨秋露化为白霜。心心念念的美人啊，你在浩渺水域的那一方。我沿着曲水向上寻觅，路途坎坷又绵长；我沿着直流向上寻觅，你的身影恍惚如在水中央……这美人的五官有多美，腰身有多俏，诗中一个字没提；可你是不是觉得，这美人美得不一般，确实值得诗人不顾一切地去追求！

以下两章，诗人始终在寻寻觅觅，却一无所获。或许，这可望而不可即的美人，压根儿就不是什么张家女孩儿、李家姑娘，只是诗人苦苦追寻的一种境界、一个理想？

宋代大文学家苏东坡在《赤壁赋》中吟咏道："桂棹兮兰桨，击空明兮溯流光；渺渺兮予怀，望美人兮天一方！"你还能从中听到《蒹葭》那千年不歇的袅袅余音。

古老诗篇的启迪绵绵无尽，延续至今。有一首现代歌曲《在水一方》，词作者是台湾著名女作家琼瑶，那取材和意境，也仍来自两千几百年前的古老诗章：

> 绿草苍苍，白雾茫茫。有位佳人，在水一方。
> 绿草萋萋，白雾迷离，有位佳人，靠水而居。
> 我愿逆流而上，依偎在她身旁。无奈前有险滩，道路又远又长。
> 我愿顺流而下，找寻她的方向。却见依稀仿佛，她在水的中央。

你立刻能听出，这是"白话版"的《蒹葭》！歌者唱得如泣如诉,听者听得如醉如痴。——也再次见证了古老诗歌的生命力,可以绵延古今,超越时空!

"饥者歌其食,劳者歌其事"

有位东汉学者谈诗歌,说过几句很精辟的话:"男女有所怨恨,相从而歌。饥者歌其食,劳者歌其事。"(何休《春秋公羊传解诂》)这是说,民间诗歌都是有感而发的,有了委屈,大家就一同唱起来:饿肚子的,歌词离不开食物;劳累受苦的,歌词离不开干活。——这也符合现代文学理论:文学就是"苦闷的象征"嘛,诗歌的功用之一,便是宣泄内心郁积的情愫。

《国风》《小雅》的作者多是底层百姓,自然少不了"饥者""劳者"。有一首《小雅·苕之华》,就是一首饥民所唱的歌:

> 苕之华,芸其黄矣。心之忧矣,维其伤矣!
> 苕之华,其叶青青。知我如此,不如无生!
> 牂羊坟首,三星在罶。人可以食,鲜可以饱!
> ◎苕(tiáo):一种植物,又名凌霄,蔓生,开黄花。华:花。芸:花枯黄貌。◎维:何。◎牂(zāng)羊:母羊。坟:大。三星:一说天上的参星,一说星即鲜(xīng),一种小鱼。罶(liǔ):鱼笱,捕鱼篓。

八成是遇上了荒年吧,诗人肚里没食,心里难受。可野地里的凌霄花开了又谢,叶子仍旧一片青葱。想着:真是人不如花啊！早知如此，父母何必生我，来这人世间受罪？

也别说，圈里还有只羊，可瘦得只剩个大脑壳；捕鱼篓里也还有两三条小鱼，虽然可吃，但这一点点东西，哪里吃得饱？只怕越吃越饿！——这滋味，只有挨过饿的人才能体会到。

至于"劳者歌其事"的作品，在《诗经》里不止一篇。其中最有分量的，要数那篇《豳风·七月》，全诗共八章八十八行，看看第一章：

> 七月流火，九月授衣。一之日觱发，二之日栗烈。无衣无褐，何以卒岁？三之日于耜，四之日举趾。同我妇子，馌彼南亩。田畯至喜。
>
> ◎火：又称大火，星名，即心宿三星，这里指心宿二。此星在夏历五月时在正南方，过了六月就偏西向下，故称"流"。授衣：把做冬衣的工作交给女人。◎一之日：指周历正月，即夏历十一月。以下"二之日""三之日"分别指夏历十二、正月。觱发（bìbō）：大风呼啸声。栗烈：凛冽。◎褐：粗布衣。卒：过完。◎于耜（sì）：修理农具；耜，一种农具。趾：足。◎馌（yè）：送饭。南亩：泛指农田。◎田畯（jùn）：农官名。

头一章写农夫的劳动生活：七月火星沉，九月备寒衣。冬日风呼啸，腊月冻死鸡。若无寒衣穿，年根儿过不去。正月修耒耜，二月下田地。老婆和孩子，送饭到地里。田官见了笑嘻嘻。——田官负责督促耕作，见农夫全家上阵，当然乐得合不拢嘴。

再看第二章：

七月流火，九月授衣。春日载阳，有鸣仓庚。女执懿筐，遵彼微行，爰求柔桑。春日迟迟，采蘩祁祁。女心伤悲，殆及公子同归。

◎春日：指三月。载：始。阳：温暖。仓庚：鸟名，即黄鹂。◎懿筐：深筐。微行（háng）：小道。爰：语助词。◎迟迟：天长。蘩：白蒿，古人用于祭祀；一说用于孵蚕。祁祁：众多貌。◎殆：将要。公子：贵族青年。

这一章仍以"七月流火，九月授衣"开头，下面写女孩儿的劳作：阳春天气晴，黄鹂树间鸣。女孩挎深筐，沿路采嫩桑。太阳缓缓落，白蒿采不停。女孩心伤悲，要随公子行。

这后两句，有不同理解：有人说，姑娘发愁，是怕碰见"官二代"（"公子"）遭劫持、受欺负。也有人说：姑娘已与"公子"订了终身，她愁的是即将离开生养自己的爹娘。

《豳风·七月》诗意图

以下各章，或写养蚕、织帛做衣裳，或写抓狐狸、打野猪，或写收拾屋子准备过冬，或写采果子酿酒、摘瓜收菜，或写收谷打场、给公家当差盖房，最后一章则写窖藏冰块、供应祭祀，以及年终杀羊捧酒，到"公堂"上祝尊长"万寿无疆"。

读读全诗，你会发现农夫一年到头不得闲，活计多得数不清。苦是苦，不过也有田猎之喜、收获之乐。你说，这是写"农家苦"还是"农家乐"？也许两者兼而有之吧！

《伐檀》别解，《硕鼠》新说

《诗经》中写劳动的，还有一首《魏风·伐檀》（文摘一）。这诗还被选入中学课本：

> 坎坎伐檀兮，寘之河之干兮，河水清且涟猗。不稼不穑，胡取禾三百廛兮？不狩不猎，胡瞻尔庭有县貆兮？彼君子兮，不素餐兮！
>
> ◎坎坎：伐木声。檀：檀树。寘（zhì）：置。干：岸。涟：形容风吹水面所形成的波纹。猗（yī）：语气词，与"兮"作用同。◎稼：种谷。穑：收割。胡：为什么。廛（chán）：捆。◎狩、猎：打猎。瞻：看。尔：你，即下文中的君子。县：通"悬"，悬挂。貆（huán）：兽名，俗称獾子。◎素餐：白吃饭。

不用说，这是劳动者唱的歌。他们在河边叮叮咚咚地砍伐檀木，大概是用来打车子吧，因为下面两章的首句分别是"坎坎伐辐兮"和"坎坎伐轮兮"。

工匠在波光粼粼的水边干活，很有点"累并快乐着"的意思。可是一抬头，看见河对岸"君子"的庭院里稻捆堆成山，屋檐下挂着吃不完的獾子、山鸡，工匠气不打一处来：您老身不动，膀不摇，享受着如此丰厚的劳动果实，凭什么呀？可话却是反着说出来的：人家是君子，从来不白吃饭啊！

诗共三章，每章结尾都重复这么一句话。连为《诗经》作序的毛苌都看出讽刺之意了，说这是"刺贪也。在位贪鄙，无功而受禄，君子不得进仕尔"。——这是讥刺贪婪。当官的贪鄙下作，不干活光拿钱，真正的君子却得不到提拔。

宋代学者朱熹不认同毛苌的说法。他认为《伐檀》每章最后两句不是讽刺，而是肯定。他说："此诗专美君子不素餐，序言刺贪失其指矣。"——这诗高度赞美君子不白吃饭，《毛诗序》所说的"刺贪"，离题万里。

朱熹说这话，自有他的根据。孟子的学生公孙丑向老师求教：《诗经》中有"不素餐兮"的诗句，说君子不耕田却可以衣食无忧，这是为什么呢？

孟子回答：君子待在哪个国家，只要国君任用他，他就能让国君"安富尊荣"；年轻人追随他，也能提升道德，成为孝顺父母、尊敬兄长、做事尽心、诚实守信的好青年。所谓"不白吃饭"，还有比这更充足的理由吗？（《孟子·尽心上》）

很显然，孟子是把"君子不白吃饭"当成肯定性叙述，朱熹也同意这看法。那么，孟子和毛苌的解释，哪一个更接近诗歌原意？或许这会成为一个永久的谜团吧。

同样收进中学课本的，还有一篇《魏风·硕鼠》（文摘一）。此诗作者应当也是劳动者，而他倾诉的对象，则是"硕鼠"，也就是大田鼠。

> 硕鼠硕鼠，无食我黍！三岁贯女，莫我肯顾。逝将去女，适彼乐土。乐土乐土，爰得我所。
>
> ◎硕鼠：大田鼠。黍：指庄稼。◎贯：侍奉。女：通"汝"。顾：体贴，顾念。◎逝：通"誓"，表坚决。去：离开。适：到。乐土：美好的地方。◎爰（yuán）：乃。

一般认为，这首诗表面上是在咒骂贪婪害人的大田鼠，实则影射抨击压榨农奴的贵族：大田鼠啊大田鼠，你不要偷吃我的庄稼。我侍奉你这么多年，你一点不肯体贴我。今天我决心离开你，去寻找世间乐土。乐土啊乐土，我就要有我的新家园啦……

对此，《毛诗序》和朱熹的看法倒是一致的。只是毛苌认为这里拿硕鼠影射国君，朱熹则认为是喻指"有司"，也就是官吏。

问题来了：在20世纪的土改运动中，许多农民仍搞不清是"地主养活农民"还是"农民养活地主"，需要工作队去宣传启发；怎能想象两千六七百年前的农奴，已把这个问题琢磨得如此透彻，歌唱得如此理直气壮？

有没有这种可能，诗中的"硕鼠"指的就是自然界的大田鼠？而此诗则可理解成：田野里发生了鼠害，农民因此发出抱怨和祈求？

在三叠歌词中，诗人一再强调"三岁贯女，莫我肯顾"（"莫我肯德""莫我肯劳"），带着埋怨与乞哀的口吻；而接下来的誓言，又分明有着恐吓的成分：我要走了，去寻找我的"乐土"（"乐国""乐郊"），到那时，看饿不死你！

半是乞怜，半是威胁，这正是民间求神禳灾的常用手段。在那个大小事都需要占卜的时代，民歌中带着一点"迷信"色彩，似乎更正常。

【文摘一】

伐檀（《诗经》）

坎坎伐檀兮，寘之河之干兮。河水清且涟猗。不稼不穑，胡取禾三百廛兮？不狩不猎，胡瞻尔庭有县貆兮？彼君子兮，不素餐兮！

坎坎伐辐兮，寘之河之侧兮。河水清且直猗。不稼不穑，胡取禾三百亿兮？不狩不猎，胡瞻尔庭有县特兮？彼君子兮，不素食兮！

坎坎伐轮兮，寘之河之漘兮。河水清且沦猗。不稼不穑，胡取禾三百囷兮？不狩不猎，胡瞻尔庭有县鹑兮？彼君子兮，不素飧兮！（《国风·魏风》）

◎侧：与下文中的"漘（chún）"同指水边。◎直：这里指河水直流的波纹。下文中的"沦"为小波浪。◎亿：束，一说极言禾数多。下文中的"囷（qūn）"指禾捆，一说指粮囤。

◎特：四岁的大兽。下文中的"鹑"为鹌鹑。◎飧（sūn）：晚饭，也指熟食。

硕鼠（《诗经》）

　　硕鼠硕鼠，无食我黍！三岁贯女，莫我肯顾。逝将去女，适彼乐土。乐土乐土，爰得我所。

　　硕鼠硕鼠，无食我麦！三岁贯女，莫我肯德。逝将去女，适彼乐国。乐国乐国，爰得我直。

　　硕鼠硕鼠，无食我苗！三岁贯女，莫我肯劳。逝将去女，适彼乐郊。乐郊乐郊，谁之永号？（《国风·魏风》）

◎德：感谢。◎直：值。这里指劳动所得。◎劳：慰劳。◎永号：长叹。

"执子之手，与子偕老"

　　《诗经》中还有不少戍边题材的诗歌，如《小雅·采薇》《小雅·出车》《秦风·无衣》《邶风·击鼓》《豳风·东山》《王风·君子于役》《小雅·何草不黄》……

　　《小雅·采薇》中的这位士兵，一边采摘薇菜，一边盘算着归期。或许他已获得批准，就要退役还乡了。经历过艰苦的戍边生活，士兵不想抱怨；因为他知道，戍边是为了对付狁狁（Xiǎnyǔn）——那是个北方民族，又称北狄，秦汉时称匈奴；从周代起一直威胁着中原。

采薇采薇，薇亦作止。曰归曰归，岁亦莫止。靡室靡家，猃狁之故。不遑启居，猃狁之故。

◎薇：一种豆科植物，可食。作：生出。止：语尾助词。◎莫：通"暮"。这里指一年将尽。◎靡：无。◎遑：闲暇。启居：安居。启、居都是一种坐姿。

士兵采摘薇菜，是为了给军营单调的伙食添个菜吧？薇菜采了又长，就像这戍边的日子没完没了。总说回家，眼看到了年底。不过士兵知道，有家难归，还不是因为有猃狁存在？终年奔忙不得消停，还不是因猃狁的威胁？

以下士兵又追想戍边生活：因营盘不定，连个信儿也没法给家里捎。不过说到驾起四匹骏马的战车，以及一个月中连打胜仗，士兵的语气里又满含着骄傲！

《采薇》第六章，也是最后一章，士兵终于登上返家的路途。他边走边唱：

昔我往矣，杨柳依依。今我来思，雨雪霏霏。行道迟迟，载渴载饥。我心伤悲，莫知我哀！

◎依依：柳条飘拂的样子。◎思：语气词，作用与"兮"相同。雨（yù）：做动词，雨雪就是落雪。霏霏：大雪飘飞貌。◎载渴载饥：又渴又饿。◎莫知我哀：没人知道我的哀伤。

从军出征时正值春日，柳条随风飘拂。而今归来，却已是大雪纷飞。可是离家越近，士兵的步子越迟缓：一来饥渴难耐，二来心中不安。——离家日久，亲人们还不知怎么样呢！一个士兵的哀伤，又有谁能了解？

《诗经》中表现服役生活的诗歌，还有另外的角度。如《王风·君子于役》，写士兵的妻子思念丈夫。知道丈夫回不来，但愿他在军中"苟无饥渴"，别太遭罪吧！

妻子思念丈夫，丈夫更思念妻子。《邶风·击鼓》的作者是一名随军远戍的士兵，诗中描述练兵的场面，远戍难归的苦闷，最后写到对妻子的深深思念……

> 死生契阔，与子成说。执子之手，与子偕老！
> 于嗟阔兮，不我活兮。于嗟洵兮，不我信兮。
> ◎契：合，聚。阔：疏，离。子：你，指妻子。成说：约定。
> ◎于嗟：叹词。阔：指距离远。活：佸（huó），会。◎洵：这里指久远。不我信兮：使我失信。

无论生死聚散，我与你立下誓约：握着你的手，跟你到老不分开！唉，而今隔山隔水，你我难以相会；唉，而今相隔久远，让我失信于你！

"执子之手，与子偕老"这句士兵的爱情誓言，两千多年来不知打动了多少有情人；当他们手扣手重复着这样的誓约时，一定还伴随着真诚的目光和感动的泪水……

军旅诗歌，并非首首叹苦经，也有振奋昂扬的。读读这首《无衣》：

岂曰无衣？与子同袍。王于兴师，修我戈矛。与子同仇！

岂曰无衣？与子同泽。王于兴师，修我矛戟。与子偕作！

岂曰无衣？与子同裳。王于兴师，修我甲兵。与子偕行！

◎袍：战袍。下文中的"泽"指汗衣，"裳"是裙衣。◎王于兴师：奉王命兴师作战。戈矛：戈、矛与下文中的"戟"都是长柄兵器。◎同仇：目标一致，有着共同仇敌。◎偕作：一同跃起。下文中的"偕行"是一同前进。

这话说得多带劲儿：谁说没有军装？我的战袍就是你的战袍！你我奉王命出征，先来整好戈矛。你的仇敌就是我的仇敌，盯上就跑不掉！——后两章的末句同样令人振奋：让我们一同跃起，一同进击，永远不分离！

这诗出于《秦风》，读着它，不由得让人想到始皇陵庞大的兵马俑军阵！学者说，秦人尚武，他们的战歌里没有忧伤，没有抱怨，有的只是相互的激励和慷慨的誓言！

从这首《无衣》中，你是否听到秦人气吞六合、混一四海的消息？

《玄鸟》《生民》，商周史诗

《国风》《小雅》的作者大半是小人物，吟咏的也多是个人情怀、身边琐事。《大雅》和《颂》收录的则是贵族之诗和庙堂之曲，还包括民族史诗等"宏大叙事"。

譬如《商颂·玄鸟》便是一篇商族史诗。《商颂》是宋国的庙堂诗歌。前面说过，宋人是殷商的后裔。

《玄鸟》以神话开篇："天命玄鸟，降而生商。"——讲《尚书》时说过，商的始祖契是大舜的助手，跟禹、弃同朝为臣，当过司徒。契不是等闲之辈，他的母亲叫简狄，是有娀（sōng）氏的姑娘，嫁给帝喾（Kù）为次妃。

相传有一回简狄跟两个女伴到河里洗浴，恰巧有只燕子飞来，落下一个鸟蛋。简狄捡来吞吃，竟由此怀孕，生下个男孩儿，就是契。

契长大后很有出息，先是辅佐大禹治水，后来官居司徒，因教化有方被封在商地，赐姓子氏。古人认为这一切都是上天安排，故说："天命玄鸟，降而生商。"玄鸟就是燕子。

以下《玄鸟》又说天帝命契的后代成汤征服四方，"奄有九有"（拥有九州）。他的后辈武丁继承他的事业，驾着插有龙旗的车子，载着祭祀用的洁净黍稷祭祀上苍。于是乎"邦畿千里，维民所止"（国家疆域辽阔，任百姓居住）。四海之人都来朝见，"殷受命咸宜，百禄是何"（殷商受命于天，左右逢源，承受着无尽的福禄）！

《玄鸟》一诗既载神话，又述历史，出语典重，风格庄严。可以想象，在庙堂上伴着凝重的乐舞歌唱时，一定有着震撼人心的力量。

周人的由来也有史诗记述，便是《诗经》中的《大雅·生民》。诗中讲述周族始祖后稷的传奇故事——后稷名弃，与契同朝为臣，他的身世同样不平凡：

> 厥初生民，时维姜嫄。生民如何？克禋克祀，以弗无子。履帝武敏歆，攸介攸止。载震载夙，载生载育，时维后稷。
>
> ◎厥：其。时：是，这。姜嫄（yuán）：炎帝之后，姜姓。◎克：能。禋（yīn）：敬。祀：祭祀。弗：祓，除。这两句是说姜嫄敬奉天帝，以祓除没有儿子的缺陷。◎履：踩。帝：天帝。武敏：拇指印。歆：心动。攸介攸止：神灵保佑赐福。攸，语助词；介、止，都有福佑之意。◎震：通"娠"，怀孕。夙：严肃。

原来弃的娘本是有邰（tái）氏的姑娘，叫姜嫄，也嫁给帝喾，身为元妃，地位在简狄之上。有一回姜嫄到田野里游玩，忽然见到一枚巨大的脚印，不由得心生喜悦，便用自己的脚踩上去比大小。不想这样一来，竟有了身孕，十月怀胎，生下个男孩儿来！

私生的孩儿不能养，姜嫄把他远远扔掉：

> 诞置之隘巷，牛羊腓字之。诞置之平林，会伐平林。诞置之寒冰，鸟覆翼之。鸟乃去矣，后稷呱矣。实覃实讦，厥声载路。
>
> ◎诞：生育。置：弃置。腓：庇护。字：养育，喂奶。◎覆翼：用翅膀覆盖、保护。◎呱（gū）：小儿哭声。◎实：是。覃（tán）：长。讦（xū）：大。载：充满。

孩子被扔到窄巷子里，不想过路的牛啊羊啊不但不踩他，还用奶汁喂他；又把他扔到树林里，正赶上有人伐木，仍旧将他救起；再把他扔到结冰的河面上，飞来一只大鸟，用翅膀暖着他；大鸟飞走了，孩子开始啼哭，声音又长又响亮，老远就能听见！因为三番两次被抛弃，因而为他取名"弃"。

以后孩子长大了，专爱摆弄个瓜啊豆啊的，无师自通地学会了种庄稼。经他培植的庄稼，苗齐秆壮，颗粒饱满。弃用收获的五谷祭祀天帝，天帝便赐福保佑整个周族。后来帝舜让弃担任后稷，专管农事，可谓知人善任。

我们回头来看，原来商人始祖契和周人始祖弃竟是同父异母的兄弟！他们的父亲是帝喾，母亲分别是帝喾的元妃和次妃——想来这段神话一定是周人编的，后来的编纂者总是尽力把本族的地位提升到前面去。

《大雅》中还有一篇周族史诗《绵》，讲述周人领袖"古公亶（dǎn）父"为了躲避游牧民族的侵袭，率领族人从豳地迁徙到周原去。诗中有"来朝走马，率西水浒"（第二天早上骑马沿着水岸奔驰）两句，学者说，后世小说《水浒传》的命名，便源自这两句诗。

自然百科与美词总汇

以上我们选读了若干诗篇，对《诗经》有了一点粗浅的认识。

从形式上看，那时的诗多为四言，诗行整齐，节奏明快。个别时候，四言中也夹杂着三言、五言、六言、七言的句子，这又为后来盛行的五、七言诗孕育了胚胎。

一首诗常常有若干章，各章的句数基本一致，以四、六、八等偶数句居多。

押韵是诗歌的最基本特征。例如《关雎》第一章："关关雎鸠，在河之洲。窈窕淑女，君子好逑。"韵脚为"鸠""洲""逑"，这属于隔行押韵，第一句也可不押。

另外，反复吟咏、章句复沓，是《诗三百》的突出特点之一。至于诗中普遍使用的赋、比、兴手法，我们已经反复提到。

除此之外，《诗》的修辞手法还有不少，学者总结为借代、映衬、对比、拟声、摹状、呼告、夸饰、对偶……句法中又有并列、排比、感叹、问答……需要在读诗时细细体味。

初看上去，《诗三百》不过是些带着田野露珠及青草气味的民歌小调，但静心阅读、反复吟诵，你会被它的真诚、质朴乃至博大深沉所感动。——前面说过，孔子对《诗》特别感兴趣，曾反复引导督促子弟学《诗》，还说至少可以多认识些鸟兽草木之名。

有学者统计过，《诗经》中光是草木名称就出现一百零四种！此外还有虫名二十三种，鱼名十五种，鸟名三十五种，马名三十八种（《诗毛氏传疏·毛诗传义类》）。就这一点而言，《诗经》至少可以赢得"自然小百科"的称号了！

《诗经》还是一部词藻绚烂的大词典，许多当时流行或诗人自铸的生动词语，靠着这部典籍保存下来，一直活在后世的文字世界里。

我们随便翻翻，就会发现"脸熟"的字眼儿或成语，像

古代画师为《诗经》所作的插图

"窈窕""于飞""绸缪""式微""弄璋""弄瓦""桃之夭夭""杨柳依依""信誓旦旦""之死靡它""夙兴夜寐""辗转反侧""燕（宴）而新婚""生死契阔""今夕何夕""日居月诸""风雨如晦""黍离之悲""七月流火""颠倒衣裳""妻子好合""兄弟阋墙""一日不见，如三秋兮"……

这里只抄了一小部分，有心的朋友何不翻开手边的《诗经》，让读诗从"找熟脸"开始？

辑四 "三礼"：来而不往非礼也

礼：敬神尊人，与义同行

谈谈"五经"之一的《礼》吧。《礼》又称《礼经》，最早是指《仪礼》。到唐宋时，《礼》的家族又吸收了新成员《周礼》和《礼记》，于是《礼》便扩展为"三礼"。

"礼"字本义是敬神——其偏旁为"示补"，"示"读 qí，即神的意思。敬神有一定的仪式，这种仪式扩展到人际关系上，于是婚丧嫁娶、会盟见面，全都有一定的仪式，统称为"礼"。

如古人见面要作揖、磕头，今人改为鞠躬、握手，便是一种礼仪形式。在旧戏的舞台上，演员行礼时口中还要念叨："小生（或"小老儿""下官""奴家"）这厢有礼了！"看得出，行礼是谦抑自己、尊敬别人的一种表示。大家都这么做，也就变成了约定俗成的礼节。

"礼"的内涵不断扩展，成为由社会风习凝练而成的一套行为准则、道德规范和各种礼节。谁违反了，就会被斥为不懂礼乃至"无礼"！说一个人"无礼"，等于说他粗野、不文明，那是很严厉的批评。

古人又怎么解释"礼"呢？《礼记》中有一篇《礼运》，解释道：

> 礼也者，义之实也。协诸义而协，则礼虽先王未之有，可以义起也。
>
> ◎协：协同，契合。诸：之于。"协诸义而协"就是与义理相契合、匹配。义起：根据义理而创建。

原来，"礼"跟"义"是事物的两个面："义"是义理，"礼"是实践义理的方式途径。

"义"又是什么？古人说："义者，宜也。"（《礼记·中庸》）义就是行事恰到好处、不偏不倚。就拿《礼记·曲礼》中的两句格言来说吧："临财毋苟得，临难毋苟免。"［毋（wú）：不要。苟：随便地，不合道义地。难：灾难。］——世上有谁跟钱"有仇"呢？又有谁见祸不躲？可是面对近在眼前的财或灾，人人心中都会有个"义"的判断，也就是：这钱到底该不该拿？这祸到底该不该躲？该拿的钱财，成千累万也不要客气，拿就是了；不该拿的，就是一分一厘也不能妄取！该躲的祸，不躲就对不起自己和爹娘；不该躲的祸，"虽千万人，吾往矣"！这个准则，就叫"义"。

按照"义"的判断去做，所行便是"礼"！哪怕这种"礼"先王没有提出过，我们也不妨根据"义"的原则，把它增加到"礼"的节目单里去。

你看，这个"礼"并不像我们想象的那样，在光线昏暗的祖宗祠堂里，伴随着沉重的钟鼓声，一味地跪拜叩首。——至少在战国人心目中，礼是充满理性的、导人向善的、富于生命力的！

《周礼》是一部职官大全

"三礼"中的《周礼》，早先叫《周官》，也叫《周官经》。为啥改称《周礼》了呢？大概因为跟《尚书》中的篇章《周官》重名吧。汉代学者刘歆因此将这部礼书《周官》改称《周礼》。

据刘歆说，《周礼》的作者是周公。后来给《周礼》作注的东汉学者郑玄也相信这说法。不过学者比较一致的看法是，《周礼》中确实包含着周初的礼制内容，但后来又不断有人添添减减，到战国时才最后敲定。汉代学者很可能又有订正。总之，《周礼》位居"三礼"之首，它的"年龄"没准儿倒是最小的。

《周礼》书影

至于《周礼》的书名，一般认为"周"就是周朝的意思。不过也有人说"周"还有周全、周遍之意。因为书中涉及的礼，不仅限于周礼，也有夏礼、商礼，以及春秋、战国之礼，是十分"周全"的各代礼仪官制"大拼盘"。

总的说来，《周礼》是一部讲解设官分职及政治制度的书。全书六章，分别为《天官冢宰》《地官司徒》《春官宗伯》《夏官司马》《秋官司寇》《冬官考工记》——第六章本应是《冬官司空》，可惜原卷已佚；汉代人找来一卷《考工记》补入。

《周礼》所展示的王朝结构，天子之下有六位高官：大（太）宰、大司徒、大宗伯、大司马、大司寇、大司空，掌管着六个方面的国家事务，分别是邦治（大宰）、邦教（大司徒）、邦礼（大宗伯）、邦政（大司马）、邦刑（大司寇）、邦事（大司空）。

六官之下，每一部门又有六七十个隶属职位。拿地官举例，大司徒之下又有小司徒、乡师、乡大夫、州长、党正、族师、闾胥、比长、封人、鼓人、舞师、牧人、牛人、充人……多达七十八种！每个位置上至少有一人，多的有三十几人，单是地官系统吃皇粮的，就有四万一千六百九十五人！六官加在一块，这支周朝的"公务员"队伍该有多庞大，可想而知！

《周礼》的这套职官设计系统而周密，天下万事万物几乎都有专人负责。照理说，天子的每句话、每个决定，都不难通过这个庞大的机器传达贯彻到底层——可惜这套煞费苦心设计的精密制度，只能是纸上谈兵，没有哪朝哪代真正实施过。

也别笑话古人，这套分工明晰的管理体系，还是有其科学性的。后世的吏、户、礼、兵、刑、工六部，虽与六官职责不尽相同，却明显继承了这一框架。人们习惯上把六部称作"天官"（吏部）、"地官"（户部）、"春官"（礼部）、"夏官"（兵部）、"秋官"（刑部）和"冬官"（工部）——这样的称呼，显然来自《周礼》。

你能说自隋至清，在国家管理上，发挥过重要作用的六部制是荒唐可笑的吗？

大司徒是干啥的

不妨拿地官司徒做例子，看看《周礼》给大臣安排了多少"活儿"！

大司徒的职责，首先是编制天下的地图和户籍册，以辅佐天子安抚天下。铺开一张国家地图，他就能指出九州各在哪里，面积有多大，王公大臣的采邑在哪里，诸侯国的边界又是如何划分的。

当时人绘制地图的水平一定很高明，因为大司徒通过看地图，就能了解五种地形的分布情况，包括山林、川泽、丘陵、坟衍（水涯和低地）以及原隰（高原和湿地）。大司徒还知道哪里适合何种动物、植物生存生长，而那里的百姓又有何特点，如个子是高是矮、体态是胖是瘦、肤色是浅是深……

《周礼》中关于分封诸侯、建立邦国的设想，也由大司徒来规划实施。天子把爵位分为公、侯、伯、子、男五等。按规定，公爵的封地为纵横五百里，其中宜耕田地占到一半。侯爵呢，封地为纵横四百里，宜耕田地降至三分之一。伯爵为三百里，耕地也占三分之一。到了子爵和男爵，封地降为二百里、一百里，耕地面积也降为四分之一。

对于贵族而言，田土当然是多多益善，又怎么把这些耕地分配给农民呢？司徒也有建议：年年都能种的肥田沃土，每家分给一百亩；不那么肥沃的田地需要休耕轮种，则根据肥瘠情况，分给二百亩或三百亩。土地当然不是白种，秋后是要交租纳税的。

《周礼》带有理想化成分，像分配土地的规定，大概便是闭门造车，施行起来颇为不易。——不过书中有些措施，又像是很成熟的经验总结，譬如有关救荒的措施。

中国自古是农业国家，靠天吃饭。只是这碗饭不那么容易吃：旱、涝、蝗、雹之灾，无岁无之。为了防灾救荒，先辈们投入精力，花费心思，也积累了宝贵的经验。

照《周礼》总结，救荒措施多达十二条，目的只有一个：

荒年灾月百姓不致流离失所、葬身沟壑。这些措施，有"散利""薄征""缓刑""弛力""舍禁""去几""眚（shěng，同'省'）礼""杀哀""蓄乐""多昏（婚）""索鬼神""除盗贼"等，共有十二条之多，条条都有详细的解释。

至于风调雨顺的年景，司徒也要注意对百姓的保护，有六条政策要贯彻：

> 一曰慈幼，二曰养老，三曰振穷，四曰恤贫，五曰宽疾，六曰安富。

"慈幼"是善待儿童；"养老"是敬老赡老；"振穷"是救济鳏寡孤独；"恤贫"是周济穷人；"宽疾"是优待病残之人；"安富"是不对富人强索强征，让他们安心。这样做，有利社会的稳定。

大司徒的职责还多着呢。例如指导百姓如何就业，并负责对百姓进行教育——掌管"邦教"正是司徒的主要职责。《地官司徒》中列举了不止一套"教育纲要"，全都带着数目字，如"十二教""六本俗""乡三物""八刑""五礼""六乐"等等。

就说"十二教"吧，一是通过祭祀教导百姓恭敬有礼，这样他们就不会随随便便、满不在乎了。二是通过阳礼教育百姓谦让，他们就不会你抢我夺了。——阳礼是指男人的饮酒、射箭之礼。三是通过阴礼（婚礼）使百姓相亲相爱，年轻人就不会因男不能婚、女不能嫁而怨天尤人了。四是以音乐引导百姓和乐相处，民间也就不会充满戾气……

为了百姓和社稷，大司徒真是操碎了心！

地球是圆的，《周礼》早知道

还有几件大事等着大司徒去做呢：天子祭祀时，大司徒要负责牵牛献祭；诸侯来朝，大司徒要安排修整道路、供应粮草；天子、后妃过世，大司徒要组织丧礼；天子要打仗，大司徒要负责征兵聚将。此外，国家发生变故或遇到瘟疫灾荒，也都够大司徒忙活一阵子的！

好不容易熬到年底，大司徒还要督令手下整理文件、总结工作，以备来年再战。当个大司徒容易吗？

别以为大司徒只是埋头事务性工作，他还是兼通政治、经济、教育的学者，并掌握统计学知识，甚至对地图测绘也懂得一点。

《地官司徒》中有一段文字，把利用日影测量方位的道理讲得十分透彻：

> 正日景，以求地中。日南则景短，多暑；日北则景长，多寒。日东则景夕，多风；日西则景朝，多阴。
> ◎景：影。

这段话的意思是：通过测日影，可以求得大地的中心。若其地偏南（太阳直射），日影就短，气候就炎热；若其地偏北（太阳斜射），日影就长，气候就寒冷；若其地偏东（见到太阳较早），当"地中"正午时，这里已是黄昏，气候也干燥多风；若其地偏西（看到太阳较晚），当"地中"正午时，那里才是早晨，气候则多阴雨。

读这段话，实在令人惊诧：在两千几百年前，我们的祖先在地理测量中，已触摸到大地为球形的真谛。这远远超越了神话中"日出扶桑，没于咸池"的天圆地方观念！

我们纳闷：古人这般知识从何而来？两千多年前，既没有可以准确计时的钟表，也没有"格林尼治时间"的概念；即便有，也因没有先进的通信设备，两地观察者无法进行即时沟通。那么，这样的结论又是怎样得出的呢？恐怕只能通过太阳环绕地球运行的模型摸索出来吧？尽管那时人们还意识不到日出日落是地球自转造成的。——在世界科技发展史上，中国那时并不落后。

《考工记》：百工技艺也成"礼"

《周礼》中涉及科技的内容不止这点儿。书中第六章《考工记》全篇所讲，便是手工业的工艺标准和制作经验。

前面说过，《冬官司空》一章到汉代已经佚失，这篇《考工记》是后人补入的。不过《考工记》的撰写时间并不晚，大约在春秋末战国初，编写者可能是稷下学宫的学者。

齐国首都临淄有座稷门，稷下学宫就设在那儿。那是世界上第一家由官方举办、私人主持的高等学府，聚集着来自五湖四海的顶尖学者。在那里，学者们怀珠蕴玉，各抒己见，形成百家争鸣的繁荣局面；而研究手工技艺的能工巧匠，也不难在这里寻到一席之地。

　　《考工记》开篇便说："国有六职，百工与居一焉。"这"六职"是指六种社会分工，即王公、士大夫、百工、商旅、农夫和妇功。

　　王公的责任是"坐而论道"，即运筹帷幄、讨论大政方针；士大夫的工作是"作而行之"，即起身具体执行。紧接着就是百工，职责是"审曲面势，以饬五材，以辨民器"（审度材料，对金、木、皮、玉、土五种材料进行加工、制造器具）。另三种是商人、农夫和从事家庭纺织的妇女。工匠的排位仅次于王公、士大夫而高于商人、农民。——可惜日后工、商地位日渐低落，从长远看，严重影响了中华民族经济文化的发展与进步。

　　《考工记》记录的制造工艺，含括木工、金工、皮革、染色、刮磨、陶瓷等六类三十多个工种。读者可以从中了解如何造车、冶铜、烧造陶器、漂丝染色、雕刻玉器乃至建房造屋、规划城市……

　　其中造车一节讲得最细：分头细述车轮、车厢、车辕的制作工艺。如说到车轮，特别强调：只有车轮与地面接触面积最小时，车轮才能滚动得最快。这里已涉及几何学和物理学的知识。

　　车辕又有驾牛、驾马之别。驾马的车辕呈弧形，如果弧度过大，就不够坚固；弧度过小，又容易磨压马背。这些都属工艺方面的经验之谈。

　　再如，青铜是铜锡合金，但用来制造刀剑、戈戟、钟鼎、斧斤、箭镞以及刻字的削刀，则因用途不同，锡、铜比例也各有不同。这看似简单的结论，不知凝结着多少代工匠的心血和汗水！

爵是一种酒器

每件器物制作完毕，还要进行检验。譬如有一种叫爵的酒器，是长吻三足的高脚酒杯。杯沿两侧有两根短柱。检验时，如果饮酒者端起杯子喝酒，短柱正对眉毛而杯中尚有余沥，就说明这只爵不合格，制爵的工匠是要受罚的。这可是最古老的检验标准了。

　　本来是一本面向"百工"的专业参考书，居然被收入《周礼》，成了"礼"的一部分，令人称奇。后世的"上等人"常把工艺制造贬低为"奇技淫巧"；相比之下，春秋战国虽为乱世，那时人的见识反高于后来者。

《仪礼》十七篇讲些什么

　　"三礼"中的《仪礼》，汉代称《士礼》，到晋代才改称《仪礼》。早期"五经"中的《礼》，指的便是这一部。

　　这部书不探讨礼的意义，只记录礼的程式和细节：行礼者如何穿衣，如何站位，如何揖拜，如何祭献，一举一动都有细致的规定。

　　相传《仪礼》也是周公作的，这说法同样不可靠。司马迁认为它的作者应当是孔子，说是春秋时，周室衰微，"礼崩乐坏"；孔子把残留的礼仪文献抢救下来，并四处求问采辑，加以补充。《论语》里说"子入太庙，每事问"，应该就是为修订《仪礼》而搜集材料吧。

也有人怀疑孔子的"著作权"，认为此书很可能是战国时人编写的，时间当在荀子之后。材料倒都是旧有的，也确实经过孔子的整理，里面包含着周公制定的礼仪。

早先《仪礼》有多少篇，已经无人知晓。有个说法是"礼仪三百，威仪三千"，这明显带着夸张，但数量肯定不少。可是到了汉代，有位儒生高堂生献出一部《士礼》来，却只有十七篇，是用今文抄写的。东汉学者郑玄为今文十七篇作注，今天人们所读的《仪礼》，就是这一部。

那么这十七篇又讲些什么？

开篇的《士冠礼》，讲的是贵族子弟的成人礼，也就是加冠礼。《士昏礼》讲解贵族成婚的仪节，"昏"即"婚"。《士相见礼》是讲贵族之间初次交往的礼节：如何通过介绍而见面，如何送礼及回拜等。

第四篇《乡饮酒礼》，是乡人定期举行的"乡饮"酒会，借以培养尊贤敬老的社会风气。酒会之后，则由州长官组织射箭"锦标赛"，这是《乡射礼》的内容。——诸侯和上层贵族也要举行类似活动，具体内容见第六篇《燕礼》和第七篇《大射》。这如同高级别的"乡饮酒礼"和"乡射礼"。

第八篇《聘礼》和第九篇《公食大夫礼》，则讲解国君派大臣访问别国及举行国宴招待外国使臣的礼仪规矩。第十篇《觐礼》所讲，是诸侯朝见天子的礼仪。

儒家提倡孝道，重视"养生送死"，甚至认为"养生者不足以当大事，惟送死可以当大事"（《孟子·离娄下》）；因而《仪礼》极重丧仪。以下的《丧服》《士丧礼》《既夕礼》《士虞礼》四篇，便都与丧葬有关。

第十五篇至第十七篇为《特牲馈食礼》《少牢馈食礼》《有司彻》，则属于祭礼，记述不同级别的贵族在家庙中祭祀祖祢（mí）的仪节——"祖祢"即祖宗和父亲，"祢"专指在宗庙中立了牌位的亡父。

《仪礼》讲述礼仪细节，到了不厌其烦的程度。仪节程序步步写来，一举手一投足都有严苛的规定。——总的说来，《仪礼》是专供贵族阅读的书本，并不适用于平民百姓，"礼不下庶人"嘛。也是，一个普通农民，哪里有闲暇搞这些"虚文"？有这工夫不如让儿子去割两筐猪草，那便是农家子弟的"士冠礼"了！

《礼记》：不可不读，不可全读

《礼记》最初是解经之作，书中所收的文章，有好几篇便是专门讲解《仪礼》的。《仪礼》内容繁琐、文字古奥，人们有读不懂的地方，便到《礼记》中寻找答案。久而久之，《礼记》成了学礼者手不能离的参考书，《仪礼》《周礼》反都坐了冷板凳。

步步高升的《礼记》到了唐代终于升格为"经"。至明代，干脆取代《仪礼》，成了"礼"的唯一代表，坐上"五经"的宝座。

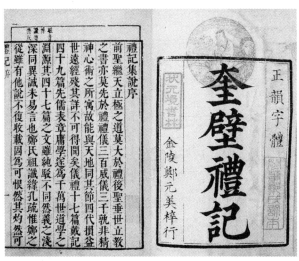

《礼记》书影。奎壁斋为明清南京著名书坊

据说《礼记》在西汉时有一百三十一篇。有姓戴的叔侄俩跟着当时的礼学大师后苍学"礼"。大概觉得《礼记》文章太多太杂吧，叔叔戴德从中选了八十五篇，编为一部，人称《大戴礼记》。侄子戴圣又从《大戴礼记》中精选四十九篇，编为一部，人称《小戴礼记》。

精练的选本总是更受欢迎，因而《小戴礼记》的流传很快就超过《大戴礼记》。尤其是东汉学者郑玄为《小戴礼记》作了详注，此本更是盛传不衰。我们今天所说的《礼记》，就是指这部《小戴礼记》。

那么，《礼记》的原作者又是谁呢？有人说是孔子的七十二位高足及后学，我们知道名字的，就有曾参、子思、公孙尼子等。另有一些篇章，大概采自先秦诸子。总之，这是一部战国至汉初研习古礼的文章选集，不是一人一时之作。

《小戴礼记》将近十万字，读起来很费工夫。又因是选编本，内容、形式难免有些杂乱。为了便于学习研究，学者们试着给《礼记》内容分类。东汉郑玄就把四十九篇分为通论、制度、祭祀、丧服、吉事、乐记等九类；近代学者梁启超则分为十类。后来的学者，也有分为八类的，也有分四类的。

总起来看，有专门解释《仪礼》的，有记述各种礼制的，有专记日常生活中的礼节和守则的，也有儒家学者讨论礼的论文，以及专门讨论丧服丧事的。

学者梁启超有两句话说得好："吾惟觉《礼记》为青年不可不读之书，而又为万不能全读之书！"至于哪些该读，哪些可以缓读甚至不读，则要看不同时代、不同读者的兴趣和需要了。

"敬"字当头，别于禽兽

先来看看《曲礼》吧，毕竟它讲的是日常礼节，离人们的生活更近，又是《礼记》第一篇。

为什么叫"曲礼"呢？"曲"有细小的意思。还有人说，"曲礼"意同"幼仪"。——士大夫家的子弟长到十岁，先要跟老师学习这些礼仪，将来才能成为懂规矩、有修养的人。

学者推测《曲礼》原本是独立的著作，后来失传了。今天看到的内容，是汉代儒者搜集前代残篇编辑而成的。多为一小段一小段的，仿佛守则条文。因内容较多，又分成上下两篇。开篇的若干条，可以看作总论。

且看第一条：

《曲礼》曰：毋不敬，俨若思，安定辞。安民哉。

◎毋：无，不要。俨：同"严"，严肃。安：态度安详。

定辞：言辞确定。

开篇不谈别的，劈头先推出一个"敬"字来。"敬"指一种恭敬、诚挚、郑重的心态和表情，可以视为礼的基本精神。一个人缺乏诚敬之心，礼节上做得再周到，也只是表演而已。因此《曲礼》开篇就提出"毋不敬"；又说平居要端庄稳重、若有所思，说话要安详淡定。这样的人，才能让人信任。

接下来又说：

敖不可长，欲不可从，志不可满，乐不可极。

◎敖：同"傲"。从：放纵。极：极端，极尽。

这仍是告诫学习者要端正态度，警惕几种不良心态：不可放任你的傲气，不可放纵你的欲念，不可志得意满，小心乐极生悲。总之，凡事要收敛，不要走极端，这也正是儒家标举的中庸态度。

以下几则，也都表达了类似的观念，如：

贤者狎而敬之，畏而爱之。爱而知其恶，憎而知其善。积而能散，安安而能迁。

◎狎：亲近。◎积：积攒（财物）。安安：安于安定的环境。迁：变迁。

这是说：对贤者要亲近而不失敬重，敬畏又不疏远。喜欢一个人，同时要清楚他的弱点和短板；厌恶一个人，又要知道他的优点和长处。能积聚财富，又能仗义疏财。习惯安逸尊贵的地位，也不怕落入艰苦的处境。也就是说，永远不要忘记事物有两个方面，不可顾此失彼，都能坦然面对。

礼在社会生活中的效用就更大，《曲礼》一口气提出"礼"在七个方面的作用（文摘二）："道德仁义"是些抽象的字眼儿，没有礼就没法落实；教化百姓、移风易俗，没有礼就会顾此失彼；闹纠纷、打官司，没有礼就没法判断曲直；君臣上下父子兄弟的高低先后，没有礼就"乱了套"；游学仕进、侍奉老师，没有礼就不能使师生亲近；文官在朝、武将治军、官员执法，没有礼就没法体现权威；祭祀求神，没有礼也无法显示诚意和郑重。因而君子一定要以恭敬、克己、谦退的态度光大礼的精神。

以上讲的是礼在社会上的效用；而说到做人，就更离不开"礼"：

> 鹦鹉能言，不离飞鸟；猩猩能言，不离禽兽。今人而无礼，虽能言，不亦禽兽之心乎？夫唯禽兽无礼，故父子聚麀。是故圣人作，为礼以教人。使人以有礼，知自别于禽兽。
>
> ◎聚麀：指乱伦行为。麀（yōu），母鹿。

这话说得够狠！鹦鹉能学人说话，可它到底还是禽类；猩猩也能学人说话，可它仍旧是野兽！人如果不按礼行事，即使能说会道，在本质上又跟禽兽有啥区别？禽兽之所以是禽兽，就在于没有礼的约束，所以才乱伦胡搞！

　　基于此，圣人挺身而出，拿礼来教导人类。人之所以为人，就是能接受礼的约束，因而有别于禽兽。言外之意是：不学礼，就不配做人！

【文摘二】

明礼（《礼记》）

　　道德仁义，非礼不成。教训正俗，非礼不备。分争辨讼，非礼不决。君臣上下，父子兄弟，非礼不定。宦学事师，非礼不亲。班朝治军，莅官行法，非礼威严不行。祷祠祭祀，供给鬼神，非礼不诚不庄。是以君子恭敬撙节退让以明礼。（节自《曲礼》）

　　◎正俗：移风易俗。备：完备，完满。◎宦学：游学。◎班朝：排班上朝。莅官：莅临官位，施行职责。◎供给：供奉。◎撙（zǔn）节：节制。

"来而不往非礼也"

　　如前所说，礼的内在精神是"敬"，那么敬谁？照以往的理解，肯定是臣子敬君主、百姓敬官员、穷人敬财主。可是不对，看看《曲礼》是怎么说的：

> 夫礼者，自卑而尊人。虽负贩者，必有尊也，而况富
> 贵乎！富贵而知好礼，则不骄不淫；贫贱而知好礼，则
> 志不慑。
>
> ◎负贩：挑担卖货的小贩。◎淫：过分。◎慑：畏怯困惑。

礼要求人们谦抑自我、尊重他人，就是挑担子小贩，也必有
值得尊重的地方，何况那些有钱有势的"成功人士"！有钱有势
的如果能懂礼好礼，那当然更好，可以进入不骄奢、不淫侈的更
高境界；没钱没势的穷汉如果懂礼好礼，同样可以自尊自重、无
所畏怯。

《礼记》中有不少成语，至今脍炙人口。像"礼尚往
来""来而不往非礼也"。——这话常听人在"干仗"时说起，似
乎跟"以牙还牙，以眼还眼"意思相近，其实是误解：

> 太上贵德，其次务施报。礼尚往来。往而不来，非礼
> 也；来而不往，亦非礼也。人有礼则安，无礼则危。故
> 曰：礼者不可不学也。
>
> ◎太上：传说中的三皇五帝之世。施报：指有施有报，有
> 来有往。

据说上古之时，百姓都淳朴敦厚、以德为贵，大家没有私
心、不分彼此，有饭同吃，有衣同穿。后来社会发展了，有了

私有观念，人们交往时，便有了"施"与"报"的概念：你施惠于我，我一定要回报，这才合乎礼。

"礼尚往来"说的正是这种有来有往的待人之道。我对人家好，人家不回报，或是人家对我好，我不回报，都是违背礼的（"非礼"）。人人都守礼，社会也就安定了；大家都不守礼，就容易出乱子。所以说，礼是不能不学的。

前头提过"临财毋苟得，临难毋苟免"两句，便出于《曲礼》。这两句的后面其实还有几句：

……很毋求胜，分毋求多。疑事毋质，直而勿有。

◎很：争论。◎质：这里有确定的意思。直：事理明白。

遇到争论，不要得理不让人；分配财物，不要希图多得。遇到不明白的事，不要匆忙下结论，说得太"死"。对已经清楚的事，也不必表示"我早就说过"！

这些教诲，句句说到人性的弱点。如果不学礼，这样的错误每人都会一犯再犯！

百年人生，与礼同行

人生百年，儒家早就替人做出合于"礼"的人生规划：

人生十年曰幼，学。二十曰弱，冠。三十曰壮，有室。四十曰强，而仕。五十曰艾，服官政。六十曰耆，指使。七十曰老，而传。八十、九十曰耄——七年曰悼，悼与耄虽有罪，不加刑焉。百年曰期，颐。

◎冠：举行加冠礼。◎室：家室，有室即结婚成家。◎指使：指挥别人做事。◎传：把宗庙主的地位传给嫡长子。◎耄（mào）：眊（mào），眼神不好。悼：此处有怜爱意。

一个男孩子长到十岁，称为"幼"，那是从师学习的年龄。二十岁长成小伙子，但还显稚嫩（"弱"），这是举行冠礼的年纪。"弱冠"这个词，便由此而来。

三十岁，人变得强壮，可以娶妻成家了（"有室"）。四十岁年富力强，正是出仕做官的好年纪。五十岁的人称"艾"，即年长之意，这时的男人经验丰富、办事老练，理应在行政部门担当大任（"服官政"）。

人到六十称"耆（qí）"，此刻精力衰退，只适合指导他人做事，故称"指使"。七十岁就真的老了，应该把家族中主持宗庙祭祀的位子传给长子（"传"），自己可以歇歇了。到了八九十岁，称为"耄"。——七岁的孩子称"悼"，而七龄童跟八九十岁的老人待遇相同，即便犯了过错，也可免受责罚。

百年老人称作"期"，有极的意思，只需颐养天年就是了，"颐"即供养。后人把人生百岁称为"期颐之寿"，便源于此。

仔细想想，这样的安排自有其合理性：既照顾了生理的盛衰变化，又考虑到经验的积累、思想的成熟，真是周到得很。

在这篇"节目单"的下面，还有针对大夫的特殊规定：

大夫七十而致仕，若不得谢，则必赐之几杖，行役以妇人，适四方乘安车，自称曰"老夫"，于其国则称名。越国而问焉，必告之以其制。

◎致仕：退休。谢：告退。几杖：老人用的凭几（以备坐时依靠）和手杖。安车：一种马拉的小车。◎越国：他国。

大夫虽是国家的高级官员，七十岁也该退休了。——"致仕"便是把官位还给国家的意思。不过有些官员是国家栋梁，一时还不能抽身离开，君王便要赐给他凭几和手杖，以示荣宠。

这类"返聘"的老人因公出差时，官府要派保姆伺候他。出使四方可以乘坐快捷舒适的马车；所到之处还可"倚老卖老"，自称"老夫"。但在本国还是要自称名字，以示谦逊。此外，别国有来问政的，只有这些堪称"国老"的大夫，才有资质将本国制度告知对方。

人老是一"宝"，传统文化中的这一基本观点，在《礼记》中展示得再清楚不过。

孝子当如何

《曲礼》中有关尊老的条目还有很多，而尊老又是从孝敬父母开始的。看看这两条：

凡为人子之礼：冬温而夏凊，昏定而晨省，在丑夷不争。

夫为人子者：出必告，反必面，所游必有常，所习必有业，恒言不称老。

◎凊（qìng）：凉。定、省（xǐng）：子女早晚向父母问安。丑夷：同辈。◎反：同"返"。业：记事的木板。恒言：平时说话。

前一条是说，做儿女的礼数，是让父母冬天暖和、夏天凉快。晚上要替他们安枕铺床，早上要向他们问安行礼。跟平辈相处，则要尽量避免纠纷争斗。——你跟平辈伙伴闹矛盾，当然会扰乱父母；若这平辈是你的兄弟姐妹，就更让父母伤心，还能叫孝顺吗？

后一条讲跟父母共同生活的日常规矩：出门时一定要启禀，回来后一定要面告。出游一定要让父母知道去处（有事好找你），所学一定要记在记事簿上（便于父母检查）。平日讲话不能自称"老"。你都老了，父母又该如何？

"二十四孝"之一的"百里负米"故事

对孝子而言，这还远远不够。譬如家中有父母在，儿子便不能把床席安放在室中西南角，因为那是一室中最尊贵的位置；也不能大大咧咧地坐在正中的席位上。同样，不能走在路当中，不能站在门中间。举行食、飨之礼时不应做主人，祭祀时也不应充当"尸"——"尸"是代替先人受祭的人。

孝子的最高境界，是父母没招呼，便已察觉他们要说什么；父母还没动，便已察觉他们要干什么。

孝子不宜登高临深、轻身冒险，不能随便诋毁他人，不宜随便嬉笑；又不能潜伏于暗处或铤而走险（干坏事），怕双亲跟着受辱。此外，父母健在，也不能随便拍胸脯答应替朋友"两肋插刀"。——万一有个闪失，你让父母怎么活？另外，孝子也不该有自己的"小金库"。（文摘三）

父母在，甚至不能穿素衣、戴素帽（"为人子者，父母存，冠衣不纯素"），让人看着像是替父母服丧似的……

顺带说到，假如有人伤害父母，孝子又该怎么办？我们今天的做法，是诉诸法律。然而在古代，为亲人报仇是合于礼法的：

> 父之雠，弗与共戴天。兄弟之雠不反兵。交游之雠不同国。
>
> ◎雠（chóu）：同"仇"。戴天：同顶一片天。◎反兵：回家取兵器。◎国：国都，城市。

对待伤害父母的仇人，孝子跟他不共戴天！对伤害兄弟的仇人，遇上就要"死磕"，等不及回家取兵器（也有说兵器始终带在身边）！对待伤害朋友的仇人，誓不与他同城而居。有这样的仇而不报，那是平民的耻辱！

至于当官的，他们另有耻辱："四郊多垒，此卿大夫之辱也！"——敌人的营垒已经建到郊外，身为卿大夫，上不能替君主分忧，下不能保护百姓，却觍然食君之禄、受百姓供养，还有比这更可耻的事吗？

【文摘三】

为人子者（《礼记》）

为人子者，居不主奥，坐不中席，行不中道，立不中门。食飨不为概，祭祀不为尸。听于无声，视于无形。不登高，不临深，不苟訾，不苟笑。孝子不服暗，不登危，惧辱亲也。父母存，不许友以死，不有私财。（节自《曲礼》）

◎奥：室中西南角。◎食飨（sìxiǎng）：进餐时的祭礼。概：主。尸：祭祀时代表死者受祭的人。◎苟：随便。訾（zǐ）：诋毁，指责。◎服暗：潜伏于暗处。服，伏。◎许：答应，许诺。

尊师敬老礼数多

由孝敬父母，推广到尊重所有年长者：

年长以倍则父事之，十年以长则兄事之，五年以长则肩随之。群居五人，则长者必异席。

比你年岁大一倍的，你要像侍奉父亲一样侍奉他；比你大十岁的，你要当哥哥对待；比你大五岁的，可以当作平辈，不过行动坐卧，不要抢在他前面。

平辈五人同坐，应当请年纪大的坐在另一张坐席上。——古代一张席子只能坐四人，五人坐不下，必须有人坐另一张席子。谁去坐呢？自然是年长者。这里仍有尊敬长者的意思。

此外，跟老师在一起，也有许多礼数要注意，如：

> 从于先生，不越路而与人言。遭先生于道，趋而进，正立拱手。先生与之言则对；不与之言则趋而退。
>
> ◎越路：横穿道路。◎遭：遇到。趋：小步快走，以示尊敬。

跟随老师一同走在路上，如果遇上熟人，不要从老师面前横穿道路跟熟人说话。在路上遇到老师，要快步上前，端正站定，拱手致敬。老师有话跟你说，你就回答；如果没话说，就快步退到一边，不要耽误老师走路。

跟老师、长者同处一室，礼数就更多。如老师的书籍、琴瑟放在那里，你要跪着（古人坐即跪）绕过去，不要站着跨过。

不吃饭时，坐姿要靠后；吃饭时，坐姿要靠前（以免汤水洒到坐席上）。坐时要安稳，保持恭敬的表情。长者不问你，不要主动插话。听人说话时，态度要恭敬。不要打断人家的话头，也不要随声附和，像个应声虫。

老师问话时，要等老师问完了再回答。向老师请教，提问时要起身。希望老师再多讲点，也须再次起身。——需要说明：古人坐姿如跪，是屈膝于席，将臀部坐在脚跟上；所谓"起"，则是指臀部离开脚跟、挺起腰板，不是站起来。

遇上老师或父亲召唤，回答要干脆，而且立即起身。

陪尊长坐着，要尽量靠近，不要留空位。我们常见晚辈在尊长者面前推来让去，谁都不肯上前落座，那是很不礼貌的。

此外，坐着的人在何种情况下起身示敬，也有讲究。譬如来了平辈的人，你就不必起身。但是有人来点灯，或端上饭食，或有贵客到来，都要起身示敬。

《曲礼》还特别提醒，去见长者，要"烛不见跋"。——"跋"指蜡烛头儿，意思是不要等蜡烛烧到根儿才起身告辞，那会影响长者休息。此外，在贵客面前不要呵斥狗，请人吃东西时不要吐唾沫（以免飞沫溅到食物上）。

年轻人还要有"眼力见儿"，假如你陪尊长坐着，见尊长伸懒腰、摸拐杖，或是看日影（现代社会是看钟表），那便是你主动告辞的时候了。

再如，陪坐中间，尊长另起话头，向你发问，你要起身回答（"起而对"）。如果陪坐时，有个人对尊长说："等您有空，我有事向您报告。"这时陪坐的人就应主动回避，但不要走远。

教你当个好客人

《曲礼》中还有一系列的"毋"（不要）：

毋侧听，毋嗷应，毋淫视，毋怠荒。游毋倨，立毋
跛，坐毋箕，寝毋伏。敛发毋髢，冠毋免，劳毋袒，暑
毋褰裳。

◎侧听：偷听别人谈话。嗷（jiào）：同"叫"，大声说话。
淫视：目光游移。怠荒：懒洋洋的样子。◎游：走路。倨：大
摇大摆貌。跛：身体倾斜。箕：坐时劈开两腿。◎髢（tì）：这
里指发垂覆额。褰裳：敞开裙裳。

不要侧耳偷听他人谈话，不要粗声大气地应答，不要眼球
溜来溜去地看，不要一副懒洋洋的样子，走路不要大摇大摆，
站立不要跛脚斜肩，坐时不要劈开两腿像个簸箕，躺时不要俯
伏在床上。要梳理头发不要让它披散，帽子也不要随便摘下，
劳作时不要袒胸露背，暑热时也不要解开裙裳。总之，保持君
子的仪态和尊严，要从小节做起。

吃饭的礼节也不能少。哪样食物放在左边，哪样放在右边，
都有一定的规矩。如何落座，如何祭食，都应听从主人安排。
尤其是参加宴席，人数较多，就不要只顾自己埋头猛吃，还要
照顾他人。这就是"共食不饱"的原则。

《曲礼》还提醒不要把饭抟成团，不要把吃剩的饭放回饭
盆，不要大口喝汤，弄得淋漓满案，吃饭也不要"吧唧"嘴，
不要当众啃骨头，不要把咬过的鱼或肉再放回碟碗中，不要在
席前扔骨头喂狗，不要碰上好吃的菜就"可劲儿造"……不要
当众剔牙，不要当着主人面调羹汤、吃肉酱，以免让主人难堪，
好像汤做得不好、肉备得不足似的……

要到别人家拜访，也要注意种种礼仪细节：

　　将适舍，求毋固。将上堂，声必扬。户外有二屦，言闻则入，言不闻则不入。将入户，视必下。入户奉扃，视瞻毋回；户开亦开，户阖亦阖；有后入者，阖而勿遂。毋践屦，毋踏席，抠衣趋隅。必慎唯诺。

　　◎固：固执。◎二屦（jù）：两双鞋；古人入室，把鞋脱在户外。◎视必下：眼一定朝下看。◎奉扃（jiōng）：手捧门闩。扃，门闩。◎遂：随即关上。◎踏（jí）：践踏，跨越。抠衣：提着裙裳。

　　"将适舍，求毋固"是说想到人家里拜访，可以提请求，但不要勉强人家。以下是说：准备登堂，要高声探问，好让屋里的人有所准备。看到门外有两双鞋子，如果听到屋里有说话声，就可以进去；没有说话声，就不要进入，因为你不知人家在干啥，闯进去会很冒失。将进门，眼光要朝下看。——西方人似乎也有这样的礼节。

　　进门时手把着门闩，眼睛不要骨碌碌环视。进了门，身后的门原来是开着的，就还让它开着；若是关着的，就也把它关上。如果后面还有人要进来，就要把门虚掩着，别关严。

　　进门后要注意：不要踩到别人脱下的鞋子，不要跨越坐席。自己提着裙裳的下摆，走到席尾角落处落座。与人对话，应答时态度要恭敬。——这样的客人，谁家不欢迎呢！

《檀弓》中的三个小故事

在《礼记》中，紧随《曲礼》之后的篇章是《檀弓》，也分上下篇。"檀弓"是人名，有人推测可能是孔门弟子子游的门人。他的名字出现在篇章开头，因而用作篇名。

《檀弓》所述内容，多半跟丧亡有关。那篇脍炙人口的《苛政猛于虎》，就出自《檀弓》。

有一回，孔子路经泰山脚下，见有个妇女在一座坟边哭得很凄惨。孔子让子路上前打听，妇人答道：从前我公公被老虎咬死，后来我丈夫也被老虎咬死，如今我儿子也死于虎口！孔子问：为什么不迁到别处去呢？妇人回答：这儿没人收税啊！孔子听了大为感慨，说：学生们记着啊，繁苛的赋税，比老虎还厉害！（文摘四）

《檀弓》中为人熟悉的小故事，还有《曾子易箦（zé）》《嗟来之食》等。

曾子病重，他的弟子乐正子春和儿子曾元、曾申都在床边伺候着。一个小童捧着烛台坐在角落里，看见床上铺的席子，说：又漂亮又光滑，这是大夫用的吧？子春制止他：别出声！可曾子还是被惊醒了，想说话，但只在喉咙里吭了一声。小童又说：又漂亮又光滑，这是大夫用的吧？曾子缓上一口气，说：是啊，这是季孙大夫赠送的，我没来得及换下来。你们扶我起来换席子！

曾元说：您老人家病得厉害，不要动吧，等天亮再换也不迟。曾子说：你爱我，还不如这小童呢！君子爱人，是成全人的美德；小人爱人，却是姑息迁就。我还有什么愿望啊？我能合于礼法地死，也就满足了！——于是大家把曾子扶起来换席子。换罢还没躺稳，曾子就咽气了。（文摘四）

曾子为什么坚持换席子呢？因为作为士，却越格使用大夫的席子，是不符合礼法的。在今人看来，曾子实在迂腐：不就是一领席子吗，难道比性命还重要？然而从另一面看，一个人用一生去践行自己的理想，至死不渝，是值得尊敬的。

这段故事还留下一个成语——"易簀"，用来指代病危将死的时刻。

《檀弓下》还有个《嗟来之食》的故事，似乎更为人熟悉。有一年，齐国闹饥荒，有个叫黔敖的好心人，在路边预备了食物救济饥民。有个汉子有气无力地走过来，黔敖左手捧着饭，右手端着汤，招呼说：喂，来吃吧！那人抬眼看了看，说：我只因不接受这种傲慢的赐予，才饿到这步田地！黔敖自知理亏，跟在后面道歉，那人始终不肯吃，终于饿死在路旁。

这个故事，我们听过无数遍，每每被这位铁骨铮铮的汉子所感动。不过说到这里，故事还没完。让我们听听曾子的评价，他说："微与？其嗟也可去，其谢也可食。"——这个不大对吧？别人吆喝着让你吃，你可以走开；别人道歉，你就可以吃了。（文摘四）

仔细想想，照曾子的说法去做，恐怕更合于礼。

【文摘四】

苛政猛于虎（《礼记》）

孔子过泰山侧，有妇人哭于墓者而哀，夫子式而听之。使子路问之曰："子之哭也，壹似重有忧者。"而曰："然，昔者吾舅死于虎，吾夫又死焉，今吾子又死焉。"夫子曰："何为不去也？"曰："无苛政。"夫子曰："小子识之，苛政猛于虎也！"（节自《檀弓下》）

◎式：动词，手扶车前横木。◎舅：公公。◎苛政：繁苛的赋税。◎识（zhì）：记住。

曾子易箦（《礼记》）

曾子寝疾，病。乐正子春坐于床下，曾元、曾申坐于足，童子隅坐而执烛。童子曰："华而睆，大夫之箦与？"子春曰："止！"曾子闻之，瞿然曰："呼！"曰："华而睆，大夫之箦与？"曾子曰："然，斯季孙之赐也，我未之能易也。元，起易箦。"曾元曰："夫子之病革矣，不可以变，幸而至于旦，请敬易之。"曾子曰："尔之爱我也不如彼。君子之爱人也以德，细人之爱人也以姑息。吾何求哉？吾得正而毙焉斯已矣。"举扶而易之。反席未安而没。（节自《檀弓上》）

◎隅：角落。◎睆（huàn）：光滑。箦：华美的竹席。◎瞿

（qú）然：惊视貌。◎革（jí）：病危急。◎细人：小人。◎吾得正而毙：我能死得合于礼法。

嗟来之食（《礼记》）

齐大饥，黔敖为食于路，以待饿者而食之。有饿者蒙袂辑屦，贸贸然来。黔敖左奉食，右执饮，曰："嗟！来食。"扬其目而视之，曰："予唯不食嗟来之食，以至于斯也。"从而谢焉；终不食而死。曾子闻之曰："微与？其嗟也可去，其谢也可食。"（节自《檀弓下》）

◎袂（mèi）：衣袖。辑屦：趿拉着鞋。贸贸然：昏头昏脑的样子。◎嗟：喂，指不礼貌的招呼声。◎谢：道歉。◎微：无，表否定。

两千年前的环保规定

《礼记》中的《王制》像是一篇施政大纲，将天子如何分封诸侯、颁爵授禄，如何巡视、狩猎、祭祀，以及怎样管理农业、协调与周边民族的关系，都一一道来。

譬如讲到天下九州，说每一州都有千里见方，内中又包含着二百一十个大大小小的诸侯国：大的诸侯国百里见方，中等的七十里见方，小的五十里见方。九州里头，这样的州有八个。剩下一州则是天子所辖的王畿，含九十三国。九州加在一块，总共一千七百七十三国，一些不足五十里的附庸小国还不包括在内。

这些数字，显然都是坐在屋子里"捣鼓"出来的，并非现实国情。——不错，有人考证说，这篇《王制》是汉文帝让儒生起草的。不过里面也包含着前人的设计，例如有关农田分等的内容，《孟子》中也曾说过。

先看《王制》的相关内容：

> 制农田百亩。百亩之分，上农夫食九人，其次食八人，其次食七人，其次食六人，下农夫食五人。庶人在官者，其禄以是为差也。
>
> ◎食（sì）：供养。◎差：等级。

农田以百亩为单位，头等的良田由"上农夫"耕种，百亩的收成可养活九个人；二等的可以养活八个人，以下依次递减，五等田由"下农夫"耕种，只能养活五个人。至于在官府服役的百姓，便也比照这个等级拿俸禄。

《王制》中的这一段，跟《孟子·万章下》的描述大同小异：

> 耕者之所获，一夫百亩；百亩之粪，上农夫食九人，上次食八人，中食七人，中次食六人，下食五人。庶人在官者，其禄以是为差。
>
> ◎粪：施肥耕种。

孟子是战国时人，比汉文帝要早生一二百年。而孟子这样说，肯定是言之有据的。《王制》应当是儒家关于王道思想的一幅蓝图，里面涵括了几代儒家学者的治国梦想。

在《王制》虚拟的施政纲领中，还是有一些合理成分的。例如其中规定，天子和诸侯在没有战争及凶丧大事的年头，一年里要田猎三次。一次为祭祀预备供品，一次为宾客准备食物，一次为天子、诸侯的餐桌添些野味。

没有特殊情况却停止打猎，这叫"不敬"。大概这样一来，祭祀时就无物可供了。不过田猎有田猎的规矩，不能滥捕滥杀。天子打猎只能围三面，留下一面供野兽逃命，这就叫"网开一面"吧。诸侯打猎则不能把一群野兽统统杀光。

那时有专门管理山林川泽的"虞人"，他们在正月以后进入川泽垒坝捕鱼，秋冬之交开始打猎，八月以后设网捕鸟，到十月进山林砍伐。

此外还有许多禁令，如在昆虫藏入地下之前，不准放火烧荒；打猎时，不准捕捉幼兽，不准取鸟蛋；不杀怀胎的母兽和刚出生的幼崽；不捣毁鸟巢；等等。——打猎而不依礼，叫"暴天物"，也就是浪费老天赐予的食物资源！

这是两千年前的规定，竟然完全符合现代的环境保护理念。谁说我们的老祖宗愚昧？他们总结的道理，今天还有许多人不懂！

"大同"之世："不讲礼"的时代

去过南京的朋友都记得，在紫金山麓有一座依山而建的宏

南京中山陵"天下为公"金字匾额

大陵寝——中山陵；那是中国革命先行者孙中山先生的陵墓。登上几百级台阶仰望陵堂，蓝色琉璃瓦屋檐下是汉白玉的匾额，刻着"天下为公"四个镏金大字。

"天下为公"的意思不难理解，即天下是天下人所公有的。此话最早出自孔夫子之口，见于《礼记·礼运》篇。篇中借孔子跟学生对话的形式，叙说儒家礼治思想的演变。

那一回，孔子参加鲁国的朝廷祭典，事毕，跟学生言偃（也就是子游）一同到宫门高台上散步，不觉"喟然而叹"。

言偃问老师为何叹气，孔子说：大道实行的年代以及三代圣君在位的好时光，我都没能赶上啊！不过有关的记载还能见到。以下是孔子对那个时代的描述：

　　大道之行也，天下为公。选贤与能，讲信修睦。故人不独亲其亲，不独子其子，使老有所终，壮有所用，幼有所长，矜寡孤独废疾者，皆有所养。男有分，女有归。货恶其弃于地也，不必藏于己；力恶其不出于身也，不必为己。是故谋闭而不兴，盗窃乱贼而不作。故外户而不闭，是谓大同。

◎选贤与（jǔ）能：选举贤良有能力之人。与，通"举"。◎亲其亲：亲爱自己的双亲。子其子：抚爱自己的孩子。所终：（好的）结局。矜（guān）：同"鳏"，老而无妻者。寡：老而无夫者。孤：少而失父者。独：老而无子者。◎分（fèn）：职分。归：归宿，这里指女子出嫁。◎恶（wù）：厌恶。◎闭：杜绝。◎外户：大门。

这是一幅多么迷人的盛世图景：那时大道畅行，天下还是天下人所共有的。人们公推贤能之人管理公共事务，人人讲求诚信，和睦相处。

那时人们不单亲爱自己的父母，不单抚爱自己的子女，还能把这份仁爱之心推而广之，让天下所有老人都能安享天年，所有青壮年都有用武之地，所有孩子都能健康成长，所有孤单病废之人都能得到供养。男人都有可心的职业，女人都有温暖的家庭。人们鄙视浪费财货的举动，却没有攫为己有的私心；讨厌有劲儿使不上，却不一定出力为自己。

人们坦诚相待，阴谋诡计也就失去了市场，盗抢作乱的事也不会发生，家家夜不闭户。这样的世界，就叫"大同"啊！

孔子口中的"大同"，描绘的是三皇五帝时的景象吧。相传那时的领袖还是通过推举和禅让产生的，人们普遍心地淳朴、重德轻利——那是个"不讲礼"的时代，因为善心发自肺腑，无须礼来引导和规定。

退而求其次的"小康"之世

可是进入夏商周三代，世事起了变化。孔子接着说：

> 今大道既隐，天下为家。各亲其亲，各子其子，货力为己。大人世及以为礼，城郭沟池以为固，礼义以为纪，以正君臣，以笃父子，以睦兄弟，以和夫妇，以设制度，以立田里，以贤勇知，以功为己。故谋用是作，而兵由此起。禹、汤、文、武、成王、周公，由此其选也。此六君子者，未有不谨于礼者也。以著其义，以考其信，著有过，刑仁讲让，示民有常。如有不由此者，在执者去，众以为殃，是谓小康。
>
> ◎隐：引退，消弭。◎大人：这里指君主。世及：世袭，父传子，兄传弟。笃：淳厚。贤勇知（zhì）：尊重有勇有谋者。贤，尊重。◎用是：因此，由此。◎选：这里指出类拔萃的人物。◎著（以著其义）：彰显。著（著有过）：记录。刑：通"型"，典范、典型。常：恒常之礼。◎执：同"势"。去：斥退，驱逐。殃：祸。

孔子说：而今大道消弭，自夏禹开始，天下变成一家一姓的私产。臣民百姓自然也都有样学样，只爱自家父母子女，有钱只往自家荷包里揣，有力只为自家使。

君主的产生也由推举禅让改为世代相袭，还要高筑城墙，深挖沟池，以维护巩固自家利益！

于是不得不制定礼义作为纲纪，来规定君臣的名分，使父子的关系笃厚，使兄弟的情谊和睦，调和夫妇的情感。并依礼设立制度，划分田宅，尊重贤者，鼓励建功。不过这样一来，人人怀抱一颗私心，于是钩心斗角由此而兴，刀兵争斗因此而起！

在这样的时代，夏禹、商汤、周文、周武、成王、周公就算是一时豪杰了。这六位君子无不是谨遵礼义的模范，据礼来彰显正义、考验诚信、指明过错，并以仁为榜样，倡导逊让，为百姓树立恒定的礼义观念。如有不遵礼义的，哪怕你是高高在上的执政者，也要让你卷铺盖走人，百姓也都把你视为祸殃！这样的时代，就叫"小康"。

看来，"小康"是孔子不得已的选择，既然"大道既隐"，"大同"之世可望而不可即，也只好退而求其次，去追寻礼乐治国的小康之世了。

可惜到了春秋之世，"礼崩乐坏"，眼睁睁着连小康的愿景也渐行渐远，站在鲁国宫门的高台上，孔夫子又怎能不"喟然而叹"呢！

《学记》：玉不琢，不成器

《礼记》中有两篇分量极重的篇目——《中庸》和《大学》，

我们预备放到后面去讲；因为这两篇在南宋时被印成"单行本"，跟《论语》《孟子》合编为"四书"，名声比《礼记》还要大些。

儒家最重学习，《大学》一篇主要讨论学习的目的和途径。其实《礼记》中跟学习沾边的不止这一篇，还有那篇《学记》，也被学者列为必读书目。

翻开《学记》，只觉得满眼都是熟悉的句子。像"玉不琢，不成器；人不学，不知道"，便是蒙学读物《三字经》引用过的（引用时"不知道"改为"不知义"）。

这是拿琢玉打比方：一块含玉的石头，不经雕刻琢磨，便只能用来压舱垫脚，难成有用之物。人也如是：你天生聪明、资质很好，可是不经学习，也仍不能掌握"道"。

正因如此，"古之王者，建国君民，教学为先"。古代君王建立政权、统领百姓，总是把教育学习放到第一位。

作者又打比方说："虽有嘉肴，弗食，不知其旨也；虽有至道，弗学，不知其善也。"（旨：美味，甘美。）——有美味摆在那里，不亲口尝尝，就不知有多好吃；虽有真理存在，不学，就不知有多高妙。于是作者得出结论：

　　是故学然后知不足，教然后知困。知不足，然后能自反也；知困，然后能自强也，故曰：教学相长也。《兑命》曰："学学半。"其此之谓乎？

　　◎困：困惑。◎学学半：教别人，自己也有一半收获。前一个"学"读（xiào），有教的意思。

这几句大白话，人人都能读懂：学习了，眼界打开了，才知道自己孤陋寡闻；教别人，先要自己搞明白，结果发现还有很多困惑。知道自己孤陋寡闻，才能"自反"，也就是反思；了解自己的困惑，才能"自强"，也就是"不用扬鞭自奋蹄"。

这样一来，学生在进步，老师也在提高，"教学相长（zhǎng）"就是这个道理。《尚书·兑命》有"学学半"的说法，意思是说：教人家，自己至少也有一半收获。这真是深得教学三昧之言！

古代上至国家，下到家庭，都极端重视教育。所谓"家有塾，党有庠，术有序，国有学"；即家庭（或家族）中设"塾"，那是请老师到家中教导子弟。而党（五百家为一党）中设"庠（xiáng）"，术（即"遂"或"乡"，一万二千五百家为一遂）中设"序"，国都则设"学"。——塾、庠、序、学都是指学校。

北京国子监（太学）内景

关于古代学校的设置，《孟子》中也有解释，说古先王"设为庠、序、学、校以教之"。其中"庠"有养的意思，"校"有教的意思，"序"有射的意思。又说夏代的学校称"校"，商代的学校称"序"，周代的学校称"庠"。至于"学"，那是设在国都的最高学府，夏商周都这么叫。

学生又是如何在学校学习呢？《学记》描述了"国学"中的教读生活：

> 比年入学，中年考校。一年视离经辨志，三年视敬业乐群，五年视博习亲师，七年视论学取友，谓之小成；九年知类通达，强立而不反，谓之大成。夫然后足以化民易俗，近者说服，而远者怀之，此大学之道也。
>
> ◎比年：每年。中年：隔年。◎离经：给经书断句。乐群：与同学和乐相处。取友：选择朋友。◎知类：触类旁通的能力。强立：见解独立。不反：不违反师教。◎说（yuè）服：心悦诚服。怀：安抚，招致。

即是说，国学每年都招收新生，隔一年进行一次考核。入学第一年考经文句读（给经书断句），辨别志向；三年考查学生是否专注于学业，有无团队精神；五年考查学生是否兼收并蓄，敬爱师长；七年考查学生的学术见解及择友取向。学到这个份儿上，叫"小成"，也就是小有成就。

到了第九年，一个合格的毕业生应该是知识广博、举一反三、自信满满又不违师训，这叫"大成"。也只有这样的人才，才能化育百姓、改易风俗；近旁的人对他心悦诚服，远方的人也都闻名而至。

如今，一个在大学读了九年的学生，该是博士毕业了吧，可不要看轻自己啊。

"大学"里的教与读

《学记》对学校的教育方针以及教师教学，也都有所褒贬评判。

那时的"大学"教育，有七条不变的规矩：一是开学时学生要穿着礼服祭奠先圣先师；二是练习咏唱《小雅》中的三首诗：《鹿鸣》《四牡》《皇皇者华》；三是听鼓声集合，打开书包上课；四是学校常备着打人的棍子、荆条；五是天子不急于视察新生；六是教师对学生多观察、少教导；七是年纪小的学生只听讲，不发问。

这七项规定，各有各的含义。例如开学祭先师，是为了教导学生恭敬；吟咏《小雅》三诗，则是给学生灌输做官事君的理念；听鼓上课，是训练服从；棍子和荆条，当然是树立权威的手段；至于天子不急于视察、教师不主动指导，则是给学生留下足够的时间和空间，让他们养成自主学习的习惯……

学生所学，无非是礼乐诗书之类，而好的教师又能顺应学习规律，提高学生兴趣，引导学生"安其学而亲其师，乐其友而信其道"。

有意思的是，《学记》中对不称职的教师很不客气，说他们只会装模作样，照本宣科，自己还不大明白，却偏偏爱用难题刁难学生！净讲些貌似高深的名物制度之类，而且只顾赶进度，不管学生懂不懂。身居教席，却没有一点诚意，更不能因材施教。

其教学方式违背规律，对学生的要求乖背无理。搞得学生对学习产生厌倦心理，见到老师就头疼万分，终日以学习为苦，不知乐在哪里、益在何处！纵然勉强毕业，那点所谓的知识也很快就忘个精光。教育之所以不能成功，究其原因，全在于此！

原来自古学校中就有这样"混饭吃"的老师，大概还不止三两个，所以《学记》用了一节文字，口诛笔伐，严厉声讨！

师严道尊，善教善问

《学记》有一多半内容谈到"师"，可见在学习中，教师是起决定性作用的。一个好的教师应如何做？"善歌者使人继其声，善教者使人继其志。"——善于歌唱的，要能引导人不知不觉地跟着唱起来；一个好的教师，则善于在不知不觉中把学习的志向和能力传递给学生。

如果这位教师的语言简练而通达、含蓄而精当，少用比喻就能让人明白，"继其志"的目标就不难达到。

中国历来有尊师的传统，古人认为，一个合格的教师不难当个称职的官员，甚至具备做国君的能力（"能为师然后能为长，能为长然后能为君"）。

《学记》说："凡学之道，严师为难。""严"是指什么？是指尊敬，也就是树立教师的权威。因为教师是"道"的传授者，"师严然后道尊，道尊然后民知敬学"。只有尊敬老师，才能显出"道"的尊隆，百姓才懂得敬重学问。

夏商周三代都有尊师重道的传统，对择师十分慎重。那时的君主高高在上，睥睨天下，唯独对两种人毕恭毕敬：一种是代先人受祭的臣子，再一种便是老师。

按古代大学的礼节，给天子授课的老师不能面朝北，因为那是臣子的位置。不能朝北，又该坐于何处？应该坐西朝东，那里是最尊贵的客位。——后人把先生请到家中教育子弟，称"西席"，便是这个道理。

有好的教师，还需要有好的学生来配合。"善学者，师逸而功倍，又从而庸之；不善学者，师勤而功半，又从而怨之。"（庸之：归功于他。）——擅长学习的学生，老师教着省劲儿，教这样的学生，常能收到事半功倍的效果，饶这样，学生还感谢老师，说都是老师教得好；碰上不善学习的，老师费劲儿不小，却事倍功半，结果老师还落埋怨！

无论老师向学生提问，还是学生向老师提问，都有个会问（"善问"）会答（"善待问"）的问题：善于发问的，就像是砍斫坚硬的木材，先从较软的部位下手，然后再整治树疖子，只要坚持不懈，再硬的木材也会被分解。不善发问的，只会反着干，又怎能期待成功呢？

答问的一方呢？"善待问者，如撞钟，叩之以小者则小鸣，叩之以大者则大鸣，待其从容，然后尽其声；不善答问者反此。"——善于答问的，则跟撞钟相似：人家轻敲，就以小声回应，人家重敲，就以大声回应，敲击者从容不迫，钟声的回应也悠扬悦耳；不善答问的正相反。善问善答，"此皆进学之道也"。

铁匠的儿子为啥缝皮裘

《学记》中还有一段名言，常被人提起：

> 良冶之子，必学为裘；良弓之子，必学为箕；始驾者反之，车在马前。君子察于此三者，可以有志于学矣。
>
> ◎良冶：好的铁匠。裘：这里指鼓风皮囊。◎良弓：好的制弓匠。箕：簸箕。

这里所举三件事，有两件与匠人学艺有关：古代工匠的手艺多为父子相传，一个好铁匠的子弟，一定要先学补皮裘；一个好弓匠的子弟，一定要先学编簸箕。另一件事是说教小马学拉车，不急着让它驾车，反而把它拴在车后。君子考察这三桩事，就不难坚定学习的志向和信心。

把小马拴在车后，这个道理好懂：是让它先观摩，看看老马是怎样拉车的。那么前两个例子又是啥意思？

所谓"学为裘"，是指学习缝制鼓风用的皮囊。烧炭化铁，少不了这玩意儿。那么"学为箕"呢？是指用荆条编簸箕，这需要不断弯曲荆条，久而久之，也就熟悉了荆条的习性，这跟制弓的工艺是相通的。制弓不就是把木质弓身弯曲成某种形状吗？

这两个例子说明同一个问题，即一切学习都要从貌似"不沾边"的基本功练起。不是有个达·芬奇画蛋的故事吗？名画《蒙娜丽莎》的作者达·芬奇学画画，是从画鸡蛋开始的。这个道理，其实两千年前的中国人就懂了。

这则故事还凝练成一个成语——"克绍箕裘"。"克"是能，"绍"是继承。不过典故的原意已经淡化，转变为继承祖业的意思了。

《学记》最后有两段话，强调学习要有志于"大"，要"务本"：

> 君子曰："大德不官，大道不器，大信不约，大时不齐。察于此四者，可以有志于学矣。"
>
> ◎不器：不做一种固定的容器，意谓不局限于一种用途。约：盟约。

这是说，一个有志于学的人，应当明白这样的道理：追求高尚德行者，不满足于一官半职；力求掌握大道者，不专注于某一项专门技能；讲求大诚信者，无须拘泥盟约小誓；把握大时机者，不必追求整齐划一。读着这样的教诲，让人有登高望远、心胸开阔的感觉！

另一段是：

> 三王之祭川也，皆先河而后海，或源也，或委也。此之谓务本。

◎源：源头，这里指河。委：末尾，这里指海。◎务本：致力于根本。

三代先王祭河川时，总是先祭河后祭海。河是源头，海是终点。尽管大海宽广无际，河流之源只是浅浅的小溪，然而那却是源泉，是根本。

这里所讲的，仍是"良冶为裘，良弓为箕"的道理：有了"大德""大器""大信""大时"的目标，也还是要从最根本上做起！

辑五 《春秋》三传：民为神之主，舌辩却三军

《春秋》与哈雷彗星

中国人重视历史，"五经"之中倒有两部是史书：《尚书》以记言为主，《春秋》则侧重记事。

一年里头，春、秋两季是最好的季节，朝廷大事多在春、秋举行，于是"春秋"便成了各国国史的代称。当然也有不同叫法，如晋史称《乘》，楚史称《梼杌（táowù）》，"春秋"后来则成为鲁史的专名。

相传《春秋》是孔子所作：鲁哀公十四年（前481年），有个砍柴的打到一只独角怪兽，谁也不认识。孔子听说，跑去一看，说：这不是麟吗？它是为谁而来呢？又是干什么来了？唉，

看来我的主张不行喽！说着就淌下热泪来。

原来孔子见多识广，认得麟是一种仁兽，乃祥瑞之物，天下太平时才会出现。如今它被打死了，难道还会有什么好事儿吗？

当时孔子已经年迈，他奔走大半生，却没有哪位君主愿意采纳他的政治主张。眼看光阴无情、人生苦短，孔子万分感慨，决心写一部史书，让人们从历史的实例中得出善恶的教训，也等于宣传了自己的学说。

据说孔子只用了九个月便把这书写了出来，取名《春秋》。书从鲁隐公写起，一直写到鲁哀公"获麟"为止（前722—前481）。——就因这部书，历史学家前展后延，把东周前期的这段时间称为"春秋"（前770—前476）。

不过跟孔子删《诗》删《书》的传说相似，孔子作《春秋》的说法同样不很可靠。事实上，《春秋》的作者应是鲁国的历代史官，孔子顶多做了些整理的工作。

《春秋》以鲁国的十二位国君为序，共记录了二百四十二年的历史；其中既有鲁国的历史，也包括同时期其他各国的史事。这种按时间顺序记录史事的写法，有点像记流水账，人们称之为"编年体"。在我国现存的史书中，《春秋》算得上最早的编年史了。

那么《春秋》的记述是否准确呢？学者做了验证。据考察，书中记录了二百多年间的三十六次日食天象，其中有三十三次跟现代天文学的推算相吻合。此外，鲁文公十四年有"秋七月，有星孛入于北斗"的记录；据考这是世界上对哈雷彗星的最早记录，显然是无法伪造的。

《春秋》的语言极其简洁，有这么个例子：有一回，宋人见天上掉下五块陨（yǔn）石来；书中因而记录"陨石于宋五"，只用五个字，便把这一天文现象交代得清清楚楚。

可是过分简练又成了缺点，一部《春秋》只有一万六千字，却记录了二百四十多年的历史，平均每年只合六七十个字，又怎能把史实讲清呢？譬如据书中记载，庄公二十六年，"曹杀其大夫"；僖公二十五年，"宋杀其大夫"。——杀的是哪位大夫？又是谁杀的？为什么而杀？竟没有一个字交代。再加上许多重大的历史事件，书中都不曾记录。宋代王安石因此批评《春秋》是"断烂朝报"，意为残缺不全的朝廷简报，倒也形象。

这样的"经典"，不经讲解就看不懂，于是便出现了不止一部解经之作，如《左氏传》《公羊传》《穀梁传》《邹氏传》《夹氏传》等等。不过流传下来的却只有《左氏传》《公羊传》《穀梁传》这三部，人们习惯上称为"《春秋》三传"。

有意思的是，这三部书传后来都升格为"经"，成了"十三经"中的成员；而作为本经的《春秋》，反而失去独立的地位，依附三传而存在。

附录：

《左传》目次

隐公（在位十一年，前722—前712），桓公（在位十八年，前 711—前 694），庄公（在位三十二年，前 693—前 662），闵公（在位二年，前 661—前 660），僖公（在位三十三年，前 659—前 627），文公（在位十八年，前 626—前 609），宣公（在位十八年，前 608—前 591），成公（在位十八年，前 590—前 573），襄公（在位三十一年，前 572—前 542），昭公（在位三十二年，前 541—前 510），定公（在位十五年，前 509—前 495），哀公（在位二十七年，前 494—前 468）。

《春秋》三传，风格不同

《春秋》三传都是用作者的姓氏命名的。

《左氏传》全称叫《春秋左氏传》，简称《左传》，作者是鲁国人左丘明。有人说，左丘明跟孔子同时，是孔子志同道合的朋友。《史记》的作者司马迁又说左丘明是位盲人，双目失明后发愤著书。除了《左传》，还著有《国语》。——所谓"左丘失明，厥有《国语》"（司马迁《报任安书》），说的就是这个。

也有人提出质疑，说《左传》所记史实有些发生在孔子死后多年；作为孔

《春秋左传》书影

子的朋友，左丘明能活那么久吗？或许作者另有其人，也未可知。——无论如何，《左传》至迟到战国初年已经完成。

至于《公羊传》和《穀梁传》，最后成书都在《左传》之后。"公羊"和"穀梁"都是复姓。公羊名高，穀梁名淑（或俶），一说名赤。相传两人都是孔门弟子子夏的学生。《穀梁传》的成书时间还要更晚些。

三传的解经方式也不尽相同。《公羊传》《穀梁传》重在解释经书的词句，一个字一个字抠字眼儿。《左传》则不然，它的解经方法是讲史实。

就以《春秋》经文头一句"元年春，王正月"为例，来比较三传的不同。《左传》在这句经文之前，先有一段传文：

【传】惠公元妃孟子。孟子卒，继室以声子，生隐公。宋武公生仲子。仲子生而有文在其手，曰："为鲁夫人。"故仲子归于我。生桓公，而惠公薨，是以隐公立而奉之。【经】元年春，王正月。……【传】元年春，王周正月，不书即位，摄也。

◎元妃：诸侯正妻为元妃。◎继室：正妻死后，将侧妃扶正，称继室。◎我：这里指鲁国。◎薨（hōng）：诸侯死称薨。奉：奉事，辅佐。

《左传》解经，先补叙隐公执政的背景，说鲁惠公的原配夫人叫孟子，孟子死后，惠公将侧妃声子扶正，生下隐公。接着话头转到宋国：宋武公生了个女孩儿叫仲子；仲子一落生，手上纹路看似"为鲁夫人"几个字。因此仲子长大后，便嫁给了鲁惠公。仲子生下桓公，鲁惠公就过世了。隐公于是立异母弟弟桓公为君，自己从旁辅佐。

《左传》接着对《春秋》经文"元年春，王正月"做出解释说：元年春是指周历正月；之所以不明写隐公"即位"，是因他只是"摄"，也就是代理执政。

那么对"元年春，王正月"这六字经文，《公羊传》又是如何讲解呢？

> 元年者何？君之始年也。春者何？岁之始也。王者孰谓？谓文王也。曷为先言王而后言正月？王正月也。何言乎王正月？大一统也。公何以不言即位？成公意也。何成乎公之意？公将平国而反之桓。曷为反之桓？桓幼而贵，隐长而卑。
>
> ◎孰：谁。◎曷为：为什么。◎成：成全。◎平：治理。反：返还，还给。

这种解经风格，跟《左传》截然不同，采用的是问答体。先问："元年"指什么呢？是指隐公开始主政的年头。"春"是什么意思？是一年之始。"王"又是指谁？指周文王。为什么先说"王"后说"正月"？因为是"王"的"正月"。为什么说"王"的"正月"？这是强调周朝为大一统。鲁隐公主政，为什么不说"即位"？是为了成全隐公的意志。成全隐公啥意志呢？隐公打算治理好国家并还政于桓公。为什么要还政于桓公呢？

因为桓公年幼但出身高贵，隐公年长却出身卑微……

这么一字一句、自问自答地讲解，如同老塾师给小学生解书。——这里只摘录了开头几句，后面还有百多字哩！

《穀梁传》的解经方式跟《公羊传》大同小异，同样用问答式，文字还要啰唆许多。三传相比较，你是否认为《左传》讲得最清楚，可读性也最强呢？

顺带说到，《公羊》《穀梁》两传篇幅相仿，各有四万多字。《左传》则将近二十万字；不但在"三传"中篇幅最长，就是在"十三经"中也独占鳌头。——其他十二种经书里《礼记》最长，也还不到十万字。

"一字褒贬"的《春秋》"书法"

孟子有句名言："孔子成《春秋》而乱臣贼子惧。"（《孟子·滕文公下》）这是说，孔子撰写《春秋》铁面无私、褒贬分明，"乱臣贼子"怕被钉在"历史耻辱柱"上，因而有所畏惧！——我们知道，《春秋》并非孔子所作，不过从前的人都相信孟子的话。

那时的学者认为，《春秋》中每个字都用得严谨而有分寸。晋人杜预（他是杜甫的远祖）就说："《春秋》虽以一字为褒贬，然须数字以成言。"就是说，书中每个字都含有褒贬深意，得用好几个字才能解释清楚。

晋代的范宁也说：《春秋》一个字的褒奖，就如同赠给对方一件华贵无比的锦袍；一个字的贬斥，又像是在公开场合给对方一顿鞭子！

唐代学者孔颖达则举例说，《春秋》中若称一个人的名字，这本身就含着贬低的意思，因为直呼其名是没有礼貌的；只有称一个人的表字，才带有尊重褒奖之意。

《公羊传》《穀梁传》最爱钻研《春秋》文字的"微言大义"，这叫探讨"书法"。——不是"真草隶篆"那种"书法"，而是修史者记述史实、褒贬人物的一套特殊表达方式。

例如《春秋》记载，僖公十六年在宋国发生两件奇事，一是"陨石于宋五"，一是"六鹢（yì）退飞过宋都"。为什么同是数词，一个把"五"放在后面，一个把"六"放在前头呢？这样写，有什么"说道"吗？于是《公羊传》对此展开了"书法"讨论：

> 曷为先言陨而后言石？陨石记闻，闻其磌然，视之则石，察之则五。……曷为先言六而后言鹢？六鹢退飞记见也，视之则六，察之则鹢，徐而察之则退飞。——五石六鹢何以书？记异也。外异不书，此何以书？为王者之后记异也。

◎磌（tián）然：石头落地的声音。◎鹢：一种水鸟。

陨石一事，为什么先说"陨"后说"石"呢？因为此事记的是听觉感知：先听见陨石落地时发出的巨大声响，去看时，是石头，再细数，是五块，所以记为"陨石于宋五"。

鹢鸟一事，为什么先说"六"后说"鹢"呢？六只水鸟退着飞，记的是视觉感知：先看见六只，细看是水鸟，再细瞧，是退着飞，所以记为"六鹢退飞过宋都"。五块石头、六只水鸟，都是些小事，为什么要记在史书上？因为都是不寻常的事，所以要记下。按《春秋》规矩，发生在外国的灾异一般不记载，这回为什么要记呢？因为宋国是殷商王族的后裔，所以要为他们记下来。

经《公羊传》这么"掰开揉碎"地一解说，仿佛这里面真的有什么不可更易的"书法"规律似的。是不是这样呢？恐怕让《春秋》作者看了，也是一头雾水吧？

来自《公羊传》的"大一统"观念

不过别小看《公羊传》，它在汉代被人们热捧，左右着中国人的历史观，影响至今还在。

中国思想史上有一件大事，即汉武帝听从董仲舒的建议，"废黜（chù）百家，独尊儒术"。董仲舒（前179—前104）是西汉经学大师，他对《公羊传》情有独钟。他以儒家学说为基础，吸收了诸子百家、"阴阳五行"等学说，创立了一套"天人感应"理论。

人们常挂在嘴边的"三纲五常"之说，就是由

宋版《春秋公羊传》书影

董仲舒归纳总结的。"三纲"即君为臣纲、父为子纲、夫为妻纲，"五常"指仁、义、礼、智、信。——在此之前，西汉统治者崇信道家黄老之说，不大重视儒学。董仲舒凭借自己的才学和魄力，连连上书说服汉武帝，在庙堂上为儒学争得了"一家独大"的地位。

董仲舒向汉武帝献策时，便引用了《公羊传》中的"大一统"概念。前头说到，《公羊传》开篇说过"何言乎王正月，大一统也"的话。

董仲舒借题发挥，认为"大一统"是"天地之常经，古今之通谊"。汉代既然是"大一统"王朝，指导思想当然也要"大一统"。"诸不在六艺之科，孔子之术者，皆绝其道，勿使并进"！——从此儒学成了占统治地位的官方哲学，其影响力贯穿了两千多年的帝制时代。

宋楚议和：《公羊传》也会"讲故事"

《公羊传》《穀梁传》也并非全是"老塾师解书"，其中也有"故事"。不过说到讲故事，两书都比不过《左传》。

《春秋》中记录了宋国和楚国的一场战争，结果双方讲和，各自罢兵。这是发生在宣公十五年（前594年）的一件大事，可是经文只有"宋人及楚人平"六个字。

《左传》又是怎么记述的呢？是原原本本从头讲起。此前，楚庄王派使者申舟出使齐国，临行时嘱咐他：路经宋国时，不必向他们申请借道，直接通过就是了。申舟有点担心，说宋人做事不靠谱（"宋聋"），我这趟去，必死无疑！楚庄王说：你死了，我会替你报仇的！——这明摆着是"找茬"去的。

果然，申舟一入境就被宋人拦了下来。宋大夫华元说：路过我国也不打声招呼，这是"鄙我"（拿我们当他们的边地）呀！这跟亡国有什么两样？杀了他，楚国一定会来讨伐，同样是亡国，先杀了再说吧！便把申舟杀了。

楚庄王得到消息，气得拂袖而起，朝外便跑。卫士追到前庭，才把鞋子递上；又追到寝宫门外，才把佩剑递上；再追到蒲胥闹市，才让他坐上车子。

这年九月，楚师包围了宋都。到第二年五月，已经围困了八个月。楚师久攻不下，本打算撤军。申舟的儿子申犀不干，拦住庄王的马头说：我爹明知出使必死，却不敢违抗王命，毅然前往，结果遭到杀害。您若撤军，可是言而无信啊！

庄王正在进退两难之际，有人给他出主意说：何不大兴土木、建造房屋，让逃跑的农民回来种田，做出打持久战的架势？宋人一害怕，肯定会屈服。庄王表示赞同。

"解铃还须系铃人。"宋军统帅华元夜入敌营，直逼楚军元帅司马子反的床榻，把他摇醒说：我们国君派我来通报城中困境，城里已是"易子而食，析骸以爨（cuàn，炊）"（交换着吃孩子，劈了人骨当柴烧）了！即便如此，我们也不能接受城下之盟，宁可亡国，绝不屈服！不过楚军若能后撤三十里，这事还有商量。

人家逼到床头，子反心中害怕，只得与华元私下订立盟约，并报告了庄王。两国议和的结果是：华元被押到楚国做人质。两国誓约中说："我无尔诈，尔无我虞。"（我不欺骗你，你不欺同一件史实，《公羊传》的记述要简单些，内容上也有出入。例如华元和子反的谈判，不是在子反的床头，而是在城外土山上。华元把城中的困境和盘托出，子反也实话实说：楚军只剩七天粮食了！楚王听说后，怒斥子反不该泄漏军事秘密。子反说："以区区之宋，犹有不欺人之臣，可以楚而无乎？"（凭着他小小宋国，还有诚信无欺的大臣呢，难道楚国可以没有吗？）楚王还要接着打，子反却表示不再"奉陪"。楚王没办法，这才有了双方谈判，撤军。

"假道灭虢"《穀梁》篇

《穀梁传》中也谈到宋楚议和，但只有几句"书法"评论。——《穀梁传》难道不会讲故事吗？也会。看看僖公二年（前658年）的一场战争吧，经文是"虞师晋师灭夏阳"。

晋献公要攻打虢（Guó）国，可是中间还隔着虞国，不好动手。大夫荀息替献公出主意：何不拿屈地产的好马和垂棘产的玉璧去贿赂虞国，向虞国借道伐虢呢？

献公有点舍不得，说：这都是晋国的宝贝啊，给了虞国，他不借道又怎么办？荀息说：小国对待大国，如果不愿借道，它肯定不敢接受如此贵重的礼物；如果接受了，就一定会借的。再说这璧不过是从您的宫中仓库挪到宫外仓库，这马不过是从您的马厩牵到宫外的马厩罢了，您又有什么舍不得的？

献公还是不放心，说：虞国有个贤臣叫宫之奇，他不会让虞公接受礼物的。荀息说：宫之奇这个人啊，心里明白但性格懦弱，他不会力争的。何况他从小跟虞君一同长大，虞君也不会重视他的看法。再者说：奇珍名马摆在眼前，而可能发生的灾祸却在邻国灭亡以后，这是中智以上的人才会考虑的事；我看虞君也就是中智以下的主儿。——献公这才下了决心。

宫之奇果然劝阻虞公：晋国派使者来，话说得那么谦卑，礼物又如此贵重，这事肯定对咱们不利。可虞公哪里肯听？

宫之奇多说无益，只得说："语曰：'唇亡则齿寒。'其斯之谓与！"——俗话说：嘴唇不在了，牙还能好吗？我们现在就是这种情况啊！于是带着全家逃往曹国去了。

晋国灭掉虢国后的第五个年头，果然把虞国也灭掉了。荀息牵着马拿着璧来见晋献公，说："璧则犹是也，而马齿加长矣！"璧还是那块璧，这马却老了几岁！话音儿里带着几分得意。（文摘五）

根据《春秋》故事编绘的连环画《唇亡齿寒》

《公羊传》也讲述了这段史实，结尾似乎更精彩：

> 虞公抱宝牵马而至，荀息见曰："臣之谋何如？"献公曰："子之谋则已行矣，宝则吾宝也，虽然，吾马之齿亦已长矣！"——盖戏之也。

见利忘义的虞公最终抱着玉璧牵着骏马来投降，样子够狼狈。不过"宝则吾宝""吾马之齿亦已长矣"的话，却是出自献公之口。献公犹如跟荀息"抬杠"：你当初说这两件宝贝会毫发无损，如今璧倒还是那块璧，马的年齿却老了好几岁，不是原来的马了！——虽然只是玩笑话（"戏之也"），可一副扬扬自得又不愿在臣子面前"服软"的统治者面孔，简直画活了！

【文摘五】

假道灭虢（《穀梁传》）

【经】（僖公二年）虞师晋师灭夏阳。

【传】……晋献公欲伐虢，荀息曰："君何不以屈产之乘、垂棘之璧，而借道乎虞也？"公曰："此晋国之宝也。如受吾币而不借吾道，则如之何？"荀息曰："此小国之所以事大国也。彼不借吾道，必不敢受吾币。如受吾币而借吾道，则是我取之中府，而藏之外府；取之中厩，而置之外厩也。"公曰："宫之奇存焉，必不使受之也。"荀息曰："宫之奇之为人也，达心而懦，又少长于君。达心则其言略，懦则不能强谏；少长于君，则君轻之。且夫玩好在耳目之前，而患在一国之后，此中知以上乃能虑之。臣料虞君中知以下也。"

公遂借道而伐虢。宫之奇谏曰："晋国之使者，其辞卑而币重，必不便于虞。"虞公弗听，遂受其币而借之道。宫之奇谏曰："语曰'唇亡则齿寒'，其斯之谓与！"挈其妻子以奔曹。

献公亡虢，五年而后举虞。荀息牵马操璧而前曰："璧则犹是也，而马齿加长矣。"（节自《僖公二年》）

◎夏阳：虢国要塞。◎屈：晋国邑名，盛产良马。垂棘：地名。◎币：泛指财物礼品。◎中府：这里指晋国的宫中府库。外府：这里指虢国的宫中府库；因虢国即将被拿下，故荀息把它称为晋献公的"外府"。下文中的"中厩""外厩"与此意同。◎达心：内心通达事理。少长于君：从小跟虢君一同长大。◎挈（qiè）：带着。妻子：妻与子。

《左传》："唇亡齿寒"警示深

这段"唇亡齿寒"的典故，在《左传》中有着更翔实的描述：原来晋国向虞借道，不是一次，而是两次。头一次就是僖公二年那回，虞公收了晋国的玉璧、宝马，借道给晋。不过晋国只打下虢国的要塞夏阳，便撤兵回去了。

到了僖公五年，晋国再度向虞国"假道"，这才引发宫之奇的激烈劝谏，并说了那段著名的话：

> 虢，虞之表也。虢亡，虞必从之。晋不可启，寇不可玩，一之谓甚，其可再乎？谚所谓"辅车相依，唇亡齿寒"者，其虞、虢之谓也！
>
> ◎表：外围，屏障。◎启：开启。玩：忽视。◎辅：面颊。车：牙床。

这话是说，虞虢相互表里，虢亡，虞肯定跟着"玩完"。晋国不可挑动，强敌不可玩忽。借道一次已属过分，哪能再有第二回啊？俗话说得好：面颊靠着牙床，嘴唇没了牙凉！这说的就是虞、虢关系啊！

虞公狡辩说：晋国跟我同宗，哪里会害我？宫之奇说：若论同宗，虢跟晋的关系比你更近，不是照样要被灭掉吗？凭什么在乎你啊？虞公又强辩说：我祭祀时从来都用最丰洁的供品，神灵自会保佑我的。宫之奇答道：

> 臣闻之，鬼神非人实亲，惟德是依。故《周书》曰："皇天无亲，惟德是辅。"……如是，则非德，民不和，神不享矣。神所冯依，将在德矣！若晋取虞而明德以荐馨香，神其吐之乎？
>
> ◎冯（píng）依：凭依。◎馨香：代指供品。吐：拒绝。

宫之奇引经据典，无非要表达一个意思：鬼神（"皇天"）只保佑有德的人。统治者不修德，百姓就不肯亲近你，你的供品再丰盛，神也不会享用的。神灵只与美德同在。如果晋袭取虞国后修养道德，供奉馨香的祭品，神灵难道会拒绝不成？

宫之奇的话句句有理，怎奈虞公鬼迷心窍，就是听不进。宫之奇只好率族人出走，临走时说："虞不腊矣。在此行也，晋不更举矣！"——虞国不会再举行年终的腊祭了，亡国就在这回，晋国不必再另外费事兴兵了！

这年十二月，晋军灭掉虢国。归途驻扎在虞国，乘机灭掉了它。——《左传》没提"屈产之乘"和"垂棘之璧"的下落，那还用说吗？

郑伯克段，《左传》名篇

《左传》中最为人熟知的故事，是郑伯与弟弟共叔段的那场争斗。事情发生在鲁隐公元年，《春秋》经文有"夏五月，郑伯克段于鄢"的记录。

《公羊传》的记述，依然只是一段"书法"解析：

> 克之者何？杀之也。杀之，则曷为谓之克？大郑伯之恶也。……段者何？郑伯之弟也。何以不称弟？当国也。
>
> ◎大：夸大，强调。◎当国：与国为敌。

《穀梁传》的讲解也是同一副架势：

克者何？能也。何能也？能杀也。何以不言杀？见段之有徒众也。段，郑伯弟也。何以知其为弟也？杀世子母弟，目君；以其目君，知其为弟也。

◎见（xiàn）：显现，表示。◎杀世子母弟，目君：按古史惯例，国君杀掉太子或同母弟弟，要强调其国君身份。

至于"郑伯"如何"克段"，读《公羊》《穀梁》二传，只能越看越糊涂。若知端的，还要到《左传》里去寻找来龙去脉。

郑庄公和共叔段是同父同母的亲哥儿俩。母亲姜氏生庄公时难产，受到惊吓，于是给孩子取名"寤生"（难产的意思）。

庄公自小就不受母亲待见，姜氏只偏疼小儿子段，想立他为太子，可丈夫郑武公不答应。武公死后，到底还是由寤生继位，即郑庄公，也就是郑伯。

不过姜氏仗着母后的身份，千方百计替小儿子争地盘、争好处。庄公只好把京邑封给段。段把城墙修得十分坚固，自号"京城大（太）叔"，势焰直逼庄公。

有大臣替庄公担心，要他早做防备。庄公却不肯动手，只说："多行不义必自毙，子姑待之。"（多做背离道义的事，会自取灭亡的，你们姑且等着瞧。）

见哥哥如此"软弱"，段的野心愈发膨胀，他命令郑国西面和北面边地的百姓都得听他的。大臣向庄公抱怨说：国无二主，您要想把国家送给"大叔"，干脆明说，我们现在就去侍奉他好了！您若不打算让位，还是趁早除了他，免得百姓生二心！——庄公还是不紧不慢："无庸，将自及。"（不用，他会自取其祸的！）

段更加猖狂，干脆占了西面和北面的边地，把地盘扩大到廪延那地方。大臣怕段势力太大，争得民心。庄公说："不义不昵（亲昵），厚将崩。"（没有正义就没人亲昵拥护，势力增大只会加速灭亡。）

段加固城墙，聚集粮草，补充军备，招兵买马，打算偷袭都城。

河南鄢陵乾明寺塔。鄢陵即鄢，郑伯在此打败共叔段

姜氏暗中为他做内应，打算为他开城门。庄公得着实信儿，说："可矣！"派将领率二百辆战车猛攻京邑。京邑的百姓没人替段卖命。段逃到鄢地，庄公又追击而至，大败段军。段只好逃往共地去了。

祸患已除，庄公不由得想起姜氏的种种作为，恼怒之余，命人把她安置到颍地，发誓说：不到黄泉，永不相见！"黄泉"就是阴间，这话犹如说：这辈子再也不要见到你！

"黄泉"下的歌声

故事的后半段，颇具传奇色彩：颍考叔是颍地的官员，得知此事，便带着礼物去见庄公。庄公赐他饭食，他却把肉留在一边。庄公询问缘故，他回答说：小人有母亲，吃惯了小人的粗茶淡饭，从没尝过国君的美味肉羹，请允许我带回去给她老人家尝尝。

一句话触动了庄公的心思，说："尔有母遗，繄我独无！"（你有母亲可以孝敬，唉，我却没有啊！）颍考叔装糊涂，问："是怎么回事？"庄公据实相告，并表达了悔恨之意。颍考叔说："这有何难？您若挖地出泉，在隧道里与老人家相见，谁又能说您说话不算数呢？"

庄公照他的话做了。当他进入地道去见姜氏时，唱道："大隧之中，其乐也融融！"姜氏走出隧道唱道："大隧之外，其乐也泄泄。"（融融、泄泄：分别有和乐、舒畅的意思。）——母子这是真情流露，还是做戏给人看，就不得而知了。

《左传》作者大概也有怀疑，因而有意避开郑庄公，只借君子之口盛赞颍考叔："颍考叔，纯孝也，爱其母，施及庄公。《诗》曰'孝子不匮，永锡尔类'，其是之谓乎。"［施：推广。匮（kuì）：匮乏。锡：通"赐"。］——颍考叔可算是纯粹的孝子，爱自己的母亲，还能带动庄公行孝。《诗》说：孝子永不缺孝心，教育同胞影响深。说的就是这类事吧！（文摘六）

《左传》写到太叔段逃往共地后，也有几句"书法"解析。其实读者对"书法"兴趣不大，他们更喜欢听作者讲述故事、刻画人物。像这位郑庄公，为了国君的位子，不惜把亲兄弟置于死地，连母子的情分都不顾了，真有点"无毒不丈夫"的味道。至于那偏心护短的妈妈和骄横放肆的弟弟，虽然都没正面出场，读者依然能从文章中感受到他们的性情和心态。

在这点上，《左传》远远超越了《公羊》《穀梁》二传。

【文摘六】

郑伯克段于鄢（《左传》）

【经】（隐公元年）夏五月，郑伯克段于鄢。

【传】初，郑武公娶于申，曰武姜。生庄公及共叔段。庄公寤生，惊姜氏，故名曰寤生，遂恶之。爱共叔段，欲立之。亟请于武公，公弗许。及庄公即位，为之请制。公曰："制，岩邑也，虢叔死焉，佗邑唯命。"请京，使居之，谓之京城大叔。祭仲曰："都城过百雉，国之害也。先王之制：大都不过参国之一，中五之一，小九之一。今京不度，非制也，君将不堪。"公曰："姜氏欲之，焉辟害？"对曰："姜氏何厌之有？不如早为之所，无使滋蔓，蔓难图也。蔓草犹不可除，况君之宠弟乎？"公曰："多行不义必自毙，子姑待之。"

◎寤生：难产，倒生，出生时脚先出。◎亟（qì）：多次。◎制：地名，今河南汜水境内，原是东虢君的领地。◎岩邑：险要的城邑。佗：他，别的。唯命：听从命令。◎京：地名，在今河南荥阳。◎雉：长三丈、高一丈为一雉。国：国都。◎参国之一：是国都的三分之一。◎不度：不合法度。不堪：

受不了。◎辟：避。◎厌：满足。◎早为之所：早做打算。滋蔓：蔓延。

既而大叔命西鄙、北鄙贰于己。公子吕曰："国不堪贰，君将若之何？欲与大叔，臣请事之；若弗与，则请除之。无生民心。"公曰："无庸，将自及。"大叔又收贰以为己邑，至于廪延。子封曰："可矣，厚将得众。"公曰："不义不昵，厚将崩。"

大叔完聚，缮甲兵，具卒乘，将袭郑。夫人将启之。公闻其期，曰："可矣！"命子封帅车二百乘以伐京。京叛大叔段，段入于鄢，公伐诸鄢。五月辛丑，大叔出奔共。

◎鄙：边境。贰：不专一，这里指听命于两个主人。◎无庸：不用。自及：自招祸患。◎廪延：地名，今河南延津一带。◎厚：土地广大。◎昵：亲近，拥护。崩：土崩瓦解。◎完聚：修城聚粮。缮：制造，修缮。具卒乘：装备步兵战车。◎启：开门，做内应。◎鄢：地名，今河南鄢陵。◎共：地名，今河南辉县。

书曰："郑伯克段于鄢。"段不弟，故不言弟；如二君，故曰克；称郑伯，讥失教也；谓之郑志。不言出奔，难之也。

遂置姜氏于城颍，而誓之曰："不及黄泉，无相见也。"既而悔之。颍考叔为颍谷封人，闻之，有献于公，公赐之食，食舍肉。公问之，对曰："小人有母，皆尝小人之食矣，未尝君之羹，请以遗之。"公曰："尔有母遗，繄我独无！"颍考叔曰："敢问何谓也？"公语之故，且告之悔。对曰："君何患焉？若阙地及泉，隧而相见，其谁曰不然？"公从之。公入而赋："大隧之中，其乐也融融！"姜出而赋："大隧之外，其乐也泄泄。"遂为母子如初。

君子曰："颍考叔，纯孝也，爱其母，施及庄公。《诗》曰'孝子不匮，永锡尔类'，其是之谓乎。"（节自《隐公元年》）

◎郑志：郑伯的意愿。◎城颍：地名，今河南临颍一带。◎封人：守护疆界的小官。◎遗（wèi）：赠送。◎繄（yī）：语助词。◎阙地：掘地。◎施：推广。

季梁说："夫民，神之主也"

三代盛行鬼神迷信，人们普遍认为：只要把最丰洁的粮食、最肥美的牲畜奉献给"皇天"，就能获得神灵护佑。不过到了春秋时期，一些贤明之士对祭祀的"原理"和"功用"又有了新的理解与阐释。

宫之奇劝谏虞公时就说过"鬼神非人实亲，惟德是依""黍稷非馨，明德惟馨"。即是说，鬼神不随便亲近人，只保佑有德的人；祭祀的粮食没有香气，美好的德性才馨香无比。

不仅宫之奇有这样的想法，在当时，这种进步观念已被许多开明贵族所接受。有个叫季梁的随国大夫，在劝谏随君时，说得更加明白透彻。

桓公六年，楚国要攻打随国，把军队驻扎在瑕地，等着随国使者少师前来谈判。楚大夫斗伯比给楚王出主意说：汉水以东的国家，数随国最大；搞定随国，其他小国也就好办了。我们若摆出咄咄逼人的姿态，汉东诸国便会抱团儿来对付我们；我们若向随国示弱，让随国野心膨胀，甩开小国，对我们最有利。

楚王于是下令"毁军"，故意显出军容不整的样子。随国使者少师看了信以为真，回国后便撺掇随侯发兵，追击楚师。

季梁站出来说：老天正眷顾楚国呢，楚军做出这个样儿来，是诱惑我们呢，您急个啥？我听说，小国确实能抗衡大国，但前提是"小道大淫"（小国行正道，大国胡乱搞）。"道"是什么？"道"就是"忠于民而信于神也"（忠于百姓，取信于神灵）。国君考虑如何对百姓有利，这便是"忠"；祝史在祭祀时不虚夸，这就是"信"。现如今，老百姓饿得嗷嗷叫，君主却放纵私欲、奢侈无度，祝史祭祀时虚报祭品。——就目前形势而言，我们很难跟大国对抗！

随侯不服气，说：我祭祀所用的牲口毛纯体壮，黍稷也丰盛完备，这还不能取信于神灵吗？季梁说：

> 夫民，神之主也。是以圣王先成民而后致力于神。
> ◎成民：成全民事。

老百姓才是神灵的主宰，前代圣君也总是先办好百姓的事，然后才致力于鬼神祭祀！——季梁的话，真有惊天地泣鬼神的力量！人们素来认为，百姓乃至贵族，都是神的奴仆，只有对神匍匐膜拜的份儿，可如今季梁竟说百姓是神灵的主宰，岂非"逆天"？

不过季梁的话又有点耳熟，还记得吗，《尚书·泰誓》里已有"天视自我民视，天听自我民听"的话，正可跟季梁此语相呼应。

季梁还有许多道理要讲哩。他说，向神祭献牲畜时，人们祝告说：牲口又大又肥！这话的真实意思是：百姓都很富足，所以才能把牲口养得又肥又壮、没灾没病、种类繁多。同样，向神奉献黍稷时，人们又祝告说：洁净的粮食多又多！这是向神报告：春夏秋三季没灾荒，百姓和乐，人寿年丰。……正因为百姓和乐，神才肯降福保佑，让我们心想事成！可是如今怎么样？百姓各怀异心，鬼神没了主心骨（"鬼神乏主"）；君王个人的祭祀再丰盛，又能求得什么福气？我看您只有修明政治，团结兄弟之邦，才能消灾免祸！

随侯听了这番话，越想越怕，于是接纳季梁的劝谏，用心执政，楚国真的不敢轻举妄动。——不过两年以后，楚国听说随侯依旧宠信少师，于是再度发兵。随侯不听季梁的劝告，一味听任少师瞎指挥，结果吃了败仗。随侯落荒而逃，连同座驾和驾车的少师也被楚人俘获了。

后来随国想跟楚国讲和，楚王不答应。楚大夫斗伯比对楚王说：少师不在了，这是老天爷替随国去了病根儿啊，看来随国是灭不掉的了。楚王这才答应讲和。

有一句话斗伯比没说出口：何况随国还有季梁在！

曹刿论战，蹇叔哭师

春秋时战事不断，有人做过统计，《左传》所记大小军事行动有四五百次。我们前面所讲的楚宋议和、唇亡齿寒、郑伯克段、季梁谏君，哪一件跟战争无关呢？

《左传》写战争自有特点：描写战场上的厮杀场面，往往惜墨如金。可是交代战争背景、记录战前的讨论部署、总结战后的经验教训，又不惜笔墨。有些战争规模不大，却因指挥者的准确判断和精彩剖析，让人牢记不忘。

齐鲁长勺之战，就是人们熟知的例子。鲁庄公十年，齐人伐鲁，鲁国上下一片惊慌。有个叫曹刿（guì）的平头百姓求见庄公。开战之前，他先跟庄公讨论民心向背，战后，又同庄公总结战争规律。其间留下不少名言，如"肉食者鄙""一鼓作气"等。至于战斗的过程，只用百十字带过。——中学语文课本节选这篇文章，题为《曹刿论战》，强调一个"论"字，倒是抓住了文章重点。

至于大战役的描述，也体现了这一特点。就拿秦晋崤（Xiáo）之战为例吧。僖公三十二年冬天，晋文公重耳（前697—前628）过世。重耳年轻时在宫廷斗争中遭受迫害，流亡他乡，吃尽苦头。漂泊十九年，才回国登上君位。他任人唯贤，爱惜百姓，晋国国力因此大幅提升。后来他又联合秦、齐大败楚师，成了春秋五霸之一，与齐桓公齐名。人们一说春秋霸业，必提"齐桓晋文"。

重耳死后，灵柩准备运往曲沃停放。出了绛城，棺材里突然发出牛鸣般的声音。卜官让大夫们下拜，然后传达重耳的"指令"说：不久将有西方军队从我们这儿开过，攻击他们，定会大获全胜！

这里所说的西方军队，是指秦军。也就在这时，秦国驻守在郑国的大夫杞子给本国捎信儿说：郑国人让我掌管他们的北门钥匙，机会难得；如果偷偷来袭，拿下郑国不成问题！

秦穆公向老臣蹇（Jiǎn）叔征询意见，蹇叔说：兴师动众去偷袭远方的敌人，这样的蠢事从没听说过！军队筋疲力尽，而远方国家也早有准备。士兵一路辛苦却一无所获，是要起反心的。千里长征，瞒得了谁啊？

可是忠言逆耳，秦穆公竟不肯听从，仍派孟明视、西乞术、白乙丙三位将军在东门外整军誓师，准备开拔。

蹇叔去送行，拉着孟明的手哭着说：孟先生啊，我看着大军出发，恐怕看不见大军回来了！——穆公嫌他"乌鸦嘴"，骂道：你懂得啥？你若死得早，坟头小树都有两把粗了（"尔何知？中寿，尔墓之木拱矣！"拱：两手手指合围的长度）！

蹇叔的儿子也在出征队伍里，蹇叔边哭边唠叨：晋人一定会在崤山布下埋伏。那里有两座陵，南陵是夏后皋的墓，北陵是周文王避风雨的地方。你肯定会死在两陵之间，我就等着到那儿收你的尸首啦！——秦国大军就这样开拔了。

秦军向东行进，路经成周北门时，将士们纷纷摘下头盔跳下战车向周天子致敬。周天子虽然已失去权威，但这点表面的礼数还是要有的。不过也仅仅是做个样子，将士们没走两步，就又跳上战车，三百辆战车就这样隆隆驶过。

王孙满是周王室的成员，年纪虽小，见识不低。看到这情形，他对周天子说：秦军轻狂无礼，定会吃败仗的。轻狂就不重视谋略，无礼就会满不在乎。进入险境却毫无警惕，又不懂谋略，能不失败吗？

郑国商人弦高正准备到成周做买卖，在滑国与秦军迎头相遇。他灵机一动，自作主张拿了四张熟牛皮献给秦军，又送来十二头牛，说：我们国君听说贵军将要路经敝国，特命我赶来犒劳您的部下。我们那地方虽穷，但您驻扎一天半日应该没问题。郑君已经为您预备了一天的粮草；您若离开，还可以为您提供一夜的警卫。——弦高一面应付秦军，一面派人紧急回国报信。

郑穆公得着信儿，派人到秦大夫杞子的馆舍去侦察，发现对方已经磨刀喂马，做好接应秦军的准备。——秦大夫杞子还是两年前郑、秦结盟时被派到郑国来驻扎的。郑穆公派去的人"敲山震虎"，对杞子说：您住在这儿的时间也不短了，我们这儿穷，招待不周啊。为了给您送行，我们有猎场，劳驾您自己去打几只麋鹿什么的，也算是心疼我们了，怎么样？——这等于对杞子下了逐客令。

杞子知道事情败露，便同几个将领分头逃走了。西来的秦军听说郑国早有准备，只好临时改变计划，顺路灭掉滑国，灰溜溜地班师回国去了。

崤之战的前前后后

秦师撤军的当口，晋国的朝廷上正进行激烈辩论。卿大夫先轸（zhěn）主张乘机攻打秦军，说秦穆公不听蹇叔劝阻，劳师动众，一意孤行，这是天赐良机！不接受上天的赏赐，轻易放走敌人，只会招来灾祸！

大夫栾枝却说：秦国对晋国有恩，有恩不报，反要攻击人家，你心里还有死去的国君吗？——栾枝这是指晋文公重耳流亡国外时，秦君曾收留他，还把女儿文嬴嫁给了他。

可先轸说：我们有国丧，秦国不但不同情，反而攻打我们的友邦郑国，这就是无礼，还讲什么恩德呢？我听说，一天放过敌人，会留下几辈子的祸患！我这是为子孙后代着想，应是对得起先君了吧？

于是晋国进行战争动员，正在服丧的晋襄公也把白丧服染成了黑色，那是战袍的颜色。僖公三十三年四月十三日，晋军在崤山的狭窄山谷中设伏，全歼了秦军。孟明视、西乞术和白乙丙这三位秦将也全都被俘。据《公羊传》《穀梁传》形容，此战秦军"匹马只轮无反者"（一匹马、一辆战车都没能逃回）。这也正应了蹇叔的预言。

不过三位秦将很快就被晋襄公释放了。襄公的嫡母文嬴是秦穆公的女儿，她主张释放秦将，襄公又怎么好回绝呢？

先轸上朝，听说秦将被释，不觉大怒，说武人出生入死在战场上生擒敌将，一个妇人几句花言巧语，说放就放了！毁我战果、助长敌威，我看晋国就要亡了！说着，头也不回，"呸"

地往地上吐了口唾沫（"不顾而唾"）。

襄公也有所醒悟，赶紧派人去追。追到黄河边上，人家已经登船。孟明视在船上叩头说：蒙晋君大恩，不把我们杀了祭鼓，让我们回国受戮，可以死而不朽了！如果蒙您恩惠可以不死，三年后我会来拜谢君王恩赐的！

孟明视等回到秦国，秦穆公穿着素服到郊外迎接被俘的将士，当众痛哭说：是我不听蹇叔之言，让你们几位受辱了，这是我的罪过啊！——他并没有剥夺孟明视的兵权，说：这都是我的错，大夫又有什么罪呢？不能因为小错而掩盖大德啊。

孟明视深受感动，此后厉兵秣马，日夕备战，终于在三年后大败晋人，夺了两座城邑；并到崤山埋葬了三年前战死将士的尸骨，实践了"三年将拜君赐"的誓言！

不过孟明视报仇时，晋国大将先轸已经不在了。当年先轸当着襄公的面"不顾而唾"，还粗鲁地称太后为"妇人"，事后自己别提多后悔了，说：我在君前无礼，却没受到惩罚，这是国君宽宏大量，可我自己能原谅自己吗？后来他率领晋军跟狄人作战，有意摘下头盔冲进敌阵，奋力拼杀，就这么战死在沙场。狄人把他的头颅送回晋国，他的面容还跟活着时一样！

回顾秦晋这场大战，是由杞子报信开始，之后是蹇叔哭师、王孙满论秦师，这边则是弦高犒军、郑人逐杞子，并由此导致秦师撤军灭滑及晋人谋袭秦师；及至秦军被歼崤山后，又有晋襄公放虎归山、先轸"不顾而唾"等几场戏，最后以秦穆公忏悔作结。

一场大战在几千里范围内展开，涉及四五个国家。作者却能眼观六路、从容记述、剪裁得体、举重若轻，不但把大战的来龙去脉交代得一清二楚，还写活了许多人物！

至于在崤山两陵间展开的战斗厮杀场面，作者只用了寥寥数语，一带而过："夏四月辛巳，败秦师于崤，获百里孟明视、西乞术、白乙丙以归。"这里用的，依然是《左传》写战争的一贯手法。

不过作者对一些历史细节，却不肯轻易舍弃。譬如说到晋军克敌后，晋襄公穿着染成黑色的丧服为父亲文公举行葬礼，而晋国的丧服从此也改为黑色（"遂墨以葬文公，晋于是始墨"）；这还是跟前面的"子墨衰绖（dié）"（指晋襄公将丧服染成黑色）相呼应呢。

这句看似不经意的闲话，蕴含着对胜利者的赞美。——追悼先辈，有什么祭品比一场大战的胜利更丰厚，有什么服色比战袍的颜色更尊贵呢？

战场上的精英们

《左传》中记述的大战役，还有晋楚城濮之战、晋楚邲（Bì）之战、齐晋鞌（Ān）之战、晋楚鄢陵之战，也都写得气势宏大、脉络清晰。

杀气腾腾的战场本来是人命如蚁、生灵涂炭的所在，《左传》却擅长以生动的文笔，刻画出游走于刀锋箭镞间的将士，唱出一曲曲英雄的赞歌。

就说鲁宣公十二年的晋楚邲之战吧，楚国兴兵攻打郑国，

春秋时的战车，中间为驭者，左持弓，右持戈，分工明确

晋国发兵援郑，与楚国在黄河边上遭遇。其中有这么一段：楚将乐伯乘着战车到晋营前挑战。一辆战车载有三人，居中驾车的是许伯，右面持戈护卫的是摄叔，左面负责射箭是乐伯，这是一辆战车的"标准配置"。

怎么挑战呢？三人各有主意：许伯说，我听说单车挑战应当驱车飞驰，车上军旗也为之倒伏，一直冲到敌营跟前，再兜转回来；乐伯说，我听说应由车左射箭，并代替御车人驾车，御车人则下车从容整理马匹，把马颈上的皮绳整好，然后登车返还；摄叔说，我听说挑战应由车右冲进敌垒，杀敌割耳并活捉一人回来。

于是三人按各自的办法操弄了一番，然后驱车回营。晋军当然不甘示弱，派了兵车两翼包抄，奋力追赶。乐伯弯弓搭箭，向左射马，向右射人，箭不虚发，晋军一时不能靠近。

眼看箭筒中只剩最后一支箭，刚好有头麋鹿跑过，乐伯一箭射去，正中麋鹿脊背。乐伯见后面紧紧追赶的是晋将鲍癸，便让摄叔把麋鹿献给他，说：时令未到，好猎物还没登场，先献上一只麋鹿，给您的部下开开荤吧！

鲍癸感慨说：车左善于射箭，车右擅于辞令，这几位都是君子啊！于是下令停止追击，就这么放走了三人。——出入战场如履平地，生死关头风度不失，连敌人也不能不佩服他们！

另有一位齐国勇士，也在《左传》中留下大名。成公二年，晋齐在鞌地交战，齐将高固单车前往晋营挑战。他拿石头扔向晋军，还俘虏了一名晋军士兵，然后跳上战车跑回齐军营垒；觉得余兴未尽，又把桑树根系在战车后面，尘土飞扬地在营盘里来回驰骋，高喊："欲勇者贾（gǔ）余余勇！"——有谁需要勇气？我这儿有多余的勇气出售！

第二天，晋齐双方摆开阵势。这边晋军统帅郤（Xì）克的战车由解张驾驭，郑丘缓为车右。那边齐侯亲乘战车发布命令说：让我们消灭了敌人再吃早饭（"余姑翦灭此而朝食"）！马也不披护甲，就朝晋军冲去！

交战中，晋军统帅郤克中了箭，血一直流到战靴上。他一边擂鼓，一边呻吟说：我受伤了！解张说：刚一开战就有箭射穿了我的手肘，我折断箭杆继续驾车，血把左边的车轮都染成红黑色！可我声张了吗？您也忍着点吧！郑丘缓也说：从开始到现在，一遇到危险，我就下去推车子，您都没注意到，看来您真是伤得不轻！

解张又说：我们车上的旗子和战鼓，就是全军的耳目，晋军前进后退都听它指挥。此车一人坐镇，可保全军成功。可不能因为个人的痛苦而坏了国君的大事！咱们披盔戴甲手握兵刃上战场，顶大不就是一死吗？伤虽重，还没死，咱们尽力而为吧！于是他左手拉着两根缰绳，右手拿着鼓槌帮郤克敲鼓，马撒欢似的往前飞奔，晋军也都跟着冲了上去，追着齐军，绕华不注山跑了三圈！（文摘七）

晋军取得了这场大战的胜利。胜利归功于统帅郤克，更应归功于主帅战车上的"精神领袖"解张！

【文摘七】

解张御郤克（《左传》）

（成公二年六月）癸酉，师陈于鞌。邴夏御齐侯，逢丑父为右。晋解张御郤克，郑丘缓为右。齐侯曰："余姑翦灭此而朝食！"不介马而驰之。郤克伤于矢，流血及屦，未绝鼓音，曰："余病矣！"张侯曰："自始合，而矢贯余手及肘，余折以御，左轮朱殷，岂敢言病？吾子忍之！"缓曰："自始合，苟有险，余必下推车，子岂识之？然子病矣！"张侯曰："师之耳目，在吾旗鼓，进退从之。此车一人殿之，可以集事，若之何其以病败君之大事也？擐甲执兵，固即死也；病未及死，吾子勉之！"左并辔，右援枹而鼓。马逸不能止。师从之，齐师败绩。逐之，三周华不注。（节自《成公二年》）

◎陈：列阵。◎邴夏：与下文的逢丑父都是齐大夫。◎解张：与郤克都是晋大夫，郤克是此战的晋军统帅。郑丘缓是晋将。◎姑：姑且。朝（zhāo）食：吃早饭。◎介：披甲。◎病：受伤。◎合：两军交兵。贯：贯穿。朱殷：深红色。◎殷：镇守。集事：成事。◎擐（huàn）：穿。◎并辔：一手挽双辔。援枹（fú）：拿鼓槌。◎逸：飞跑。◎华不（fū）注：山名，在山东济南附近。

展喜与烛之武：谁的嘴巴更厉害

《左传》虽以记事为主，但讲到朝堂论政、外交谈判等情节，仍有长篇记言的内容。这些对话理据充足，声情并茂，以不同的论说风格，展示着智者贤人的论辩才能和忠贞机智。有时一番雄辩，竟能使侵略者理屈词穷、"打道回府"，不禁令人赞叹！

就来看看"展喜犒师"这一段吧，这是僖公二十六年的事。齐孝公从北面进攻鲁国，驻扎在国境上。鲁僖公派大夫展喜去"犒师"，乘机探听虚实，见机行事。

展喜出境见到齐孝公，说我们国君听说您大驾光临，特派我来犒劳您的部下。孝公问：鲁国人害怕吗？展喜说：鲁国的小人都很害怕，可是君子不怕。孝公说：我看你们鲁国家家室内空虚，像是悬挂着的磬；田野光秃秃，连根青草都没有，凭什么不怕啊？

展喜回答：我们是凭着先王的遗命。当年我们鲁国的祖先周公跟你们齐国的祖先太公都是周室的股肱之臣，一左一右辅佐成王。成王慰劳他们，赐他们盟书，说"世世子孙无相害也"。这盟书就藏在盟府中，由太史掌管着。贵国先君齐桓公正是根据先王遗命纠合诸侯，以商讨的方式解决矛盾、弥补缺失、济危扶困，借此彰显周天子赋予的重任。等到桓公去世，大王即位，各国都盼着说：大王一定会继承桓公的道德功业。我们这些小国也因而大放宽心，不修战备，都说：难道齐侯即位九年就废弃王命、丢掉职责了吗？那又怎么对得起齐国先君呢？他肯定不会这样做的！也正因如此，我国的君子并不害怕贵国。

孝公听了这番话，一句话没说，便下令撤军回国。你看，展喜的一席话，是不是抵得上百万雄兵？

另一个凭三寸不烂之舌说服侵略者退兵的例子，发生在僖公三十年晋、秦联合攻郑的时候。当时晋军进驻郑国的函陵，秦军进驻郑国的氾（Fán）南，郑国上下一片惊恐。有个大夫向郑伯建议：国家危险了，如果派烛之武去见秦君，秦师多半会撤走。

烛之武推辞说：我年轻时就不如人，如今老了，更不行了。郑伯道歉说：我没能早早重用您，这是我的错；不过郑国完了，对您也不利啊！——烛之武只好答应下来。

到了夜间，烛之武用绳子系着吊出城外，见到秦伯说：这回秦、晋一同包围郑国，郑国必亡无疑了！如果灭掉郑国对您有利，您的部下也没白忙活。不过越过别的国家，拿远方的小国当成自己的飞地，您知道这有多难。所以说，灭掉郑国只能让您的邻居晋国得利。邻国势力加强，就等于您的势力削弱，这可是赔本的买卖！您还不如赦免郑国，让郑国做个东方道路上的主人（"东道主"），可以为贵国使者过境提供方便，这对您才是有利无害的。何况当初秦国对晋君有恩，晋君许诺把焦、瑕两地割让给秦。可晋君早上渡过黄河回国，晚上就筑城防御，这您是记得的。晋国哪有个满足啊？灭了东边的郑国，肯定还要向西发展；向西边发展，如果不占秦国的土地，又占谁的去？这损害秦国而有利晋国的买卖，您就看着办吧！

秦伯听了，恍然大悟，于是跟郑人结盟，派杞子等三位大夫帮助郑国守卫，然后班师回国。——我们前面提到杞子驻扎在郑国，就是这次秦、郑交涉的结果。

这边呢，晋国将军得知秦国撤军，非常气愤，本想攻打秦军。晋侯说：算了吧，没有秦国的帮助，就没有我们的今天。得到人家帮助还要败坏人家，这是不仁；失掉了同盟国家，这是不智；以破裂代替和睦，这是不武。我们还是回去吧。于是也跟着撤军而回。

烛之武的一席话，瓦解了两个大国的军事进攻，将郑国从必亡的危局中解救出来。他的这张嘴，比展喜还要厉害几分！

（文摘八）

【文摘八】

烛之武退秦师（《左传》）

【经】（僖公三十年秋）晋人、秦人围郑。

【传】九月甲午，晋侯、秦伯围郑，以其无礼于晋，且贰于楚也。晋军函陵，秦军氾南。佚之狐言于郑伯曰:"国危矣,若使烛之武见秦君,师必退。"公从之。辞曰:"臣之壮也,犹不如人;今老矣,无能为也已。"公曰:"吾不能早用子,今急而求子,是寡人之过也。然郑亡,子亦有不利焉!"许之。

◎晋侯:晋文公。秦伯:秦穆公。贰于楚:指郑对晋有二心,结好于楚。◎函陵、氾南:都是地名,前者即今河南新郑一带,后者为今河南中牟一带。◎佚之狐:郑大夫。郑伯:郑文公。烛之武:郑国贤士。◎辞:推辞。

夜缒而出。见秦伯曰:"秦、晋围郑,郑既知亡矣。若亡郑而有益于君,敢以烦执事。越国以鄙远,君知其难也。焉用亡郑以陪邻?邻之厚,君之薄也。若舍郑以为东道主,行李之往来,共其乏困,君亦无所害。且君尝为晋君赐矣;许君焦、瑕,朝济而夕设版焉,君之所知也。夫晋,何厌之有?既东封郑,又欲肆其西封,若不阙秦,将焉取之?阙秦以利晋,唯君图之。"秦伯说,与郑人盟。使杞子、逢孙、杨孙戍之,乃还。

子犯请击之。公曰:"不可。微夫人之力不及此。因人之力而敝之,不仁;失其所与,不知;以乱易整,不武。吾其还也。"亦去之。(节自《僖公三十年》)

◎缒(zhuì):用绳子吊下城。◎执事:左右。这里是对对方的敬称。◎越国:越过别国。鄙远:拿远方地盘当自己的边邑。◎陪邻:增加邻国土地。◎行李:使臣。共:同"供"。乏困:缺乏,需要。◎赐:恩惠。◎焦、瑕:地名,今河南三门峡市陕州区一带。济:渡河。设版:筑墙。◎厌:满

足。◎封：疆界。这里指扩展自己的边疆。肆：扩张。阙：同
"缺"，亏损，使减损。◎图：打算。◎说：同"悦"。◎戍：
留戍，守卫。◎子犯：晋臣狐偃。◎微：没有。夫（fú）人：此
人。◎因：靠着。敝：伤害。◎所与：友邻，同盟者。知：同
"智"。◎乱：动乱。整：友好和睦。

子产外国拆墙记

《左传》所记录的历史人物中，还有好几位宰相名臣。像管
仲、晏婴、公仪休等。其中有位名叫子产的，虽是小国宰相，
却照样为人称道。

子产（约前582—前522）名侨，大致跟孔子同时。作为小
国执政，他却干出让大国吃惊的事来：出使大国，把人家招待
所院墙拆了！人家不但不恼，反而更敬重他。子产也因此名扬
天下。

襄公三十一年，子
产陪郑伯到晋国会盟，
住进晋国宾馆。由于宾
馆院门狭窄，装载礼品
的车子没法进入，子产
便命人把院墙拆了，好
让车马停进院子里。

晋人来责问，子产
振振有词，说：我们郑

子产

国是小国，夹在大国中间，大国说不定啥时就来要这要那，我们又不敢不给，只好尽力搜罗财物，前来朝拜。结果贵国的执政官忙得很，也不知哪天能接见。我们带的礼物，早晚是贵国君王的财货，不按礼仪交接吧，就不能入库；不入库吧，又怕日晒雨淋，遭到损坏，我们的罪过就更重了！

贵国先君晋文公主盟时可不是这样：他自己住在矮小的宫殿里，却把接待诸侯的宾馆修得高大宽敞，如同君王的寝宫一样。库房、马厩也都修缮一新，道路平坦、墙壁雪白，诸侯宾客一到，有专人负责照明、巡视、给车轴膏（gào）油，伺候得十分周到。各国使者也能及时奉献他们的贡品，从没有滞留的事。文公办事效率极高，跟宾客忧乐与共，有困难还给予周济。大家宾至如归，没灾没祸，既不怕盗贼，又不怕损耗。

如今又怎样？铜鞮（dī）山的晋侯宫殿绵延好几里，而各国来宾却只能住在奴仆住的小房子里，院门窄得进不了车，又不能翻墙而入；加上盗贼公行、天灾难防，宾客觐见无门，君王接见无日。如果不拆围墙，就没地方收藏财物，一旦损失，又罪加一等！假如能快点奉上财物，我们甘愿把围墙修好再走。

晋侯自知理亏，赶快接见郑伯，还特意提高礼仪等级，举行了盛大宴会，赠送了丰厚的礼品，礼送郑国君臣回国。接着又大兴土木，建造接待诸侯的宾馆。

晋国大夫叔向赞叹说：辞令真是不容废弃啊！子产善于辞令，一番话让各国跟着受益。《诗经》早就说过：辞令若和顺，百姓团结紧；话儿入耳甜，百姓安如山（"辞之辑矣，民之协矣；辞之绎矣，民之莫矣"）。郑国的子产早就懂得这个道理了！

子产不毁乡校

古人重视教育，都城及地方都设有学校。设在州、党的学校称为"乡校"，那里又成为公共场所。在郑国，人们没事总爱在那儿扎堆聊天，把乡校当成了"俱乐部"。聊天的话题自然离不开时政，人们对国事评头论足，执政者听了，很是恼火。

郑大夫然明向子产提议说：干脆拆掉乡校算了。子产回答：为什么呢？人们早晚没事，到乡校里放松放松，顺带谈谈执政的好坏，这不挺好吗？他们认为好的呢，咱们就坚持推行；他们讨厌的呢，咱们就改正。他们就是咱们的老师啊，为什么要毁掉乡校呢？

子产又说：我只听说竭力行善可以减少怨恨，还没听说加强威压可以防止怨恨的呢。加强威压固然可以一时止住怨恨之声，但就像筑堤防水一样，一旦洪水决口，伤人一定很多，我们想救也没那力量了！不如让水从小缺口流出，并加以引导；这就像保留乡校，让我们不断听到批评，当作良药一样！

这一回，子产并没有滔滔不绝地讲一通大道理，只是打了个比方，拿"防川"的道理解释为什么要容忍批评，却把一条千古不易的真理讲述得既明白又透彻，至今不乏借鉴意义。——孔子听到这话也说：由这件事上看，如果有人说子产不仁，我是不信的。

子产的执政经验成了郑国的宝贵政治遗产，在他死后还在起作用。他执政近二十年，终因积劳成疾，一病不起。临终他对大夫子太叔说：我死后，你必然接替我执政。你记着，只有有德之人能用宽大使百姓服从，其次就莫如严厉了。烈火这东西，人们看着就怕，可死于火的人倒不多，因为人们总是躲得远远的。水这东西，看着挺柔软，人们就容易轻视、玩弄它，结果死于水的反倒更多。总之，如何掌握宽大的尺度，是最不容易的。

子产死后，子太叔执政。他为人心软，执政宽松。郑国盗贼也就多起来，都聚集在萑苻（Huánfú）泽里。子太叔悔恨，说：我若早听夫子的话，也不至于到这般地步！于是集合士兵攻打盗贼，最终全部杀掉，治安形势大为好转。

孔子评论说：好啊，施政过分宽纵，百姓就会怠慢，怠慢了，就用严厉来纠正；太严厉又要伤害百姓，又要施行宽大政策。总之，用宽大来调剂严厉，用严厉来补救宽纵，政事也因此平和（"善哉！政宽则民慢，慢则纠之以猛。猛则民残，残则施之以宽。宽以济猛；猛以济宽，政是以和"）。（文摘九）

孔子对子产惺惺相惜，大概因为子产的思想符合中庸之道吧。孔子教导学生子贡，曾说"一张一弛，文武之道也"（张：拉紧。弛：放松。文武：周文王、周武王。《礼记·杂记》），说的就是"宽猛相济"啊！

当孔子听到子产死讯时，难过得流下眼泪，说是：他的仁爱，正是古代的遗风啊（"古之遗爱也"）！

【文摘九】

子产不毁乡校（《左传》）

（襄公三十一年）郑人游于乡校，以论执政。然明谓子产曰："毁乡校，何如？"子产曰："何为？夫人朝夕退而游焉，以议执政之善否。其所善者，吾则行之；其所恶者，吾则改之。是吾师也，若之何毁之？我闻忠善以损怨，不闻作威以防怨。岂不遽止？然犹防川也：大决所犯，伤人必多，吾不克救也；不如小决使道，不如吾闻而药之也。"然明曰："蔑也今而后知吾子之信可事也。小人实不才。若果行此，其郑国实赖之，岂唯二三臣？"

仲尼闻是语也，曰："以是观之，人谓子产不仁，吾不信也。"（节自《襄公三十一年》）

◎然明：郑大夫，姓鬷（Zōng）名蔑。◎退：业余休息。◎忠善：竭力行善。损：减损，减少。作威：实行威压。◎遽（jù）：马上，立刻。◎防川：筑坝拦水。克：能。◎道：通"导"。药之：以当药石。◎信：实在。可事：可成大事。◎赖：依靠。岂唯二三臣：哪止我们这两三位大臣（要依靠他呢）。

《左传》又是"成语词典"

近代学者梁启超对左丘明的叙事本领推崇备至，说是"《左传》文章优美，其记事文对于极复杂之事项——如五大战役等，纲领提挈得极严谨而分明，情节叙述得极委曲而简洁，可谓极记述之能事"。

除了记事，《左传》还有大段人物对话，梁启超对此同样赞不绝口："其记言文渊懿美茂，而生气勃勃，后此亦殆未有其比。"（《要籍解题及其读法·左传、国语》）

的确，左丘明不但是伟大的史学家，还是首屈一指的散文家，后世的散文大家如汉代的司马迁，唐代的韩、柳，宋代的三苏，明代的归有光，清代的方苞、姚鼐……几乎都是他的学生！

今天我们所熟悉的典故成语，有不少便出自《左传》。仅仅一篇《宫之奇谏假道》，便给我们留下"唇亡齿寒""辅车唇齿""假途灭虢""暮虢朝虞"等四个成语。秦晋崤之战的叙述则衍生出"东道主""北门锁钥""墓木已拱""厉兵秣马""死而不朽"等词语。至于晋齐在鞌地决战，齐将高固高喊："欲勇者贾余余勇"，由此凝练为成语"余勇可贾"；齐君下令"余姑翦灭此而朝食"，后来演变为"灭此朝食"，也都熟在人口。此外，《子产坏晋馆垣》中的"宾至如归""盗贼公行""敬谢不敏"等，同样脍炙人口。

出自《左传》的典故成语还有很多，随便翻翻，便能找出一大串：一鼓作气、鞭长莫及、退避三舍、铤而走险、惩恶扬善、除恶务尽、大义灭亲、吉人天相、马首是瞻、好整以暇、名列前茅、尔虞我诈、含污纳垢、数典忘祖、食言而肥、政出多门、外强中干、困兽犹斗、风马牛不相及、人心不同各如其面……

有个"上下其手"的成语，后世常用。语出襄公二十六年。当时楚国攻打郑国，有个叫穿封戌的楚国小军官，抓住了郑军守将皇颉（jié）。楚国贵族王子围也来争功，硬说皇颉是他俘虏的。两人争执不下，去找楚大夫伯州犁评理。

伯州犁说：那就问问俘虏吧。于是把皇颉叫来，说：他俩争的就是你吗？看你像个君子，应当明白事理。伯州犁把手高高抬起，指着王子围说：这位先生是王子围，是我们国君尊贵的兄弟！又把手朝下一指说：此人是穿封戌，是方城山外一个小县尹。你说说，你是被谁俘虏的？

皇颉心领神会，马上说：我碰上的是王子围，我是败在他手里。穿封戌大怒，抽出戈来追赶王子围。——后人遂以"上下其手"形容那些玩弄手法、通同作弊的行为。

"多难兴邦"一词也来自《左传》。那是昭公四年，晋侯跟大夫司马侯讨论与邻国相处的话题。晋侯说：有三个优越条件可以让晋国免于危险，无敌于天下：一是地势险要，二是盛产良马，三是我们的强邻齐国和楚国多灾多难。有了这三条，晋国无往而不胜！

司马侯说：我看，这三条恰恰都含着危险：巩固国家，高山和良马是靠不住的，重在国君修明道德，以沟通神人。而邻国的祸难，更不值得高兴，有些国家发生祸难，反倒成为振兴国家、开辟疆土的好机遇，齐桓、晋文的情况便是如此。而没有祸难的国家，没准儿反倒亡了国。——"多难兴邦"一语便是对司马侯这番话的凝练归纳。

清末民族英雄林则徐有一副著名对联："苟利国家生死以，岂因祸福避趋之。"意思是说：只要有利于国家的事，搭上命也要干；国事当前，哪能因个人祸福决定进退取舍呢？

对联的上句则是化用子产的两句话。子产为郑国制定赋税政策，不少人骂他。子产并不畏惧，他说："何害？苟利社稷，生死以之！"——怕啥？如果能对国家有利，我拼死拼活也要去干！

两千多年来，这样的誓言鼓舞了无数仁人志士，成了他们的座右铭！

辑六 《论语》是一部"君子手册"（附《大学》《中庸》）

"四书"与《四书章句集注》

"四书"是指四部儒家经典：《论语》《孟子》《大学》《中庸》。这四部书都是春秋战国时的"老唱本"了，可是把它们放到一块合称"四书"，却是宋代的事。

《论语》是儒家先师孔子的言行记录，里面还掺着少量孔门弟子的言论。譬如"吾日三省吾身"的话，便是孔子的弟子曾参说的。

《孟子》则主要记录孟子的言论。孟子是战国时人，比孔子晚生近二百年。《论语》《孟子》本来跟《老子》《墨子》《韩非子》等同属"诸子"系列，不过到了唐代，《论语》已升格为经；《孟子》升格为经，则要迟至宋代。

至于《大学》《中庸》两篇，本是《礼记》中的篇章。有人说，《大学》的作者是孔子的高足曾参（前505—前435）；《中庸》作者是孔子的孙子子思（前483—前402）。

《大学》《中庸》这两篇在唐代就很受推重。到北宋时，大儒程颐、程颢哥儿俩对这两篇更是推崇备至。南宋朱熹

（1130—1200）干脆把这两篇从《礼记》中抽出来，跟《论语》《孟子》并列；并对这四本书加以注释讲解，于是便有了那部大名鼎鼎的《四书章句集注》。

"章句"是指逐句串讲的教授方法，"集注"是汇集他人的讲解注释，附于经书，以做参考。举个例子来看。《论语·学而》篇第一章为"子曰：'学而时习之，不亦说乎。有朋自远方来，不亦乐乎……'"对后面这一句，《四书章句集注》这样讲解：

> 乐，音洛。○朋，同类也。自远方来，则近者可知。程子曰："以善及人，而信从者众，故可乐。"又曰："说在心，乐主发散在外。"

"乐"是个多音字，因而朱熹上来先正音，说"乐"在这里应读"洛"。接着解释说："朋"是"同类"的意思。底下"自远方来，则近者可知"一句，是预先解答学生的疑问：朋友从远方来，近处就没有朋友吗？当然不是。老远的地方都有朋友，近处的朋友就更多，这还用说吗？后面的"程子曰"，则是"集注"的部分，把前人的解释抄在这里，也就代表了朱子自己的意见。

程子即程颐，他对这句的解释是：你待人友善，信任依从你的朋友就多，大老远的也要跑来，因此是快乐的事。程子又解释："说"（即悦）是指心里高兴，"乐"则是把高兴的情绪抒发于外。

程颐是朱熹的师祖，《集注》中每每引"程子曰"，可见朱熹对师祖的服膺。此外，《集注》中还常见"尹氏曰""谢氏曰""游氏曰""杨氏曰""胡氏曰"等，所引分别是尹焞（tuī）、谢良佐、游酢（zuò）、杨时、胡安国等学者的注释。

这部《四书章句集注》因注释简要、语言浅显、解说明白，对初学者帮助很大，后来竟成了读书人的入门典籍以及科举考试的官定参考书，风行七百年之久。那时一提"四书"，便是指这部《四书章句集注》。

孔夫子的一生

读《论语》，先来说说孔子。

孔子（前551—前479）名丘，字仲尼，祖上本是宋国的贵族。我们知道，西周武庚之乱，周公把纣王的庶兄微子封在殷商故地商丘，建立了宋国。微子死后，弟弟微仲继位为君，便

孔子

是孔子的先祖。也就是说，孔子不但是宋君的后人，同时是殷商王族的后裔。

孔子六世祖孔父嘉在宋国当过大司马，死于内乱；其子木金父逃到鲁国；也有说孔子的曾祖孔防叔那一代才迁来鲁国。

孔子出生在鲁国陬邑（Zōuyì），也就是今天的山东曲阜，因为他爹叔梁纥（hé）在此做官。曲阜也曾是殷商的都城。

相传孔子出生时，爹爹叔梁纥已经七十岁了，而母亲颜氏还不到二十岁。大概不是明媒正娶吧，史书把两人的结合称为"野合"。

孔子出生时，头顶凹陷［"圩（yú）顶"］，爹娘盼他快快长好，索性为他取名"丘"，也就是小山包的意思。另一种说法是，当娘的怀孕时曾到尼丘（也称尼山）那地方祈祷，孔子的名（丘）和字（仲尼），就是这么来的。——"仲尼"的"仲"是老二的意思，因为孔子上面还有个异母哥哥叫孟皮，身有残疾，是个跛子。

孔子三岁死了爹，是年轻的寡母把他一手拉扯大的。由于日子清苦，孔子年轻时干过许多杂活，给人看过仓库，管过牧场。他后来跟学生说："吾少也贱，故多能鄙事（鄙事：粗活）。"这都是实话。——孔子身高九尺六寸，尽管古代尺短，也合两米多，人们都喊他"长人"。身大力不亏，干起活儿来肯定也是把好手。

孔子从小就对礼仪祭祀等事感兴趣，跟小朋友做游戏，常常把俎豆等礼器摆放好，模仿大人祭祀行礼。"俎"和"豆"都是盛放祭品的容器。

由于勤学好问，孔子年纪轻轻便已成"礼仪专家"。他仍不放过任何学习的机会，到太庙（周公庙）里瞻仰，遇到礼仪细节，总要问这问那。有人就褒贬说：谁说陬邑那小子懂礼啊？进了太庙，还不是"每事问"？孔子听了，谦逊地回答："是礼也。"（这正是遵礼而行。）礼的要求是"知之为知之，不知为不知"；那种不懂装懂的做法，才是不懂礼！

不过孔子的志向可不是在祭祀时当个小司仪。他有一套依礼治国的理念，很想得到施展的机会。后来鲁国发生了内乱，孔子便到齐国去寻找机会。齐景公倒是挺看重他，可齐国那时正是晏婴（也就是晏子）当政，孔子插不进手去，只好回鲁国去。

五十岁时，孔子的机会来了，鲁定公任命他为中都宰（相当于汶上县县长），干了一年，成效卓著。不久又荣升司空，跟着又当上司寇，兼摄相国职事。

当时的鲁国，大权旁落。实际的掌权者是季孙氏、叔孙氏、孟孙氏三位世卿，号称"三桓"。而这三家的势力，又受各自家臣的左右。孔子打算拆毁三家的城邑［"隳（huī）三都"］，打一打他们的威风，结果遭到抵抗，还动了刀兵！最后只拆掉两座，剩下一座不了了之。

后来齐国送来几十名歌姬舞女，季孙氏沉溺乐舞，多日不理政事。又加上鲁国举行郊祭后，按礼仪应当把祭肉分给大夫们，却偏偏没给孔子送来。孔子当然知道内中含义，于是连礼帽都没摘，就离开了鲁国！

孔子二十几岁开办私人学校，收徒教学，成为中国历史上私人讲学第一人。在那个只有贵族才能读书的时代，孔子却是来者不拒。日后他走到哪里，总有许多学生追随着他。

孔子离开鲁国后曾长期住在卫国，其间还去过陈国、蔡国，并路过宋、曹、郑等国。在陈、蔡之间，他们遭人围困，饿了七天！可孔子仍不忘带着学生在大树下演习礼仪。——孔子五十五岁离开鲁国，六十八岁才回去。其间十四年，便是人们常说的"周游列国"时期。

晚年的孔子专注于教学和文献整理工作。——他十九岁娶妻亓官（Qíguān）氏，第二年生下儿子孔鲤。六十七岁时，妻子死在卫国。到六十九岁那年，儿子孔鲤也先他而去。又过了一年，他最喜欢的学生颜回也病死了。再过两年，学生子路又在卫国的政变中遇害。遭受着一连串的打击，孔子的健康一天不如一天。

一天夜里，孔子梦见自己坐在正厅的两根柱子之间（"两楹之间"）。早上醒来，他唱道："泰山其颓乎，梁木其坏乎，哲人其萎乎！"（颓：崩坏，倒塌。萎：衰落，萎谢。）

学生子贡听到这凄凉的歌声，进来探望老师。孔子说：夏人死了，在东阶上停灵；殷人死了，在两楹间停灵；周人死了，停在西阶上。我是殷人后代，昨天梦见坐在两楹间；如今圣王不出，谁还信奉我的学说啊，想来我要死了！

孔子就此一病不起，七天后，这位儒家学派的开创者、思想家、教育家、政治家溘然而逝！他生于鲁襄公二十二年（前551年），卒于鲁哀公十六年（前479年），享年七十三岁。

孔子一生从事教育，有弟子三千人，其中出类拔萃的有七十二位。孔子死后，许多弟子为他守孝三年，高足子贡更是守墓六载！不少弟子及鲁人尊敬他，在他的墓周围定居，规模竟达上百家，称为"孔里"。

《论语》与孔门弟子

今天的大学者，大多"著作等身"，写的书摞起来跟人一般高！可是孔子时代还没有这个风气。孔子自称"述而不作"，即只传述前代圣贤的思想、教诲，自己不创作。

老人家真是太谦虚啦，他整理"六经"拿来教导学生，并在教学中阐发自己的心得，形成一套包容哲学、伦理、政治、教育的完整理念，这还不是创作吗？只是没记录成文罢了。

不过孔子去世后，他的学生把平日的听课笔记汇集起来，编辑成书，使孔子的思想得以保存，便有了这部千古流传的《论语》。

《论语》的"论"字发音如"轮"，据《汉书》作者班固说，"论"有"论纂"（也就是编纂）之意——"论语"意为经过编纂的孔子言论。其中不少内容是孔子与学生的问答，一些学生的心得体会也被记录在书中。

由于书是学生们你一章我一章拼凑起来的，条理性、系统性难免欠缺。好在通读下来，孔子的核心理念还是十分清晰的；加之又都是口语记录，通俗简练、生动亲切，让人读着读着，仿佛觉着老人家就坐在面前似的。

《论语》全书共二十篇，每篇包含若干章，每章多半只是一两句话。这种记录只言片语的文章体裁，称"语录体"。全

书算下来共四百九十二章，
一万五六千字。

二十篇，篇篇都有个小标
题，就借用本篇第一章的开头两
三个字。例如第一篇第一章起
首为"子曰：'学而时习之，不
亦说乎？……'"这一篇的标题，
便是《学而》。第二篇第一章起
首为"子曰：'为政以德，譬如
北辰，……'"这一篇的标题，便
是《为政》。以下依次是第三篇
《八佾（yì）》、第四篇《里仁》、
第五篇《公冶长》……

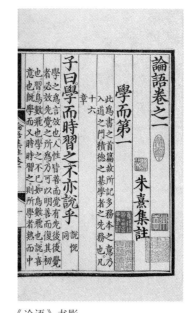

《论语》书影

《论语》中引用孔子的话，总要用"子曰"（有时也用"孔
子曰"）开头。"子"是尊称，有"先生"之意，在书中专指孔
子（也有个别例外）。至于孔门弟子的话，引用时则直书其名，
写作"颜渊曰""子路曰""子贡问曰"……这几位都是孔门高足。

不过在弟子中，也有两位称"子"的："曾子"和"有子"，
即曾参和有若。于是有人猜测，编纂《论语》时，可能曾参和
有若的弟子出力不少，或是做过最后的整合润色；遇到老师的
名字，自然要以"子"相称，以示尊敬了。

汉代司马迁撰写《史记》，特辟《仲尼弟子列传》，把孔门
弟子的佼佼者列为一篇，共二十五人，他们是：

颜回（字子渊）、闵损（字子骞）、冉耕（字伯牛）、冉雍

（字仲弓）、冉求（字子有）、仲由（字子路）、宰予（字子我）、端木赐（字子贡）、言偃（字子游）、卜商（字子夏）、颛孙师（字子张）、曾参（字子舆）、澹台灭明（字子羽）、宓不齐（字子贱）、原宪（字子思）、公冶长（字子长）、南宫适（字子容）、曾点（字子皙）、颜无繇（字路，又称季路）、高柴（字子羔）、漆雕起（字子开）、司马耕（字子牛）、樊须（字子迟）、有若（字子有）、公西赤（字子华）。——这些学生的名字，常出现在《论语》里。

孔子学生中还有两对父子：一对是曾参与父亲曾点，一对是颜回与父亲颜无繇。——父子两代都师从孔子，至少说明孔子从教时间之长，从旁印证了孔子的自我评价："学而不厌，诲人不倦！"

附录：

《论语》篇目

学而第一、为政第二、八佾第三、里仁第四、公冶长第五、雍也第六、述而第七、泰伯第八、子罕第九、乡党第十、先进第十一、颜渊第十二、子路第十三、宪问第十四、卫灵公第十五、季氏第十六、阳货第十七、微子第十八、子张第十九、尧曰第二十。

君子是怎样"炼"成的

假如你我拜孔子为师，每天跟着老人家一同诵诗习礼、提升道德，不知不觉地，我们便会进入一种理想的人格境界——君子的境界。

不错，孔子的教学目的就是要培养"君子"，而《论语》则可以看作一部"君子修习手册"。全书不足两万字，"君子"一词竟出现了一百零七次！

那么"君子"又是指什么样的人呢？顾名思义，君子最早当指国君之子，如同"公子"最初用来称呼公侯之子一样。也有人说，君子的"君"即"群"，"子"是大丈夫的意思；"君子"即"一群大丈夫"。

翻开词典，有关"君子"的阐释有两条，一是"对统治者和贵族男子的通称，常与'小人''野人'对举"；二是"泛指才德出众的人"。

孔子口中的"君子"到底指哪一种？或许两种意思兼而有之吧。大约那时人们普遍认为，"上等人"即等同于才德出众者，"下等人"即等同于愚笨无能者。那样的时代有那样的认识，并不奇怪。

即便如此，孔子在当时就已意识到，"贵族男子"跟"才德出众者"并不能直接画等号。他曾说过这样的话：

    子曰："先进于礼乐，野人也；后进于礼乐，君子也。如用之，则吾从先进。"（《先进》）

这话的意思是：先学习礼乐再当官的是"野人"（在这里指没有爵禄的平民）；先有爵禄后学礼乐的是"君子"。让我选用人才，我愿选先学礼乐的平民。这段话里的"君子",显然专指贵族子弟。不过在一般情况下,孔子口中的"君子"仍多指才德出众者。

曾参是孔子最喜欢的学生之一,他对君子的描述,是从君子的作为和担当考量的:

> 曾子曰:"可以托六尺之孤,可以寄百里之命,临大节而不可夺也。君子人与?君子人也!"(《泰伯》)
>
> ◎孤:孤儿,这里指君主临终托付的幼君。寄:寄托,委托。百里:这里指江山。夺:强迫改变。

你可以把幼小的孤儿放心托付给他,你可以把国家使命信任地交付给他,在紧要关头他仍能坚守节操,这样的人是君子吗?当然是君子!

曾参对君子的判断带有诗意的夸饰,孔子对君子的解释则十分简朴质实。他不止一次强调:君子是具备了"仁""智""勇"三种品德的人。

> 子曰:"君子道者三,我无能焉:仁者不忧,知者不惑,勇者不惧。"子贡曰:"夫子自道也。"(《宪问》)

孔子说,君子的高标准有三条,我一条都没做到:君子是仁者,永远乐观无忧;君子是智者,永不为世事迷惑;君子是勇者,勇往直前,无所畏惧!学生子贡说:老师真谦虚,其实这正是他老人家的自我写照啊!

孔子提出的三条，"仁"涉及道德层面，"智"是指智慧、知识，"勇"则与气魄、体力相近。我们今天要求孩子们德、智、体全面发展，人人争当"三好生"；其实这三好标准由来已久，最早是由孔子提出的！

《论语·颜渊》还记载，有一回学生司马牛问孔子：君子的主要表现是什么？孔子回答："君子不忧不惧。"司马牛有点疑惑：就这么简单吗？孔子说："内省不疚，夫何忧何惧？"（反省内心，没有什么可愧疚的，又哪来的忧愁和恐惧啊？）

在这里，孔子不仅再次强调君子的标准（"仁者不忧""勇者不惧"），同时指出君子的修炼之道：做好内省功夫，做到心底无私，便是通往君子境界的坦途正道！

除了励志养心，孔子还要求君子做到自尊自信、坚毅有恒、谦逊恭谨、讷（nè）言敏行（说话谨慎、做事勤敏）、重义轻利、勇于任事、坚守立场、灵活权变……总之，"君子"这顶帽子可不好戴，要经历长期的甚至是艰苦的修养与磨炼。有句名言叫"艰难困苦，玉女于成"（玉：这里有相助、磨炼之意。女：同"汝"，你。宋人张载《西铭》）！还有句俗语叫"成人不自在，自在不成人"！——君子正是这样"炼"成的！

君子如何，小人怎样

孔子在论说君子时，还常常跟"小人"对照。举几则来看：

子曰："君子喻于义，小人喻于利。"（孔子说："君子懂得义，小人只懂利。"喻：明白，懂得。《里仁》。）

子曰:"君子怀德,小人怀土;君子怀刑,小人怀惠。"(孔子说:"君子向往道德,小人怀念乡土;君子警惕法度界限,小人则一心只想金钱利益。"土:乡土,也可理解为土地。惠:恩惠,好处。《里仁》。)

子曰:"君子固穷,小人穷斯滥矣。"(孔子说:"君子穷困时仍然意志坚定,小人走投无路便无所不为。"固:坚持,固守。穷:穷困无助,走投无路。滥:无节制。《卫灵公》。)

子曰:"君子坦荡荡,小人长戚戚。"(孔子说:"君子胸怀宽广坦荡,小人却总是局促抱怨。"荡荡:坦荡。戚戚:忧伤、烦恼貌。《述而》。)

子曰:"君子泰而不骄,小人骄而不泰。"(孔子说:"君子安适舒泰,待人谦逊;小人则待人傲慢,又总是焦躁不宁。"泰:舒泰安详。《子路》。)

子曰:"君子和而不同,小人同而不和。"(孔子说:"君子追求和谐却从不苟同,小人总是无原则地苟同却难以和谐相处。"和:和谐相处,相互协调。同:无原则地苟同。《子路》。)

子曰:"君子周而不比,小人比而不周。"〔孔子说:"君子团结而不勾结,小人勾结却又各怀鬼胎。"周:合群,团结。比(旧读 bì):勾结。《为政》。〕

子曰:"君子成人之美,不成人之恶。小人反是。"(孔子说:"君子乐于助人,总是成全人家的好事,从不为恶事推波助澜。小人则正相反。"《颜渊》。)

子曰:"君子不可小知而可大受也,小人不可大受而可小知也。"(孔子说:"君子不宜通过小事考验,却可以承担重大任务；小人难以承担重大任务，却往往能通过小节的考验。"小知：通过小事了解。大受：承受重大考验。《卫灵公》。）

子曰："君子求诸己，小人求诸人。"（孔子说："君子严格要求自己，小人则一味苛求他人。"诸：之于。《卫灵公》。）

子曰："君子易事而难说也。说之不以道，不说也；及其使人也，器之。小人难事而易说也。说之虽不以道，说也；及其使人也，求备焉。"〔孔子说："君子容易侍奉，却难以取悦；如果不用正当方式，他是不会开心的；而君子待人自有原则，能量材而用。小人则难以侍奉，却容易博得他的欢心；纵然用不正当的方式，他也会高兴的；至于用人，则总是吹毛求疵、求全责备！"事：侍奉。说（yuè）：取悦。器之：量材而用。求备：求全责备。《子路》。〕

不妨对照一下，自己像个君子吗？

"仁"就是"爱人"

如果用一个字来概括孔子的核心理念，无疑当举"仁"字。在智、仁、勇的君子三准则中，"仁"代表德。

有一回学生樊迟问孔子：什么是"仁"？孔子只回答两个字："爱人。"（樊迟问仁。子曰："爱人。"《颜渊》。）这话说着容易，做起来却难。

人没有不爱自己的，可爱别人就不那么容易。这个"别人"，既包括父母、兄弟、妻儿、朋友，也包括陌生人乃至地位卑贱者。然而在孔子看来，只要是人，无论地位高低、关系远近，都应该是关爱的对象。

孔子在鲁国做官，有一回下朝，听说马棚失火；孔子忙问："伤人乎？"却"不问马"（《乡党》），这个事例正可为孔子的"爱人"做个注脚：马棚里的人，多半是马夫、仆役吧？然而孔子的态度很明确：人的生命是宝贵的，不管他是贵族还是奴隶；至于马，哪怕是君王的千里驹，与人相比，也不值一顾。——这便是仁者的价值取向。

据《孟子》记述，孔子还曾说过"始作俑者，其无后乎"（那个发明了以俑殉葬的家伙，将会断子绝孙吧。《孟子·梁惠王上》），这是诅咒那个发明了拿偶人殉葬的人。

我们知道，古代贵族死了，曾有用活人殉葬的残暴习俗。不过随着社会的进步，以活人殉葬的风气渐渐消弭。人们改用木制或陶制的偶人来替代活人，到地下去"伺候"墓主。这些木偶或陶偶便是"俑"。

孔子大概对这段丧葬演变史了解不多，误认为俑殉在先，人殉在后，于是强烈诅咒那个"始作俑者"（俑殉的发明者）。

孟子对孔子此言另有解释，他说，孔子之所以这样说，是因为他压根儿不能容忍用人形来殉葬（"为其象人而用之也"），那同样是有损人类的尊严！

孔子一向温文尔雅，这回居然诅咒"始作俑者"断子绝孙！这种激烈的态度，是不是有悖于"仁"呢？其实，仁者也并非一味地讲求爱，在《里仁》篇里，孔子就说过"唯仁者能好（hào）人，能恶（wù）人"的话——真正的仁者，立场鲜明、敢爱敢恨：爱天下所有善良的人，痛恨那些以害人为能事的家伙！孔子的"恶"，正是基于他的"爱"和"仁"啊！

"一以贯之"说"忠""恕"

有一回，孔子跟学生曾参对话：

> 子曰："参乎！吾道一以贯之。"曾子曰："唯。"子出，门人问曰："何谓也？"曾子曰："夫子之道，忠恕而已矣。"（《里仁》）
>
> ◎贯：贯穿。◎唯：应答语，表同意。

孔子说：曾参啊，我们的学说里有一个根本理念贯穿其中。曾参回答：是啊。孔子出去了，别的学生问曾参：先生的话是什么意思？曾参说：先生学说的核心，不过是"忠恕"而已。

这里的"忠"，本义指一个人无论做事、待人，都要竭尽全力、一心一意，不要滑、不惜力。至于"恕"呢，按我们今天理解，有宽恕、宽容的意思；古人则强调要设身处地替别人着想。

学生子贡问孔子：有没有一句话可以终身施行呢？孔子回答：有啊，应该就是"恕"吧？自己所厌恶的事，不要强加到别人身上（"己所不欲，勿施于人"）。这句话，孔子常挂在嘴边，光《论语》中就提到不止一次。

可以说，"忠"跟"恕"是相辅相成的一对好兄弟，一个正面着力，一个反面推想。照朱熹的说法，便是"尽己之谓忠，推己之谓恕"——做事倾尽全力叫"忠"，由自己的感受推想到别人的感受，叫"恕"。

"忠""恕"是通往"仁"的手段，孔子所谓"吾道一以贯之"，即为人们指出一条达到"仁"的路径。

对于"忠"，这里再多说两句。提到"忠"，人们马上会联想到"忠君""愚忠"等字眼儿；甚至把"忠"跟"奴性"归到一起；又把孔子看成宣扬忠君思想的鼻祖，这可是对孔子的误解。

一部《论语》，谈到"忠"的地方并不多。其中一处是孔子教导学生要重视"文、行、忠、信"四个方面（《述而》），也就是要求学生既重读书，又重实践，做事尽心，待人诚信。这难道有什么不对吗？

有时孔子还把"忠""信"放到一块儿说，嘱咐学生："主忠信，毋友不如己者，过则勿惮改。"（《子罕》）——坚守忠诚、信实，少跟道德上不如自己的人过分亲密，有了过错别怕改正。

当然，孔子也确实说过"君使臣以礼，臣事君以忠"（《八佾》）的话，不过这两者是互为条件的：君对臣以礼相待，臣才对君报以忠心。前面说过，鲁国举行祭祀时，没给孔子送祭肉，这是失礼的表现；孔子礼帽都没摘，就驾车离开了。在君王面前，孔子何曾有过奴颜媚骨？

其实在孔子时代，"忠"不仅是臣对君的道德准则，平级之间乃至君对民、上对下，也都提倡以"忠"相待。

曾子有句名言："吾日三省吾身：为人谋而不忠乎？与朋友交而不信乎？传不习乎？"〔省（xǐng）：反省。习：实践。出《学而》。〕这个"忠"的对象，就可以是任何人。

我们前头讲《春秋》时，也涉及好几处谈"忠"的例子。譬如随国的季梁即要求随君"忠于民而信于神"；曹刿论战时也指出，国君能用心处理百姓的案件，是"忠之属也"，可以获得民心。

然而到了汉代，"忠"的内涵渐渐被歪曲。东汉学者马融模仿《孝经》写了一篇《忠经》，对"忠"的内涵做了阐释描述，说"忠者，中也，至公无私"，"忠也者，一其心之谓也"。但同时又夸大"忠"的效用，妄称"善莫大于忠，恶莫大于不忠"；极力鼓吹"天下尽忠，以奉上也""奉君忘身，徇国忘家"，要臣民对君主无条件地单向尽忠！

这与其说是对儒家"忠德"观的发展，毋宁说是偷梁换柱式的歪曲与"反动"！

"仁"跟"礼"有啥关系

忠、恕是通往仁的途径。跟"仁"相关的品德，还有恭、敬、宽、信等，这一切又都可以归结到"礼"上。一个人若能依礼而行，他离"仁"的目标也就不远了。听听孔子跟得意门生颜回的对话：

> 颜渊问仁。子曰："克己复礼为仁。一日克己复礼，天下归仁焉。为仁由己，而由人乎哉？"颜渊曰："请问其目。"子曰："非礼勿视，非礼勿听，非礼勿言，非礼勿动。"颜渊曰："回虽不敏，请事斯语矣。"（《颜渊》）
>
> ◎归仁：犹言"称仁"。◎目：条目，细节。◎敏：聪敏，灵活。

颜渊即颜回，是孔子最喜欢的学生。孔子对他的喜爱常常不加掩饰，说："贤哉，回也！一箪食，一瓢饮，在陋巷，人不堪其忧，回也不改其乐。贤哉，回也！"（《雍也》）——颜回太出色了！每天只吃一筐饭，喝一瓢凉水，住在穷街陋巷里，却读书不辍。人们都受不了那份儿罪，颜回却乐在其中。他真是太棒啦！

对于颜回的讨教，孔子当然是无保留地倾囊相授。他说：克制自己的欲望，使言行合于礼，这就是仁！当然，追求仁主要靠自己，难道能靠别人吗？

颜回请老师说得具体一点，孔子便说了那段有名的话：不合礼的事不看，不合礼的话不听，不合礼的意思不表达，不合礼的事不做。

对于"礼"，我们前面讲"三礼"时已有初步探讨。而孔子

山东曲阜孔庙大成殿雕龙石柱

所倡导的周礼，则是西周初年由周公制定的一整套礼仪：尊卑等级、道德伦理、行为规范，全都包含在内。

东周时，周天子威风不再，已到了"政令不出洛阳城"的地步。诸侯国群龙无首、相互征伐，受苦的则是天下的黎民百姓。

孔子对此开出"药方"，认为人们（尤其是贵族）如能克制不断膨胀的欲望，回归礼所规定的位置，做国君的像个国君，当大臣的像个大臣，父亲有父亲的样儿，儿子尽儿子的责（"君君，臣臣，父父，子子。"《论语·颜渊》），上上下下全都各守本分、依礼而行，社会自然会回归有序状态。那样一来，还愁百姓没安稳日子过吗？那样一来，孔子的"仁爱"目标自然也就实现了。

可惜的是，孔子到死也没等到"克己复礼，天下归仁"的那一天！

这碗饭到底给谁吃

孔子爱人，是不分贵贱的。按孔子的话，就是"泛爱众"。这跟现代伦理中的"博爱"倒是十分贴近。孔子的原话是这样说的：

> 子曰："弟子入则孝，出则弟，谨而信，泛爱众，而亲仁。行有余力，则以学文。"（《学而》）
> ◎弟：同"悌"，指弟弟敬爱哥哥。泛爱众：广博地爱众人。◎文：文化、文献。

一个好青年应当在家孝顺父母，出门敬爱兄长，谨言慎行，讲求信用，博爱大众，亲近仁者。行有余力，就学习文化。

话说得很有条理：爱总是从最亲近的家人开始的，对亲人"孝""悌"，乃是"泛爱众"的练习与准备。依此顺序，由近及远、由亲及疏，才能做到"老吾老以及人之老，幼吾幼以及人之幼"（孟子）。反之，一个连生养自己的父母都不爱的人，却口口声声要"泛爱众"，他的话，鬼才信！

孔子的话，在孟子那里得到发挥，说是"仁之实，事亲是也"（《孟子·离娄上》）。——仁的实在内容，就是孝敬父母；孟子分析爱的层次说：

君子之于物也，爱之而弗仁；于民也，仁之而弗亲。亲亲而仁民，仁民而爱物。（《孟子·尽心上》）

◎亲亲：爱亲人；前一个"亲"是动词，亲近、爱护。

在孟子的仁爱体系中，不但摆正了"亲"（亲人）和"民"（百姓）的关系，还把"物"（包括动物、植物及一切物质）也纳入其中。即是说，君子对于万物，爱惜却不必用仁德对待；对百姓，用仁德对待却不必亲如家人。君子亲爱自己的亲人，由此推广到仁爱百姓，再扩展到爱惜万物。——人们把儒家这套关于仁爱的理论，叫作"爱有差等"。

说起来，先秦诸子没有哪家反对仁爱的。譬如墨家的口号是"兼爱"，即不分等级亲疏地爱所有人。这似乎比儒家的"爱有差等"更彻底、更进步。

不过墨家的"兼爱"理想实行起来难度很大。学者钱穆先生曾出过一道难题：遇上灾年，只有一碗饭，是给自己的父亲吃，还是给别人的父亲吃？分给两人吃，谁都活不成，"兼爱"变成了"兼不爱"；给别人父亲吃而看着自己的父亲饿死，也断无此理。（《四书释义》）

两相比较，儒家理论似乎更具实践性，而墨家的"兼爱"主张就显得有些空泛而难以施行了。

不信鬼神的孔夫子

有一阵子，社会上兴起"大批判"，有人信口开河，说"孔老二"迷信鬼神，宣扬天命！你问他有何根据，他说：孔老二说过"死生有命，富贵在天"的话，这不是宣扬"天命"又是什么？

不错，这话确实出自《论语》；不过不是孔子的话，而是他的学生子夏说的。孔子另一个学生司马牛忧心忡忡地说：人家都有兄弟，只有我没有。子夏听了说："商（子夏名卜商，这是他自称）闻之矣：死生有命，富贵在天。君子敬而无失，与人恭而有礼，四海之内，皆兄弟也。君子何患乎无兄弟也？"

这是子夏开导司马牛的话：我听说，一个人的死生富贵要听天由命。其实君子只要严肃敬业，没有过失，待人恭谨有礼貌，走到哪里都有好兄弟。君子何愁没有好兄弟呢？

这里所谓"死生有命，富贵在天"，是指人所不能控制的外在因素。子夏强调的则是：寿夭贫富，兄弟有无，这固然是人力不能控制的；但作为君子，只要加强修养，做好自己分内的事，有些事是可以改变的，譬如没有同胞兄弟，却可随处结识志同道合的"兄弟"。——您当然听得出，子夏所表达的是不甘于"听天由命"，要凭借个人努力去改变命运！这也正是孔子的观点。

孔子很少谈鬼神之事。《论语》记载说："子不语怪、力、乱、神。"（力：宣扬勇力、暴力等事。乱：悖乱、不合礼法之事。《述而》。）这是说，孔子几乎从不谈论怪异、暴力、悖乱及鬼神等事。

另有两条语录也印证了这一说法。一条是："子罕言利与命，与仁。"（与：前一个与是连词，同"和"；后一个与是动词，赞成，称赏。《子罕》。）——孔子很少谈财利和命运，只称赏仁德。

另一条是："子贡曰：'夫子之文章，可得而闻也；夫子之言性与天道，不可得而闻也。'"（《公冶长》）——子贡说：老师关于文献方面的学问，我们都听到了；老师谈论天性和天道的话，我们则没听过。

老师不讲，难道学生不问吗？当然要问：

　　季路问事鬼神。子曰："未能事人，焉能事鬼？"曰："敢问死。"曰："未知生，焉知死？"（《先进》）

子路问孔子如何对待鬼神。孔子说：活着的人还不能服侍呢，又怎么能服侍死人？子路又说：请问死是怎么回事？孔子说：连生的道理还没搞明白，又怎么懂得死的道理呢？——孔子用反问的方式，表达了自己的立场态度。

有人反驳说：孔子倡导礼治、重视祭祀，这难道不是迷信鬼神吗？我们让孔子自己来解释：

> 祭如在，祭神如神在。子曰："吾不与祭，如不祭。"
> （《八佾》）
>
> ◎与：参与。

这是孔子祭祀时的心态：祭祖时，就好像祖先还活着；祭神时，好像神就在那里。孔子还说：我如不能亲自参加祭祀，就像不曾祭祀一样。孔子在此强调的是祭祀者的态度及内心感受，至于有没有鬼神，孔子始终不置可否。

这种态度，在与学生樊迟的问答中表达得更清楚：

> 樊迟问知。子曰："务民之义，敬鬼神而远之，可谓知矣。"（《雍也》）
>
> ◎知：同"智"。◎务：致力于。之义：靠拢义。远：疏远，远离。

樊迟向孔子请教怎样做算得上"智"。孔子说：专注于为百姓做合乎义理的事；敬重鬼神，但离他们远点，这就可以算是"智"了。孔子对"鬼神"的态度，始终在疑信之间。

这已经很了不起了！要知道，孔子生活在人类跨越蒙昧的门槛走向开明的时代，理性的呼声还很微弱，旧有的"迷信"势力依然强大。在那个凡事都须卜问的文化氛围中，孔子以他的那虽不激烈却十分坚定的态度，对鬼神的存在提出疑问，这需要多大的勇气和自信？

想想两千多年后的今天，仍有人热衷于求签问卜、烧香祭拜的一套，你不觉得孔子"伟大"吗？

孔子何曾主张"以德报怨"

有人批评孔子，说他提倡"以德报怨"，是宣扬"奴性"，不够"爷们儿"！先不评价是非对错，先应搞清这话是谁说的。

事实上，这是把老子的话错安到孔子头上。老子在《道德经》第六十三章中说："为无为，事无事，味无味。大小多少，报怨以德。"

不过确实有人问过孔子："以德报怨何如？"孔子反问道：那又拿什么来报德呢？正确的态度应该是"以直报怨，以德报德"（以公平正直回报仇怨，以恩德酬答恩德。《宪问》）！

然而孔子所说的"直"，是受伦理约束的。楚大夫叶公对孔子说：我们那里有个正直的人，他爹偷了人家一只羊，他便去告发。孔子说：我们那里所说的正直，跟你这个不一样，乃是"父为子隐，子为父隐。直在其中矣"（爹替儿子隐瞒，儿子替爹爹隐瞒，"直"就在这里体现出来。《子路》）。

在这里，孔子没有直接回答"爹爹偷羊"这个问题的是是非非，只是提出一条原则：父子是骨肉至亲，相互间隐恶扬善才是正道。

父子之间当然也要讲是非，但爷儿俩的关系显然比两个陌生人之间多着血缘亲情。如何在"亲情"与"是非"之间求得平衡，大概还需要就事论事。——世界各国的法律体系不尽相同，但涉及亲情时，常有所规避；如不强迫亲人之间互证有罪等，就已经接近"父为子隐，子为父隐"的原则了。

孔子在行"直道"的同时，也兼顾到"礼"。如孔子生了病，鲁国正卿季康子送药给他。孔子依礼拜谢，但同时又说：我不了解这药的药性，所以不敢试服。在这里，孔子的"直"很可能惹季康子不高兴，然而在不失礼的前提下实话实说，这又是他的原则。

就是面对国君，孔子也不改他的耿直。子路问他应该如何侍奉国君，孔子说："勿欺也，而犯之！"（犯：冒犯，直陈意见。《宪问》。）——孔子是从来不当"好好先生"的。

补充一句：其实老子也不赞成"报怨以德"。据学者考证，《老子》第六十三章中的"报怨以德"一句，本应出现在七十九章，与"安可以为善"相衔接，意思是：用德来回报怨恨，又怎么算是妥善的办法呢？言外之意是：还是不结怨为妙。

"民无信不立"

在治理百姓的问题上，孔子强调两点，一是对百姓以诚相待，获取信任；一是要为百姓做好表率。

子贡跟老师有一场对话，就涉及信用的问题。

子贡问政。子曰："足食，足兵，民信之矣。"子贡曰："必不得已而去，于斯三者何先？"曰："去兵。"子贡曰："必不得已而去，于斯二者何先？"曰："去食。自古皆有死，民无信不立。"（《颜渊》）

◎兵：兵器，军备。◎去：去掉，取消。斯：这。

子贡问孔子该如何施政，孔子回答：要备足粮食，备足军备，还要取得百姓的信任。子贡问：如果迫不得已要去掉一项，三者间该先去哪项？孔子说：去掉军备。子贡又问：如果还不行，再去哪项呢？孔子说：那就只好去掉粮食了。（没粮食会饿死人的，）自古谁能不死呢？可失去了百姓的信任，国家也便垮了！

"信"的本义是诚信，也指相信、信任。只有诚信才能换取信任，二者又是相辅相成的。孔子认为，一个政权失去百姓的信任，也便失去了存在的根基。——当然，为了突出论辩的主题，夫子的话里不无夸张。

至于说到上层的表率作用，孔子有句名言说："其身正，不令而行；其身不正，虽令不从。"（《子路》）——你身为官吏，自己行得端，立得正，不用发布指令，百姓自会去做。你自身不正，即便三令五申，也没人听你的。

季康子担忧盗贼横行，孔子说：假如你不贪求无度（搞得百姓一贫如洗），你就是奖励他们，他们也不会去偷盗的！（季康子患盗，问于孔子。孔子对曰："苟子之不欲，虽赏之不窃。"《颜渊》。）

孔子有个十分形象的比喻，他对季康子说：为政之道不用杀戮，"子欲善而民善矣。君子之德风，小人之德草，草上之风必偃[偃（yǎn）：仰倒，倒伏]。"即是说，领导者一心向善，百姓自然也就跟着向善。领导者的德行是风，百姓的德行是草，草遇上风，一定会随风倒。——话外之音是：百姓的道德水平，取决于统治者的道德水平，百姓有问题，还要到统治者身上找原因。

孔子受人诟病的另一句"名言"，是"民可使由之，不可使知之"（百姓可以让他们沿着既定道路走，却不必让他们了解为什么。《泰伯》）。在现代人看来，这是典型的"愚民"政策。

不过也有人替孔子辩解，说这句话应当这样标点："民可使，由之；不可使，知之。"即是说，百姓能做到，就任由他们去做；百姓做不到，再来教导他们不迟（"知之"即通过教育让他们明白）。这是孔子的原意吗？恐怕还是有点牵强。

也有学者引《史记·滑稽列传》中西门豹的话来印证："民可以乐成，不可与虑始。"意思是说，老百姓可以跟你一块享受成功，你却很难跟他们一起谋划创业。——战国时，西门豹治邺，征集民夫开凿河渠。百姓畏难，发牢骚，于是西门豹说了上面的话。

好的领导者，当然是一心为民；但要求他每件事都跟百姓商量好再做，恐怕也不现实。当然，以此为由剥夺百姓的知情权、参与权和监督权，也是要不得的。

还是那句话：孔子毕竟是两千多年前的哲人智者，让他完全具备现代人的意识，恐怕有些强人所难了！

"朝闻道，夕死可也"

孔子又是"自学成才"的典范。他总结自己一生的学习成长经历，说：

> 吾十有五而志于学，三十而立，四十而不惑，五十而知天命，六十而耳顺，七十而从心所欲，不逾矩。（《为政》）
>
> ◎立：自立于社会。耳顺：对各种意见都能接纳、参考。矩：规矩。

这是说，孔子从十五岁立志于学习；三十岁已学有所成，能自立于社会了。没错，那时他已经开始办学授徒。四十岁渐渐不再困惑；五十岁懂得如何顺应天命；六十岁能兼收并蓄听进不同意见；到了七十岁，则进入随心所欲又不出格的境界。

孔子有很强的紧迫感。他看到河中流水，就感叹说："逝者如斯夫，不舍昼夜。"（《子罕》）孔子这是拿有形的流水鞭策自己，说过去的一切就像这脚下的流水一样，日夜不停啊！言外之意：光阴无形，更容易白白流逝！

孔子的话既是说给自己，也是讲给学生的。他又说："后生可畏，焉知来者之不如今也？四十、五十而无闻焉，斯亦不足畏也已。"（《子罕》）——年轻后生最可敬畏，怎知他们将来的本领、成就赶不上现在的学者呢？一个人若四五十岁还默默无闻，那也就没啥可怕的了！

又说："年四十而见恶焉，其终也已。"（《阳货》）——人活到四十岁还招人讨厌，这辈子就算完了。

孔子自己是活到老、学到老的，说是"学如不及，犹恐失之"（《泰伯》）。这是拿自己的经验来告诫学生：学习时拿出唯恐赶不上的劲头，还怕被人甩下呢。又说："朝闻道，夕死可也。"（《里仁》）——早上获得真理，哪怕晚上死掉，也心甘情愿！

有一回，有人向子路打听孔子是怎样一个人，子路一时答不上来。孔子听到后说，你干吗不这么回答：他这个人啊，发愤读书就忘了吃饭，读到高兴处就忘了忧愁，甚至不去想岁月催人、老之将至，他就是这么个人啊（"女奚不曰：其为人也，发愤忘食，乐以忘忧，不知老之将至云尔"）！

的确，孔子从读书中获得了深深的乐趣。他说："知之者不如好之者，好之者不如乐之者。"（《雍也》）——懂得的不如喜爱的，喜爱的不如乐在其中的。读书乐在其中，当然也就不觉得苦了。

在学习上，孔子把人分成四等："生而知之者，上也；学而知之者，次也；困而学之，又其次也；困而不学，民斯为下矣。"（《季氏》）意思是：不用学习、生来就了解"道"的，是最上一等的；主动学习了解的，是次一等的；感到困惑才去学习了解的，又次一等；感到困惑都不知学习，这样的人便是最下等的了。

孔子自己是哪一等呢，他说："我非生而知之者，好古，敏以求之者也。"（《述而》）我不是天生就通晓"道"的超人，我只是喜欢历史，勤奋求问罢了。——他应该自居于"学而知之者"一类吧。

他又说自己"述而不作，信而好古"（《述而》），即只传述前人的知识，以敬信的态度喜爱历史文化。这当然是谦虚的话了。

总之，孔子从来没把自己看得过高，他概括自己的学习与生活，只有简简单单八个字："学而不厌，诲人不倦。"（《述而》）——自我修习从不懈怠，教导学生永不厌倦。这可以看作孔夫子为自己画的一幅简笔肖像了！

孔子孜孜不倦地学，究竟是为的啥？听听他自己怎么说："古之学者为己，今之学者为人。"（《宪问》）"古之学者为己"，那不是太自私了吗？其实这话的意思是：古代的学者发奋读书，是为了提高个人的修养，做个君子；相反，今天的学者读书，只是做样子给人看。

孔子当然要向"古之学者"看齐，他手不释卷读了一辈子书，都是为了提高修养，做个君子，在为社会培养人才做出贡献的同时，在历史上留下自己的脚印儿。

中国邮政为孔子诞生 2540 年发行的纪念邮票

"有教无类"的伟大意义

孔子又是伟大的教育家，被后人奉为"大成至圣先师"，也就是总揽所有学问、最为圣明的老师！他不仅是中华文化的代表，在世界文化史和教育史上也占着一席之地。从前的私塾学堂都供着孔夫子的牌位，开学之际，小学生是要向牌位磕头行礼的。

在孔子之前，读书受教育是贵族的专利。然而自打孔子开办私学，平民子弟也都有了读书的机会。按孔子的话说，这叫"有教无类"（《卫灵公》），也就是对求学者不分阶层等级，一律给予教诲。——不过有个小小前提，即学生应主动拿一小捆干肉来：

子曰："自行束脩以上，吾未尝无诲焉。"（《述而》）

"束脩"即捆成捆儿的干肉，这一小捆儿干肉仅仅是见面礼，以示对老师的承认和尊重；后来则成为教师薪酬的代名词。——也有人说，"束脩"即"束修"，也就是约束、修养，以此作为入学的前提。这样解释，也很有道理。

孔子时代的教育目标，不是培养工程师、文学家和银行经理，而是培养道德高尚、有社会责任感的君子。

我们知道，最早"君子"一词专指贵族，是一种世袭身份。那时也只有贵族才有接受教育、培养道德才干的权利。也正因如此，"君子"除了指出身高贵之外，还增添了才德兼备的内涵。

而今，限制身份的门槛被孔子撤掉了，教育的大门实际上朝着每位求学者敞开：哪怕你是平民子弟，居于陋巷，过着"一箪食，一瓢饮"的苦日子，只要你有志于学，便能获得学习的权利，并有可能通过修习成为君子，与贵族同列。——知识可以改变命运，这就是"有教无类"的伟大意义所在！

孔子教学的课本，就是《诗》《书》《礼》《易》《乐》《春秋》等典籍。大都经过孔子的整理，因而便有了"孔子删《诗》""孔子作《春秋》"等传说流行。

此外，孔门师徒还一同研习"六艺"，我们在讲《周礼》时已经做过介绍，也就是礼（礼仪）、乐（音乐）、射（射箭）、御（驾车）、书（书本知识）、数（算术）这六种技能。这些属于实际操作的学问，当时称之为"小学"。

按孔子的主张，一个潜心向学的人，其目标是"道"，根基是"德"，依靠"仁"来推行，并游憩于"六艺"之中（"子曰：'志于道，据于德，依于仁，游于艺。'"《述而》）。——这就是孔门的"教学大纲"吧？

"因材施教"、学思并重

学堂的门槛降低了，不过跨入之后，老师的考察却不能少。孔子说："中人以上，可以语上也；中人以下，不可以语上也。"（《雍也》）——中等智力水平以上的学生，可以给他讲授比较高深的学问；中等智力水平以下的学生，就不必给他讲太深的了。也就是说，要"看人下菜碟"，这个叫"因材施教"。

有这么个例子：

子路问："闻斯行诸？"子曰："有父兄在，如之何其闻斯行之？"冉有问："闻斯行诸？"子曰："闻斯行之。"公西华曰："由也问'闻斯行诸'，子曰：'有父兄在。'求也问'闻斯行诸'，子曰：'闻斯行之。'赤也惑，敢问。"子曰："求也退，故进之；由也兼人，故退之。"（《先进》）

◎斯：这。诸：之乎的合词。◎兼人：勇气过人。退（故退之）：使之退，阻拦。

子路问孔子：听到好的道理，是不是马上就去施行呢？孔子说：有爹爹、哥哥在，先听听他们的意见才好。另一个学生冉有也问同样的问题，孔子说：听到了就去干好了。

学生公西华在旁听了挺纳闷，便向孔子请教：为什么一个问题会有两种答案？孔子说：冉有做事退缩，所以我鼓励他勇往直前，不要犹豫；子路性格鲁莽，所以我要拦一拦他。——这就是"因材施教"的典型范例吧。

孔子还总结出一套科学的教学方法，至今仍被现代教育学奉为圭臬。例如他教导学生既要善于读书学习，又要善于自主思考。

子曰："学而不思则罔，思而不学则殆。"（《为政》）

◎罔：迷惘。殆：疑惑。

孔子强调：只读书而不思考，就会迷惘；只空想而不读书，就会迷惑无所得。他又说："吾尝终日不食，终夜不寝，以思，无益，不如学也。"（《卫灵公》）——我曾整天不吃，整夜不睡，昼夜思考，却毫无进益；还不如去读读书收获大。这一条，跟"思而不学则殆"是一个意思。

在引导学生方面，孔子也很有一套。他特别强调把握"火候"，说："不愤不启，不悱不发。举一隅不以三隅反，则不复也。"（《述而》）也就是说，不到学生百思不解时（"愤"），就不去开导他；不到学生想说说不出时（"悱"），就不去启发他。又说，你举出一个角落，他如果不能顺着推知另三个角落，就不必再教他了。——这种情况，是否就是孔子所说的"中人以下，不可以语上"呢？

再如孔子要求学生对所学知识不断复习、实践，从中获取新的心得体会，认为能做到这一点，他自己都能当老师了；即所谓"温故而知新，可以为师矣"（《为政》）。

孔子还鼓励学生"敏而好学、不耻下问"（《公冶长》）；并说："三人行必有我师焉，择其善者而从之，其不善者而改之。"（《述而》）

这两条暗含的导向是：学习是终生的任务，即便离开学堂，也可以"转益多师"（向任何有长处的人学习），把提高修养当成终生目标。——孔子自己在这方面就树立了好榜样！

一堂讨论课

孔老师的课堂上，时常洋溢着轻松而自由的气氛。且看《论语》对一次讨论课的记录。

这天孔子召集几位学生上课，一上来就说：我比在座的都痴长几岁，不要因我在场而拘束啊。你们平时总抱怨说：没人了解我！假如现在有君主看上你，你打算怎么做呢？

生性豪爽的子路总是头一个发言，他说：有个拥有千辆战车的国家，夹在大国之间，面临战争和饥荒的威胁；让我治理，不出三年，举国上下人人勇武、个个明理！

孔子微微一笑，又点名问冉求。冉求说：（大点的国家我治理不来，）六七十里或五六十里一块地方还差不多；让我治理，不出三年，能让百姓吃饱穿暖。至于礼乐教育，就要另请高明了。

接下来是公西赤发言，他说：我只是学着干罢了，在宗庙祭祀或诸侯会盟的庄严场合，穿戴好礼服礼帽，当个小司仪，我愿足矣！

孔门师徒

孔子又转向第四位：曾点，你呢？——曾点即曾晳（他是曾参的父亲），当时正在鼓瑟，听到老师召唤，不慌不忙结束了乐章，起立说：我比不上他们三位。夫子说：不妨，各言其志嘛。

曾晳说：暮春天气，换上春天的单衣，招呼五六位志同道合的朋友，带上六七个小孩子，到沂水中洗个澡，在舞雩（yú）台上吹吹风，一路唱着歌走回家里去，如此而已！孔子似乎受到触动，感叹道：我赞成曾点啊！（文摘一〇）

曾晳描述的，是暮春"上巳"日"祓（fú）除"的情景。古人在这一天游赏踏青，到河边沐浴，举行祭祀以除灾祈福，叫作"祓除"。

孔子为什么单单欣赏曾晳呢？子路等人的追求，不是更合乎孔子的政治理念吗？也许可以这样理解：曾晳的理想，跟另三位不在一个层面上。有学者解释说，孔子"祖述尧舜，宪章文武"（继承尧舜的理想，以文王武王为榜样），却又生于乱世，四处碰壁，有志难伸！他从自己的经验得知，子路等人的从政理想是难以实现的。

唯独曾晳能高瞻远瞩，顺应自然，"澡身浴德"（沐浴于道德之中）、独善其身，追求天人合一的至高境界，从中获得无穷乐趣。——这一点深深打动了孔子，因而他由衷慨叹说："吾与点也！"

清代有一位反对读"死书"的学者叫颜元，特别推崇孔门教育。他说：孔子穿戴得整整齐齐，束带佩剑坐在堂上。弟子们有习礼的、有弹琴的，也有射箭练武的；他们可以随时跟老师谈仁谈孝，讲说兵农政事……而墙上的"教具"，则有弓箭、乐器、算筹、马鞭……比起后世儒生正襟危坐，如泥塑木雕，显然要活泼得多！

颜元的描绘，一定是从《论语·先进》这堂讨论课中得到启发的。

【文摘一〇】

各言其志（《论语》）

子路、曾皙、冉有、公西华侍坐。子曰："以吾一日长乎尔，毋吾以也。居则曰：'不吾知也！'如或知尔，则何以哉？"子路率尔而对曰："千乘之国，摄乎大国之间，加之以师旅，因之以饥馑；由也为之，比及三年，可使有勇，且知方也。"夫子哂之。"求！尔何如？"对曰："方六七十，如五六十，求也为之，比及三年，可使足民。如其礼乐，以俟君子。""赤！尔何如？"对曰："非曰能之，愿学焉。宗庙之事，如会同，端章甫，愿为小相焉。""点！尔何如？"鼓瑟希，铿尔，舍瑟而作，对曰："异乎三子者之撰。"子曰："何伤乎？亦各言其志也。"曰："莫春者，春服既成，冠者五六人，童子六七人，浴乎沂，风乎舞雩，咏而归。"夫子喟然叹曰："吾与点也！"三子者出，曾皙后。曾皙曰："夫三子者之言何如？"子曰："亦各言其志也已矣。"曰："夫子何哂由也？"曰："为国以礼，其言不让，是故哂之。""唯求则非邦也与？""安见方六七十如五六十而非邦也者？""唯赤则非邦也与？""宗庙会同，非诸侯而何？赤也为之小，孰能为之大？"（节自《先进》）

◎长（zhǎng）乎尔：比你们年长。毋吾以：不要因我（而拘束）。◎率（shuài）尔：轻率。摄：夹。◎知方：懂得道理。◎哂（shěn）：微笑。◎会同：诸侯会盟。端章甫：端，礼服；章甫，礼帽。相：赞礼的司仪。◎希：同"稀"，形容琴声稀疏。铿（kēng）尔：形容琴声。舍：放下。撰：才能、才具。◎莫春：暮春。冠者：成年人。舞雩：鲁国的求雨台。◎与（吾与点）：赞同。◎让：谦逊。

附：《大学》与《中庸》

"大学"之道"三纲领"

前面说过，"四书"是由宋代学者朱熹编辑，他把《礼记》中的《大学》和《中庸》（分别为第四十二篇和第三十一篇）抽出来，跟《论语》《孟子》合编在一起。从撰写时间上看，这两篇都撰于《论语》之后。《大学》的作者可能是孔子的学生曾参，《中庸》的作者相传是孔子的孙子子思（孔伋）。

《大学》篇幅不长，只有一千五六百字。——"大学"一词有两种理解，一是指王公贵族子弟读书的学校；二是指"大人之学"，也就是培养君子的学问。
这里应指后一种。

在此意义上，"大学"又与
"小学"相对。"小学"即六艺，如
前所说，那是指礼、乐、射、御、
书、数等偏重于实际操作的学问。

《大学》共分十一章，第一章
是"经"，据说是孔子的话，由
曾参记录下来的。余下各章是
"传"，是对"经"的阐释。

"经"又可以分为三层，一

《大学》书影

层讲"三纲领"，一层讲"八条目"，一层是小结。——先看第
一层：

　　大学之道，在明明德，在亲民，在止于至善。知止而
后有定，定而后能静，静而后能安，安而后能虑，虑而
后能得。物有本末，事有终始。知所先后，则近道矣。
　　◎明明德：前一个"明"是动词，彰显；下一个"明"字
是形容词，光明美好。亲民："亲"通"新"，动词。◎定：意
志坚定。静：心静，不妄动。得：指达到至善之境。

"三纲领"是"大学"的核心内容。第一条"明明德"是说
君子（领导者）要发扬光大美好的德性；第二条"亲民"即新
民，是指通过教化，使百姓提升道德、面貌一新；第三条"止

于至善"，是说君民一同达到最完美的境界。"止"有达到之意。

知道所要达到的"至善"目标，方能意志坚定；意志坚定，方能静下心来；心静方能气舒神安；气舒神安方能潜心思虑；潜心思虑方能有所收获。万物都有根本与枝节，万事都有开始与终结；知道先本后末、由始而终的顺序，也便接近了大学的宗旨。

那么这"至善"目标又是指什么呢？便是后面"传"第三章所说的几条道德伦常标准：

> 为人君，止于仁；为人臣，止于敬；为人子，止于孝；为人父，止于慈；与国人交，止于信。

做国君的，要做到仁爱；做大臣的，要做到恭敬；当儿子的，要做到孝顺；当父亲的，要做到慈爱；跟人交往，要做到诚信。

领导者提升全社会的道德水平，百姓也面貌一新，上下共同追求至善的道德境界，这就是"三纲领"，也是"大学"的核心题旨。

修身当知"八条目"

那么，《大学》第一章第二层的"八条目"，讲的又是什么？是讲君子"明明德"的八个步骤：

> 古之欲明明德于天下者，先治其国；欲治其国者，先

齐其家；欲齐其家者，先修其身；欲修其身者，先正其心；欲正其心者，先诚其意；欲诚其意者，先致其知；致知在格物。物格而后知至，知至而后意诚，意诚而后心正，心正而后身修，身修而后家齐，家齐而后国治，国治而后天下平。

　　◎齐：整顿。◎致其知：发掘心中的良知。致，招致，达到。◎格物：推究事物之理。格，推究。

这里用的是反推手法：君子要在天下提倡光明的德性，先要治理好国家；要治理好国家，先得治理好自己的家族；要想治理好家族呢，又先要以身作则、修治自身；修身的步骤，则先要端正自己的心；要端正自己的心，先要使意念真诚；使意念真诚，先要获取足够的知识；想获取足够的知识，就先得推究一切事物的原理。

这样一路反推过来，最终摸索出"明明德"的步骤，乃是格物、致知、诚意、正心、修身、齐家、治国、平天下。

第三层是总结，强调修身的重要性：

自天子至庶人，壹是皆以修身为本。其本乱，而末治者否矣。其所厚者薄，而其所薄者厚，未之有也。

　　◎壹：统一。

上自天子，下到平民，修身都是根本。这个根本问题没搞好，末梢问题反能解决，那是不可能的。应当大力去做的事却遭到忽视，不那么重要的事反倒用力去抓，如此而能成功的例子，也是从来没有过的。——你看，跟"修身"这件根本大事相比，治国、平天下都成了末梢问题，可见儒家对修身的重视，到了何种程度！

"经"以下各章，是阐释经文的"传"，我们就选择阐释"诚意"这一章（第七章，即"传"的第六章）看看吧：

所谓诚其意者，毋自欺也，如恶恶臭，如好好色，此之谓自谦，故君子必慎其独也！小人闲居为不善，无所不至，见君子而后厌然，掩其不善，而著其善。人之视己，如见其肺肝然，则何益矣。此谓诚于中，形于外，故君子必慎其独也。曾子曰："十目所视，十手所指，其严乎！"富润屋，德润身，心广体胖，故君子必诚其意。

◎如恶恶臭：前一"恶"是动词，读 wù；后一"恶"是形容词，极坏的。下一句中的"如好好色"，用法与此类同。谦（qiè）：通"慊"，满足、快意。◎厌（yǎn）然：掩藏貌。◎严：厉害。◎胖（pán）：安泰舒适貌。

"诚其意"就是让意念真诚。一个人的真诚是无法伪装的，骗得了别人，骗不了自己：闻到恶臭就不由自主地捂鼻子，看见美色就眼睛发亮，这一切掩盖得了吗？这就叫"自谦"，也就是自发的快乐与满足。（极力掩盖反而是虚伪的了。）也正因如此，君子要特别重视"慎独"，即生怕在无人监督的环境里放松自己，破坏了"诚"的境界。——关于"慎独"，《中庸》中还有更深刻的阐释。

小人则不然，独处时为所欲为甚至无恶不作，可是见到君子又躲躲闪闪，极力掩盖，刻意伪装出善良的样子。这又骗得了谁呢？人们一眼就能洞穿他的心肝五脏，掩饰又有何用？

这就是所说的"诚于中，形于外"吧：内心真诚与否，都在脸上写着呢！正如曾子所说：人在独处时，也像有十只眼看着，十只手指着，这有多么可怕（"其严乎"），君子能不"慎独"吗？

俗话说："富润屋，德润身，心广体胖。"——有钱可以装饰居室，有德可以滋养身心，心胸宽广，外表自然安详舒泰。因此君子"必诚其意"，别无选择！

《中庸》：致中和

接下来看看《中庸》。和《大学》相比，《中庸》的篇幅要长一些，约有三千五六百字，分为三十三章，是对孔子中庸思想的阐释与发挥。其中第一章是总论，又可分为两层。先看第一层：

> 天命之谓性，率性之谓道，修道之谓教。道也者，不可须臾离也，可离非道也。是故君子戒慎乎其所不睹，恐惧乎其所不闻。莫见乎隐，莫显乎微，故君子慎其独也。
>
> ◎率（shuài）：遵循，顺从。◎见：通"现"。慎其独：在其独处时更要谨慎，守护良知，不违礼法。

这话有点高深是不是？但道理并不难懂。这是说，人的本性是自然所赋予的（"天命"）；顺着人的本性去做（"率性"），便是沿着人道而行了。

当然，这里说"率性"，是指不要违逆、戕害人性，并不是说可以放纵欲望。非但不能放纵，还应有意识地修养约束，使自己的一言一行都合乎人道，这个过程就是"教"。道不可离，能离开，那就不是"道"了。换句话说，人离开了人道，跟禽兽又有啥区别？

接着作者提出"慎独"的理论，说君子的修养贵在自觉，越是在别人看不到、听不到的地方，越要谨慎，越要心存畏惧。因为在君子看来，没有比隐蔽的、细微的不合于道的念头更显明昭著的了。

下面一层，作者又提出"中和"的概念：

> 喜怒哀乐之未发，谓之中；发而皆中节，谓之和。中也者，天下之大本也；和也者，天下之达道也。致中和，天地位焉，万物育焉。
>
> ◎达道：共遵之道。◎位：到位，安于位。

什么叫"中"呢？人有喜怒哀乐等丰富的情绪，当它们没有发生时，都蓄积于胸中，叫作"中"，实即天性，也就是人性之本。而当各种情感抒发于外时，只要能"中节"，也就是符合礼的规范，就叫"和"。

"中"是天下的根本，"和"是天下共遵的规律。而人若能达到"中和"的境界，天地也就各安其位，万物也都欣欣向荣了！

"中庸"不是和稀泥

说到底，"致中和"便是追寻"中庸之道"。

"中庸"是孔子最重要的哲学思想。《论语》记述孔子的话说："中庸之为德也，其至矣乎，民鲜久矣！"（《雍也》）——"中庸"作为一种道德，至高无上，人们缺少这种道德已经太久了！这话《中庸》中也有："子曰：'中庸其至矣乎，民鲜能久矣！'"

为什么圣人之道总得不到推行呢？孔子认为，这是人们未能把握"中庸"之道的缘故。

　　子曰："道之不行也，我知之矣。知者过之，愚者不及也。道之不明也，我知之矣。贤者过之，不肖者不及也。人莫不饮食，鲜能知味也。"（第四章）

孔子说圣人之道不能推行的原因，我算是知道了：智者总是理解过头，愚者又总是理解不到位。圣人之道不能彰明光大的原因我也知道了：贤者总是做过头，不贤者总是达不到。人没有不吃饭的，但真正能品出滋味的可不多啊。

关于"过"与"不及"的关系，《论语》中有个实在例子。子贡问孔子：我的两个同学颛孙师和卜商，哪个更优秀呢？孔子说："颛孙师做事有点过头，卜商呢，总是差一点。"子贡说：是不是颛孙师更优秀一点呢？孔子摇头："过犹不及。"（《先进》）——"过分"跟"达不到"一样，都不好。

《中庸》篇中有"子路问强"章，颇能体现孔子的中庸观念：

子路问强。子曰："南方之强与？北方之强与？抑而强与？宽柔以教，不报无道，南方之强也，君子居之。衽金革，死而不厌，北方之强也，而强者居之。故君子和而不流，强哉矫！中立而不倚，强哉矫！国有道，不变塞焉，强哉矫！国无道，至死不变，强哉矫！"（第一〇章）

◎抑：或者。而（抑而强与）：同"尔"，你。◎衽（rèn）：卧席。金革：兵器和铠甲。死而不厌：死而不足。◎流：随波逐流。强哉矫：强者貌。◎倚：偏。◎塞：充实。这里指内心既有的志向、道德。

子路是孔门弟子中性情鲁莽的一位，他向老师请教什么是"强"，倒也符合他的个性。——不过这问题也太简单了吧？"强"还用得着解释吗？其实他问的是：合于道义的"强"什么样。

孔子先反问一句，然后作答：你问的是南方的强呢，还是北方的强呢，抑或是你自认为的强呢？用宽容柔韧的精神去教导人，有人对我无礼也能隐忍不发，这是南方所推崇的强；君子便具有这种强。坐卧

《中庸》书影

不离兵甲，死而不已，这是北方所推崇的强，勇武好斗的人就具有这种强。——（我赞赏南方的"强"，也就是君子的"强"。）君子待人温和，但在原则问题上却勇于坚持己见，不随大流，这才是真正的强！恪守中庸之道不偏不倚，这才是真正的强！国家政治清平时，不因安富尊荣而改变既有志向，这才是真正的强！国家政治黑暗时，能坚持操守，宁死不变，这才是真正的强！

听了孔子这番解析，你还会认为"中庸"是放弃原则、无是无非的代名词吗？还会认为秉持"中庸"之道就是当和事佬、和稀泥吗？还会认为持守"中庸"的人是软骨头、奴才相吗？

其实，"中庸"之道最重原则，对自己要求极高，做事追求"无过无不及"，也就是恰如其分、恰到好处！"中庸"又意味着外表和顺、内心强大，坚持操守、九死不悔！——孔子对此追求一生，呼吁一生，也不能说自己做得足够好。他因此感叹说：

> 天下国家可均也，爵禄可辞也，白刃可蹈也，中庸不可能也！（第九章）
> ◎均：公平治理。爵禄：官爵禄位。蹈：踏。

在孔子看来，公平治理国家不难，辞掉高官厚禄不难，甚至迎着寒光闪闪的刀刃向前也不算难。——秉持中庸之道比这些都要难得多！

"道不远人"，反求诸身

中庸之道听起来挺神秘，什么"天地位焉，万物育焉"；其实说到底，"道"又很简单，便是一切从"人"出发。

《中庸》篇第十三章记录孔子的话说："道不远人。人之为道而远人，不可以为道。"（道离人不远。如果有人行道而远离人，那就不能行道了。）

孔子引《诗经》的诗句来解释"道不远人"的道理："伐柯伐柯，其则不远。""柯"就是斧子把儿。孔子说：握着斧把去砍削斧把，斧把的样式就握在手上，可谓近在眼前；可是斜眼看过去，仍觉得远。因此，君子总能根据为人的道理来治理人，能推心置腹地理解人、原谅人，有了错误，改了也就是了（"故君子以人治人，改而止"）。

那么如何才能实行"道"呢？很简单，就是从"忠恕"入手："忠恕违道不远，施诸己而不愿，亦勿施于人。"孔子接着检讨自己说：

> 君子之道四，丘未能一焉。所求乎子以事父，未能也；所求乎臣以事君，未能也；所求乎弟以事兄，未能也；所求乎朋友先施之，未能也。（第一三章）

孔子说：君子之道有四种表现。我一样儿也没做到：拿我要求儿子如何孝敬父亲的标准来孝敬父亲，我没做到；拿我要求下级如何对待上级的标准来对待上级，我没做到；拿我要求弟弟如何尊重兄长的标准来尊重兄长，我没做到；拿我要求朋友如何对待朋友的标准来对待朋友，我也没做到。孔子这话是说，要求别人做什么，先想想自己做到了没有。这便是将心比心、推己及人，也就是"君子以人治人"了。

中庸之道的另一个角度，就是"君子素其位而行"。"素"便是现在、眼下，这是说，君子要安于眼下的地位，做分内的事，不要有非分之想。

> 君子素其位而行，不愿乎其外。素富贵行乎富贵，素贫贱行乎贫贱，素夷狄行乎夷狄，素患难行乎患难。君子无入而不自得焉。在上位不陵下，在下位不援上。正己而不求于人，则无怨。上不怨天，下不尤人。故君子居易以俟命，小人行险以徼幸……（第一四章）
>
> ◎愿：此指非分之想。◎陵：仗势欺凌。援：攀附。

君子处于富贵地位，就做富贵人该做的事；处于贫贱地位，就做贫贱人该做的事。依此类推，身处夷狄、身处患难，也都如此。总之，无论处于何种境地，都能从容做好自己。

居于高位，决不欺凌下属；身为下属，也决不巴结上司。端正自身，不苛求别人，自然也就没什么好抱怨的。上不抱怨命运，下不责怪旁人，因此君子能安居平易的地位，等待时机的来临。——换了小人则是另一种表现：心存徼幸，铤而走险，总幻想有馅饼会砸到自己脑袋上，结果可想而知！

孔子还拿射箭来比喻君子行事："射有似乎君子，失诸正鹄

（gǔ，箭靶的中心），反求诸其身。"——箭没有射中靶心，应当回头从自身找原因：是技艺不佳，还是眼睛出了问题？

立足于提升自身道德，时时检讨自身的不足，看看自己是否达到"中和"的最佳状态，这才是实现中庸的唯一正道！

"五道""三德"，"九经"治国

《中庸》篇第二十章篇幅最长。开篇便是鲁哀公与孔子的对话。在这次谈话中，孔子提出"人存政举，人亡政息"的著名论断。

> 子曰："文、武之政，布在方策。其人存，则其政存；其人亡，则其政息。……故为政在人，取人以身，修身以道，修道以仁。"
>
> ◎方策：木板和竹简。

孔子的政治理想，是贤人治国。他说：周文王、周武王的施政措施，典籍上都记得很明白。有这样的贤人在世，他们的好政策就能得到推行；贤人不在了，他们的好政策也就跟着废止了。……所以为政的重点在于用人，而用人的重点在于他的品行，好的品行在于修养道德，修养道德的根本便是培育仁心！

此外，本章还论述了"天下之达道""天下之达德"以及治理天下国家的"九经"观念。

"天下之达道"就是天下人共同遵循的人伦之道，共五条，即"君臣也，父子也，夫妇也，昆弟也，朋友之交也"——后人称之为"五伦"。而用来履行这五条"达道"的品德，便是三种"天下之达德"："知（智）、仁、勇。"

至于治理天下国家的"九经"，则是指修养自身、尊重贤人、亲爱亲人、敬重大臣、体恤下级、爱民如子、招徕工匠、优待远客、安抚诸侯。——不用说，这都是对国君的建议，就一般学习者而言，没有多少实践意义。不过其中有些话，还是有启发的，像这几句：

> 凡事豫则立，不豫则废。言前定则不跲，事前定则不困，行前定则不疚，道前定则不穷。（第二○章）
> ◎豫：预先准备。◎跲（jiá）：窒碍。疚：愧疚，后悔。

做任何事，预先准备充分就能成功，没有准备多半会失败。说话有稿子，讲起来就不至于结结巴巴；做事有计划，就不会临事困顿、迷失方向；行动事前有一定之规，即使失败也不会后悔；道路事先看清，就不会走进死胡同！到今天，这些话仍是指导我们说话行事的金玉良言。

《中庸》又说："凡为天下国家有九经，所以行之者一也。"这个"一"是什么？照朱熹的解释："一者，诚也；一有不诚，则是九者皆为虚文矣。"

普通人通往中庸的路是艰辛的，要"博学之，审问之，慎思之，明辨之，笃行之"（广泛地学习，仔细地推问，慎重地思考，辨别明了，坚定地施行）。不过只要肯下力气、坚持不懈，"人一能之，己百之；人十能之，己千之"（人家用一分力，我付出百分；人家用十分力，我付出千分）；果真如此，那么，即使愚笨也一定会变得聪明，即使柔弱也一定能变得刚强（"虽愚必明，虽柔必强"）！

读到这儿，您是不是觉得《中庸》是后世一切励志文章的老祖宗？

辑七 《孟子》：浩然正气轻王侯（附《孝经》《尔雅》）

孟子与《孟子》

孟子（约前372—前289）名轲，字子舆（一说字"子车"或"子居"）。"孟子"是尊称，连同他的书也被称为《孟子》。

孟子出身于鲁国贵族，祖上即"三桓"之一的孟孙氏。只是到了公元前372年孟子出生时，他家这一支已败落，迁居到邹地（今山东邹县）。

跟孔子一样，孟子的父亲死得早，是寡母仉（Zhǎng）氏一手把他拉扯大。母亲十分重视儿子的教育，关于孟母教子，有两个故事在民间流传不衰。

据说孟子年幼时，他家住在坟地旁。小孟轲没事就跟孩子们学着丧礼的样子，哭泣祭拜当游戏。孟母见了说：这里可不是养孩子的地方。于是把家搬到集市旁，小孟轲又玩起吆喝做买卖的游戏。孟母于是又把家搬到肉铺旁，擅长模仿的小孟轲又学起屠户卖肉。最终孟母把家迁到学宫旁。每月初一、十五，官员来文庙参拜，孟子见了，也学着行礼如仪；孟母这才放心。——"孟母三迁"也成了流传百代的育子佳话。

另一个传说是"孟母断机"。相传孟子外出读书，一次回家看母亲，孟母问起学业，孟子满不在乎地说：就那样啦（"自若也"）！孟母一言不发，拿起刀把织机上的布匹一刀砍断，说：你荒废学业，就像我把布匹斩断一样，还能有什么指望呢！孟子深受震动，从此日夜苦读，不敢松懈，终于学有所成。——这两个故事，都记录在西汉刘向的《古列女传》里。

孟子十五岁时拜子思的学生为师，而子思是孔子的孙子，孟子算得上孔门后学。孟子自己说过："予未得为孔子之徒也，予私淑诸人也。"即是说，自己生得晚，没能亲耳聆听孔子的教诲，不过私下尊孔子为师。——"私淑"即指私下学习，尊对方为师的意思。

四十三岁以前，孟子一直在邹地活动，有时也到平陆（今山东东平）和任国（山东济宁）居住。四十三岁时，他前往齐国寻求发展机会。以后又到过宋国、滕国、魏国。还一度在楚国为卿，前后游历达二十年。

不过跟孔子不同，

孟子被尊称为"亚圣"

孟子活着时已有很高的社会声望。看看他出行时的排场：常常是后车几十辆，随从几百人，各国都把他奉为上宾。齐国曾答应为他提供万钟粟米，让他办学。宋国、滕国也向他馈赠黄金，一出手就是五十镒、七十镒（一镒为二十四两）。

可是孟子向诸侯"推销"他的仁政主张时，君主们却都装聋作哑，"顾左右而言他"。这也难怪，时当战国，诸侯们为了争权夺利杀红了眼。让他们施仁政，无异于对牛弹琴、与虎谋皮！

孟子六十五岁回到家乡，一面教书，一面著述。有人说《孟子》一书是孟子在周赧（nǎn）王二十五年（前290年）编撰完成的。第二年，他便与世长辞，享年八十四岁。

关于《孟子》的著作权，还有孟子与弟子同撰以及孟子弟子编撰等说法。前一说法是司马迁在《史记·孟子荀卿列传》中说的，得到多数学者认可。

今存《孟子》共七篇，分别为《梁惠王》《公孙丑》《滕文公》《离娄》《万章》《告子》《尽心》。每篇又分上下。全书共十四卷，凡二百六十章。——据说本来还有《性善》《为政》等篇，称"孟子外书"，可惜早已失传。

孟子生活的时代，纵横家大行其道。受着纵横家文风的熏染，《孟子》的文字也显示着感情丰沛、雄辩滔滔、富于鼓动性的特点。书中还记录了不少论辩场面，唇枪舌剑，往复辩驳，有的长达数百言，精彩纷呈。

孟子言必称孔子，对孔子倡导的仁、义、礼、智等，都有所继承发展。他还创造性地提出"性善"理念，高调倡导仁政、王道。他甚至说：老百姓比国君和社稷都尊贵。——这样的观点实在"超前"，让历代统治者很不舒服。

总之，孟子丰富并发展了儒家理论，他也被后世奉为"亚圣"，地位仅次于"至圣先师"孔子。

人之初，性本善

从前孩子们上私塾，启蒙课本用《三字经》。别看不起这本小书，它诞生于宋代，距今已有七八百年历史。书中简述人伦道德及中国历史脉络，三字一句，朗朗上口。前面讲的两个孟母教子的小故事，书中便有记载，说是"昔孟母，择邻处。子不学，断机杼（zhù）"。

这里要说的是《三字经》开篇的几句："人之初，性本善。性相近，习相远。"——这观点最初是孔子提出来的。他在《论语·阳货》篇中说："性相近也，习相远也。"意思是说，人的先天本性都差不多，之所以有的成了圣贤，有的沦为"小人"，是因后天习染的结果。至于这个人人"相近"的"性"是善是恶（抑或善恶兼具）？孔子并没给出明确答案。

对此做出明确判断的是孟子。他不止一次举例证明：人之初，性本善。他说：

> 人皆有不忍人之心。……所以谓人皆有不忍人之心者，今人乍见孺子将入于井，皆有怵惕恻隐之心，非所以内交于孺子之父母也，非所以要誉于乡党朋友也，非恶其声而然也。（《公孙丑上》）

◎怵（chù）惕恻隐：惊惧、同情。内（nà）交：纳交，主动结交。要（yāo）：求。

孟子说，人人都有"不忍人之心"，也就是恻隐之心、怜悯之心。怎么证明呢？孟子做了个假设：人们猛然间看见有个婴儿爬到井沿儿上，就要掉下去了；这一刻，是个人都会心中一震，甚至惊叫失声。想想看，这样的反应，是想跟孩子的爹娘攀交情吗？是想在乡邻亲朋中博取仁爱的好名声吗？是厌恶孩子的哭叫声才这样做吗？显然都不是！这种慈悲怜悯是发自内心、自然产生的！

孟子就此引申说：

　　由是观之，无恻隐之心，非人也；无羞恶之心，非人也；无辞让之心，非人也；无是非之心，非人也。恻隐之心，仁之端也；羞恶之心，义之端也；辞让之心，礼之端也；是非之心，智之端也。人之有是四端也，犹其有四体也。（《公孙丑上》）

　　◎端：苗头。◎四体：四肢。

孟子在这里提出"四端"的理念。"端"就是起点、根苗。他说：人人都有恻隐（同情怜悯）之心，这是仁的根苗；人人都有羞恶（羞耻）之心，这是义的根苗；人人都有辞让（谦逊礼让）之心（有时又表述为"恭敬之心"），这是礼的根苗；人人都有是非（辨别对错）之心，这是智的根苗。既然恻隐、羞恶、辞让、是非之心都是天生的，所以说仁、义、礼、智这些品德也都是与生俱来的，就像人有四肢一样自然。总之一句话：人性本善！

这些出自天性的善良根苗，孟子又称之为"良能""良知"。"良能"是人"不学而能者"，"良知"是人"不虑而知者"。孟子举例说：小孩子没有不爱父母的，没有不敬兄长的，爱父母就是仁的表现，敬兄长就是义的表现，普天下莫不如此（《尽心上》）。孟子把这个称作"赤子之心"（《离娄下》）。（文摘一一）——也就是婴儿般发自天性、未受污染的纯洁心灵！

【文摘一一】

良知良能（《孟子》）

孟子曰："人之所不学而能者，其良能也；所不虑而知者，其良知也。孩提之童无不知爱其亲者，及其长也，无不知敬其兄也。亲亲，仁也；敬长，义也；无他，达之天下也。"（节自《尽心上》）

◎孩提：两三岁的婴儿。

大人者（《孟子》）

孟子曰："大人者，不失其赤子之心者也。"（节自《离娄下》）

◎大人：君子。赤子：具有纯真本性的初生婴儿。

"性善说"不那么简单

人的本性真的可以用一个"善"字概括吗？人性中难道就没有一点"恶"的根苗？譬如一个饥饿啼哭的婴儿，多半会跟别的婴儿抢食物，此刻他那天生的"辞让之心"又体现在哪儿？对此，孟子的论辩对手没少跟他争论。

其实，对于人性中"负面"的东西，孟子并非不知。

> 孟子曰："口之于味也，目之于色也，耳之于声也，鼻之于臭也，四肢之于安佚也，性也，有命焉，君子不谓性也。仁之于父子也，义之于君臣也，礼之于宾主也，知之于贤者也，圣人之于天道也，命也，有性焉，君子不谓命也。"（《尽心下》）
>
> ◎臭（xiù）：同"嗅"，气味。

孟子这是说：人们的味觉对于美味，视觉对于美色，听觉对于美声，嗅觉对于香气，身体四肢对于安逸舒适，都有偏好，体现了天性的欲求，但能否得到这些，却有着运气的成分，因此君子不认为这些欲求是人性的必然。

话头一转，孟子又举出一组关系来：仁在父子之间，义在君臣之间，礼在宾主之间，智慧之于贤者，圣人之于天道，能否实现，有命运的成分，但又是人性的必然；因此君子总是在人性中苦苦追求，不认为这跟命运有关。

孟子的这番议论，带有明显的倾向性："食色，性也"（告

山东邹县孟庙

子语）；人人都喜欢品尝美味、听歌看舞……这难道不是本性的欲求吗？孟子也承认这是"性也"，但又认为这些欲望是消极的，应当加以约束，不宜放纵；因此便人为地把它们从"人性"中排除掉，说是"君子不谓性也"。

至于仁、义、礼、智等，孟子认为这些是人性中积极的东西，考虑到一般人很少自觉去追求，孟子于是特别强调：这才是人性的根本，不应采取听天由命的态度，应当努力培养、追寻！

由此可见，孟子的"性善"论带有明显的导向性：鼓励人们追求人性中的善，但也并未否认人性中存在着"消极"因素。

看起来，要了解儒家的基本观点，只读《三字经》是远远不够的，还要多读经典原著，深思熟虑才行。

鱼和熊掌挑哪样

　　孟子与孔子都推崇仁、义、礼、智，但侧重点有所不同。一部《论语》中，"仁"字出现了一百零九次，"义"字出现了二十四次，"礼"字出现七十四次，"知（智）"字出现二十五次。而一部《孟子》呢，"仁"字一百五十七次，"义"字一百零八次，"礼"字六十四次，"智"字三十四次。

　　也就是说，在"四端"中（这里借用孟子的概念），孔子更重视"仁"和"礼"，所占比重分别约为百分之四十七和百分之三十一（另两项"义"和"知"分别约为百分之十和百分之十一）；孟子则更重视"仁"和"义"，所占比重分别约为百分之四十三和百分之三十（另两项"礼"和"智"分别约为百分之十七和百分之九）。

　　关于"仁"，我们在介绍《论语》时已经做过不少讨论。这里对"义"再多说几句。——古人对义的解释是"义者，宜也"（《礼记·中庸》），又说"礼也者，义之实也"（《礼记·礼运》）。也就是说，"义"即合宜、合理，恰到好处，又是"礼"的根据。

　　在此基础上，孟子又提出"羞恶之心，义之端也"；把"义"列为人性"四端"之一，说是谁违背了"义"，便是没有羞恶心，是可耻的，"非人也"！

　　关于"义"，孟子有一段著名的论述：

　　　　孟子曰："鱼，我所欲也，熊掌亦我所欲也；二者不

可得兼，舍鱼而取熊掌者也。生亦我所欲也，义亦我所欲也；二者不可得兼，舍生而取义者也。"（《告子上》）

鱼是我所喜欢的，熊掌也是我所喜欢的。如果两者不能同时拥有，我会舍掉鱼而选取价值更高的熊掌。同样道理，生命是我喜爱的，义也是我喜爱的，如果两者不能同时拥有，我宁可舍弃生命也要坚守义！在孟子看来，"义"的道义价值要高于生命！

孟子又进一步剖析说：

生亦我所欲，所欲有甚于生者，故不为苟得也；死亦我所恶，所恶有甚于死者，故患有所不辟也。如使人之所欲莫甚于生，则凡可以得生者，何不用也？使人之所恶莫甚于死者，则凡可以辟患者，何不为也？由是则生而有不用也，由是则可以辟患而有不为也，是故所欲有甚于生者，所恶有甚于死者。非独贤者有是心也，人皆有之，贤者能勿丧耳。（《告子上》）

◎苟得：不该得而得，这里指苟活。◎辟：通"避"。◎丧：丧失，丢弃。

这是说：生命是我所热爱的，但如果有比生命更可贵的，那么我就不会贪求生命，苟且地活着；死亡是我所憎恶的，但有些事比死还可怕，那么刀剑在前，我也不会躲避！

假如没什么比生命更宝贵，那么为了保命，又有啥做不出的呢？假如没什么比死亡更可怕，那么为了避死，又有啥不能做的呢？然而就有一些人，明明有保命的方法、避祸的手段，却统统放弃不用；这说明什么？说明对他而言，还有比生命更宝贵的，比死亡更可怕的！

这个东西究竟是什么？答案是——"义"！对君子而言，"义"比生命还宝贵；让君子背弃"义"，比让他死还难受！

人是靠尊严活着的，支持着尊严的是羞耻心。孔子说过"行己有耻"（自己立身行事有羞恶感。《论语·子路》)、"知耻近乎勇"（《中庸》）的话；孟子认为"羞恶之心"是"义之端"，也是强调"知耻"的重要性。孟子另有名言说："人不可以无耻，无耻之耻，无耻矣。"（《尽心上》）——人不可以没有羞耻，不知羞耻的羞耻感，是真正的无耻！

孟子把"义"抬高到仅次于"仁"的地步，正是引导人们远离只知"食色"的禽兽之境，做个知耻、有耻的大写的人！

不寻鸡犬求"放心"

在《论语》中，我们几乎找不到"仁""义"连用的例子；可是在《孟子》中，这样的例子比比皆是。

孟子有个生动的比喻，把"仁"比作道德的住宅，把"义"比作人生的正道。他说：谁若白白空着仁的"安宅"不住，放弃义的"正路"不走，那可太悲哀了！（"仁，人之安宅也；义，人之正路也。旷安宅而弗居，舍正路而不由，哀哉！"旷：空着。舍：放弃。由：经由。《离娄上》。)

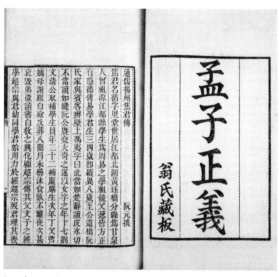

《孟子正义》是清代学者焦循注疏《孟子》之作

孟子这方面的论述还有不少。且看他跟齐国王子垫的对话：

> 王子垫问曰："士何事？"孟子曰："尚志。"曰："何谓尚志？"曰："仁义而已矣。杀一无罪非仁也，非其有而取之非义也。居恶在？仁是也；路恶在？义是也。居仁由义，大人之事备矣。"（《尽心上》）

王子垫问孟子：士应该做些什么？孟子说：提高自己的志行。王子垫又问：怎么做才能提高志行？孟子回答：不过是广施仁义罢了。杀掉一个无罪的人，就是不仁；不该自己拥有的却要夺取，就是不义。人的精神家园在哪儿？仁就是。人的人生正道在哪儿？义就是。安居在仁宅中，行走在义路上，仁人君子该做的事都在这里了。

孟子还有个"求放心"的理论：

　　孟子曰："仁，人心也；义，人路也。舍其路而弗
由，放其心而不知求，哀哉！人有鸡犬放，则知求之；
有放心而不知求。学问之道无他，求其放心而已矣。"
（《告子上》）

　　◎放：放失，丢失。

这个"放心"，可不是"叫爹娘放心"那个"放心"，而是
指放失之心，也就是丢失的良心；"求其放心"就是把丢失的良
心找回来。孟子替众人着急，说你家丢了鸡、狗，满世界去寻
找，怎么丢了良心就不知道去找呢？学问之道其实很简单，就
是把丢失的良心找回来啊！

不错，虽说良知、良能是与生俱来的，但仍需通过修养而
求取。孟子说：

　　仁义礼智，非由外铄我也，我固有之也，弗思耳矣。
故曰："求则得之，舍则失之。"或相倍蓰而无算者，不
能尽其才者也。（《告子上》）

　　◎铄（shuò）：同"授"。◎倍：一倍。蓰（xǐ）：五倍。

这是说，仁义礼智不是外人授予我的，是我天性中固有的，
只是一般人不曾通过思虑探求罢了。俗话说得好：一探求就能

得到，一放弃就会失掉。——为什么人跟人的境界能差一倍、五倍乃至无数倍呢？区别就在于能不能充分发掘自身人性中的良知良能、仁义美善啊！

"五十步笑百步"的梁惠王

孟子周游列国，去见梁惠王时已经五十二岁了，因而梁惠王称他为"叟"。不过梁惠王更老，当时已经八十了！

梁惠王即魏惠王（前400—前319），由于他继位后把国都由原来的安邑迁到大梁，因此人称"梁惠王"。

孟子去见他，他见面就问："叟！不远千里而来，亦将有以利吾国乎？"——老先生！您不远千里而来，将会给我国带来什么利益吗？

孟子抓住一个"利"字，引导说："王何必曰利？亦有仁义而已矣。"——大王干吗开口就谈利啊？只要讲仁义就够啦！

孟子接着摆出道理来：当王的一心想着怎么对我的国家有利，当大夫的一心想着怎么对我的家族有利，老百姓一心想着怎么对我个人有利。结果怎么样？"上下交征利而国危矣"——上下相互争利，国家可就危险了！

孟子接着说：您看看，在一个兵车万辆的国家里，杀死国君的一定是兵车千辆的大夫；在兵车千辆的国家里，杀死国君的一定是兵车百辆的大夫。这些大夫拥有千百辆兵车，难道还少吗？可是只要人人都"利"字当头，不把国君的财产抢到手，他们是决不罢休的！

孟子由此得出结论："未有仁而遗其亲者也，未有义而后其君者也。王亦曰仁义而已矣，何必曰利？"——没听说讲仁的人会遗弃父母的，没听说讲义的人会怠慢国君的。所以啊，大王您带头讲仁义就行了，干吗要带头谈利啊？

孟子十分善于揣摩谈话对手的心理，能一下子抓住问题的要害。他暗示梁惠王：君主带头大谈利益，只会搞乱人心；还是谈"仁义"对君主更有益！

又有一回，梁惠王向孟子抱怨说：我治理国家，十分尽心。河内发生了灾荒，我就把那里的百姓迁到河东去，再把河东的粮食调到河内来。如果河东发生灾荒，我也照此办理。可是我治下的百姓居然不见多，邻国的百姓竟然也不见少，这又是怎么一回事？

孟子于是讲了那个著名的寓言：

王好战，请以战喻。填然鼓之，兵刃既接，弃甲曳兵而走。或百步而后止，或五十步而后止。以五十步笑百步，则何如？（《梁惠王上》）

◎填然：阗然，声势大。接：短兵相接。曳（yè）兵：拖着兵器。

孟子的问题是：同是从战场上逃跑，跑得慢的笑话跑得快的，您认为合适吗？梁惠王老实回答：当然不可以，笑人者只不过没跑一百步而已，但本质相同，都是逃跑啊。孟子说：您既然知道这个道理，也就不要指望您的百姓比邻国多了。

孟子话里有话：在对待百姓这件事上，您就是那少跑了几步的逃兵，做得也不怎么样！

孟子心中有幅"农家乐"

孟子心中有张蓝图——那是一幅"农家乐"。孟子周游列国，口若悬河地向诸侯鼓吹仁政，便是为了实现这个梦想，让画图成真！

既然梁惠王谈到百姓的话题，孟子便情不自禁地向他描绘了这幅理想的图画：

> 不违农时，谷不可胜食也；数罟不入洿池，鱼鳖不可胜食也；斧斤以时入山林，材木不可胜用也。谷与鱼鳖不可胜食，材木不可胜用，是使民养生丧死无憾也。养生丧死无憾，王道之始也。五亩之宅，树之以桑，五十者可以衣帛矣。鸡豚狗彘之畜，无失其时，七十者可以食肉矣。百亩之田，勿夺其时，数口之家可以无饥矣。谨庠序之教，申之以孝悌之义，颁白者不负戴于道路矣。七十者衣帛食肉，黎民不饥不寒，然而不王者，未之有也。（《梁惠王上》）
>
> ◎不可胜（shēng）食：吃不完。胜，禁受。◎数罟（cù gǔ）：网眼很密的渔网。洿（wū）池：大池。◎斧斤：斧子。◎憾：抱怨。◎豚（tún）：小猪。彘（zhì）：猪。◎谨：认真对待。庠序：古代的地方学校。申：反复，一再。颁白：

斑白。负戴：背着、顶着。◎王（wàng）：指以仁德统一天下。

孟子说：田间耕作不违背农时（主要是国君不要在农忙时征调百姓干这干那），打下的谷子就吃不完。不用细眼渔网到池沼里去捕鱼，鱼鳖等能正常繁殖，也会多得吃不完。上山砍树有一定时间限制（譬如春夏两季不准砍伐），木材也就用不光。谷子、鱼鳖吃不完，木材用不光，百姓生养死葬也就没啥可抱怨的了。而这就是王道的开端啊！

实行王道后，社会将是什么样子呢？每家每户拨给五亩宅基地，盖上房子，四周种上桑树，用来养蚕。这样一来，五十岁以上的老人就可以穿上暖和的丝绵袄了。鸡狗猪等家畜只要按时喂养繁殖，七十岁往上的老人就可以吃上肉了。一家子再种上一百亩地，只要官家不来争农时，打下的粮食足够数口之家吃饱肚子的。生活富足了，再办好各级学校，教导年轻人尊老敬长，那样一来，须发花白的老汉也就不必身背重物奔走劳碌了。七十岁的老人穿绵吃肉，百姓不受饥寒之苦，如此这般要想一统天下，还不容易吗？

接着，孟子又当面指出魏国的种种问题：赶上丰年，不知节俭，拿粮食喂猪喂狗随便糟践；遇上荒年，百姓饿死在路边，当官的却不知开仓救济。老百姓遭了难，在位者一推六二五，说这不怪我，怪年成不好！这跟拿刀杀了人，却说杀人的不是我是刀一样！——啥时候您不再归罪于年成，而是推行仁政，实施王道，别国的百姓自然会投向您的怀抱！

孟子所描绘的"农家乐"蓝图，两千多年来一直成为仁人志士的奋斗目标！

君子为啥"远庖厨"

孟子还把这幅"农家乐"的蓝图向齐宣王展示。这一回，他是从"仁"与"仁政"说起的。

齐宣王跟孟子聊历史，很想听听齐桓公、晋文公的事迹；孟子对此并不"感冒"。孟子主张实行"王道"，而齐桓、晋文搞的是"霸道"。孟子推托说：孔门弟子是从来不谈齐桓、晋文的，因而我也不大清楚。要谈，还是谈谈王道吧。

齐宣王问：道德修炼到何种程度才可以实行王道呢？孟子回答：能让百姓安居乐业，就可以实现王道了，到那时，挡也挡不住。

齐宣王又问：像我这样的也能做到吗？孟子说：能啊。齐宣王问：何以见得呢？孟子于是讲出一大篇道理来。

孟子说：我听人说，有一回您见到有人牵着一头牛从堂下过，就问：牵牛到哪里去？对方回答：准备宰了祭钟。您说：放了它吧，我不忍心看着它瑟瑟发抖的样子，如同没罪的人却被送上刑场一样。那人问：难道就不祭钟了吗？您说：怎能不祭呢？换成一只羊吧！——不知有这事吗？

宣王说：确有其事。孟子说：有这个心，就足以实行王道了！尽管百姓听说这事都说您小气，可是我知道，您这是不忍啊！

宣王说：可不是！虽说齐国不大，我怎么会吝惜一头牛呢？我只是不忍心看着它瑟瑟发抖，所以用一只羊来调换。

孟子说：也别怪百姓说您小气，他们只知道您以小换大，哪知其中深意呢？他们想：如果可怜动物无罪被杀，那牛跟羊又有什么区别呢，不都是条性命吗？宣王笑了：是啊，这究竟是一种什么心理啊？我真不是因为吝啬才换成羊的。

孟子说：没关系，这正是仁慈的表现！于是孟子说了那段著名的话：

> 君子之于禽兽也，见其生不忍见其死；闻其声不忍食其肉，是以君子远庖厨也。（《梁惠王上》）

孟子这话是说：君子对于禽兽的态度是，见到它活着的样子，就不忍见它死；听到它的哀号，就不忍吃它的肉。因此君子总是远离厨房！

宣王听了很高兴，说：我自己做的事，却说不出个所以然来；您真是说到我心坎里去了！

孟子话锋一转：如今您的恩惠能让禽兽沾光，却不能让百姓得到好处，这又是为什么呢？假如有人力大无穷，能举起百钧重物，却声称不能

汉代庖厨画像砖

举起一根羽毛；另一个人眼力很好，能看清最细的牛毛，却声称看不见一大车柴火，这只能说明他们不是不能做，而是不肯做。

让你用胳膊夹起泰山跨越北海，你说"我不能"，那是真不能；让你向长者鞠躬行礼（"折枝"），你说"我不能"，那是你不肯做啊！——施仁政、行王道，不是夹泰山跨北海，而是向长者鞠躬行礼啊！

下面的话，我们再熟悉不过："老吾老以及人之老，幼吾幼以及人之幼，天下可运于掌。"——尊敬自家老人，推广此心也去尊敬别人家的老人；爱护自家孩子，延伸此心也去爱护别人家的孩子。这样做，治理天下就像在手心里摆弄玩意儿一样容易了！

说来说去，孟子把话头归结为"古之人所以大过人者，无他焉，善推其所为而已矣"（文摘一二）。——古代圣王仁人之所以大大超越一般人，没别的，就是善于推己及人。其实孟子所要表达的，也正是孔子早就说过的："己欲立而立人，己欲达而达人"（《论语·雍也》）、"己所不欲，勿施于人"（《论语·卫灵公》）。

【文摘一二】

君子远庖厨（《孟子》）

齐宣王问曰："齐桓、晋文之事可得闻乎？"孟子对曰："仲尼之徒无道桓、文之事者，是以后世无传焉，臣未闻也。无以，则王乎？"

曰："德何如，则可以王矣？"曰："保民而王，莫之能御也。"曰："若寡人者，可以保民乎哉？"曰："可。"曰："何由知吾可也？"曰："臣闻之胡龁（hé）曰，王坐于堂上，有牵牛而过堂下者，王见之，曰：'牛何之？'对曰：'将以衅钟。'王曰：'舍之！吾不忍其觳觫，若无罪而就死地。'对曰：'然则废衅钟与？'曰：'何可废也？以羊易之！'不识有诸？"曰："有之。"曰："是心足以王矣。百姓皆以王为爱也，臣固知王之不忍也。"王曰："然。诚有百姓者。齐国虽褊小，吾何爱一牛？即不忍其觳觫，若无罪而就死地，故以羊易之也。"曰："王无异于百姓之以王为爱也。以小易大，彼恶知之？王若隐其无罪而就死地，则牛羊何择焉？"王笑曰："是诚何心哉？我非爱其财。而易之以羊也，宜乎百姓之谓我爱也。"曰："无伤也，是乃仁术也，见牛未见羊也。君子之于禽兽也，见其生，不忍见其死；闻其声，不忍食其肉。是以君子远庖厨也。"王说曰：《诗》云：'他人有心，予忖度之。'夫子之谓也。夫我乃行之，反而求之，不得吾心。夫子言之，于我心有戚戚焉。此心之所以合于王者，何也？"

曰："有复于王者曰'吾力足以举百钧'，而不足以举一羽；'明足以察秋毫之末'，而不见舆薪。则王许之乎？"曰："否。""今恩足以及禽兽，而功不至于百姓者，独何与？然则一羽之不举为不用力焉，舆薪之不见为不用明焉，百姓之不见保为不用恩焉。故王之不王，不为也，非不能也。"曰："不为者与不能者之形何以异？"曰："挟太山以超北海，语人曰'我不能'，是诚不能也；为长者折枝，语人曰'我不能'，是不为也，非不能也。故王之不王，非挟太山以超北海之类也；王之不王，是折枝之类也。老吾老以及人之老，幼吾幼以及人之幼，天下可运于掌。《诗》云：'刑于寡妻，至于兄弟，以御于家邦。'言举斯心加诸彼而已。故推恩足以保四海，不推恩无以保妻子。古之人所以大过人者，无他焉，善推其所为而已矣。……"（节自《梁惠王上》）

◎保民：安民。◎衅（xìn）：以动物之血祭祀重器宝物。◎觳觫（húsù）：因恐惧而发抖的样子。◎爱：吝啬，小气。◎褊（biǎn）：狭小。◎无异：不要惊异，别怪。◎隐：怜悯。◎庖（páo）厨：厨房。◎戚戚：心动貌。◎钧：重量单位，三十斤为一钧。◎明：视力。秋毫之末：秋日兽毛的末梢，极言其细小。舆薪：整车柴火。◎许：同意，相信。◎太山：即泰山。超：跨越。◎折枝：折肢，屈身向长者行礼。◎老吾老：前一"老"字用如动词，有尊敬、赡养义。下文之"幼吾幼"，用法与此同。◎刑：通"型"，做榜样。御：统御。◎推恩：推广恩德。

得道多助说"人和"

明代小说《三国演义》中，诸葛亮对三顾茅庐的刘备说："将军欲成霸业，北让曹操占天时，南让孙权占地利，将军可占人和……"

这是说，北方的曹操占据中原，"挟天子以令诸侯"，可谓"占天时"；南方的孙权借长江天堑为屏障，易守难攻，可谓"占地利"；刘备虽然没有外部优势，但可以凭借施仁政来获得百姓的拥护，因此"占人和"。

诸葛亮的话简明扼要、一针见血。然而这"天时、地利、人和"之说却不是他的发明，乃是出自《孟子》。

孟子曰："天时不如地利，地利不如人和。三里之城，七里之郭，环而攻之而不胜。夫环而攻之，必有得天时者矣；然而不胜者，是天时不如地利也。城非不高也，池非不深也，兵革非不坚利也，米粟非不多也；委而去之，是地利不如人和也。故曰：域民不以封疆之界，固国不以山溪之险，威天下不以兵革之利。得道者多助，失道者寡助。寡助之至，亲戚畔之；多助之至，天下顺之。以天下之所顺，攻亲戚之所畔，故君子有不战，战必胜矣。"（《公孙丑下》）

◎郭：外城。◎池：护城河。兵革：兵器和铠甲。◎委：丢下。◎域：这里是动词，限制。◎溪（xī），旧读qī。◎畔：通"叛"。

为什么说"天时不如地利，地利不如人和"？孟子举例说：有座城池，内城长三里，外城长七里，敌人围攻很久也打不下来。按说能围着打，肯定是得"天时"之助；然而人家凭借险要的地形、坚固的城池，让你始终攻不进去，这就说明"天时不如地利"。

还有一种情况：守城的一方城墙很高，护城河很深，刀枪锐利铠甲坚固，粮草也很充足，但结果却是弃城而逃，（这肯定是士气出了问题，）所以说"地利不如人和"。

总之，靠国界圈不住百姓，靠山川险阻巩固不了国家，靠刀枪也赢不来威风。那么怎样做才能战无不胜呢？孟子说：统治者走正道、施仁政，人们自会来帮助你；你不走正道、背离仁政，自然就没人来帮你。帮你的人少到极点，连亲戚也会背叛你！而帮你的人多到极点，普天下的人都会顺从你。君子带着普天下的拥护者去讨伐众叛亲离的家伙，其结果会怎样，不用说也能知道。所以说，君子不战则罢，战则必胜！

孟子的结论很明确：在政治家所有的优势中，"人和"是起决定性作用的；而获得人心的关键，即"得道"，也就是施仁政、行王道！

孟子"得罪"了朱元璋

一部《孟子》，"人"字出现了四百六十九次，"民"字出现了一百九十九次，足见孟子对"人""民"的重视。这两个字的古今意义没什么差别，基本上是指作为生物的人以及作为社会意义上的百姓。

孟子认为人民是得罪不得的，统治者丧失天下，多半是因为失掉民心的缘故。他举夏桀、商纣这两个末代君王的例子说：

桀纣之失天下也，失其民也；失其民者，失其心
也。得天下有道：得其民，斯得天下矣；得其民有道：
得其心，斯得民矣；得其心有道：所欲与之聚之，所恶
勿施，尔也。民之归仁也，犹水之就下、兽之走圹也。
（《离娄上》）

◎斯：于是，这样。◎尔也：如此而已。◎走圹：跑向
旷野。

孟子说：昏君桀、纣丧失天下的原因，主要是失掉了民心。
要想得天下，先要得民心；而得民心的方法很简单：百姓想要
的，就替他们聚拢；百姓厌恶的，就不要强加给他们，如此而
已。百姓归附于仁德，就像水往低处流、野兽奔向旷野一样，
挡也挡不住！

那么假设把"民"和政权、君主放在一起排排队，哪个更
重要？按我们以往的认知，当然是君主第一、国家第二、百姓
第三喽！且慢，看看孟子的回答：

孟子曰："民为贵，社稷次之，君为轻。是故得乎丘
民而为天子，得乎天子为诸侯，得乎诸侯为大夫。诸侯
危社稷，则变置。牺牲既成，粢盛既洁，祭祀以时，然
而旱干水溢，则变置社稷。"（《尽心下》）

◎社稷：土谷神，这里指政权。◎得：得到认同、欢心。
丘民：众民、百姓。◎变置：改立、换掉。◎粢（zī）盛：供
祭祀的黍稷等粮食。以时：按时。水溢：发洪水。

孟子的回答干脆利落、毫不含糊：老百姓最尊贵，应该排第一位；国家政权（"社稷"）次之，君主的分量最轻，只好奉陪末座！

为什么这样排呢？孟子解释说，因为获得百姓欢心的人，才配做天子（可见"民"的地位最尊贵）；而获得天子欢心的，可以当诸侯（也就是为"君"）；获得诸侯欢心的，可以当大夫。诸侯若危害社稷，就要换掉他（因此说"社稷"的重要性在"君"之上）。如果祭祀按时，所用的祭品也丰盛整洁，却仍然水旱不断，让百姓受苦，就应变易社稷（即政权）！

就是今天的读者，读了这段话也会心中一震：孟子竟敢把君主置于百姓、社稷之后，胆子不小！——明代开国皇帝朱元璋读到这里，大为恼火，命令把孔庙中"陪祀"的孟子牌位撤掉，并让人把"君为轻"这一章连同其他几章"碍眼"的文字从《孟子》中删去。

结果是，明人所读的《孟子》只是个删节本，称《孟子节文》。孟子思想之超前，由此可见一斑！

《孟子节文》题词

"用脚投票"与"出尔反尔"

在孟子的论述中，"民"与"天"几乎是平起平坐的。——孟子也谈天命，认为天子的宝座是"天"所赐予的。怎么知道是"天"赐予的？难道"天"有意志、会说话吗？照孟子的解释，天子的"候选人"先要主持祭祀，如果他奉献的祭品得到"百神"的享用，就表示"天"接受了他。不过还没完，推举者还要把他介绍给百姓，这位"候选人"还得过百姓这一关。

孟子在此讲了一段尧、舜禅让的历史往事：尧把舜推荐给天，让舜主持祭祀典礼，天接受了他。待尧死后，谦虚的舜为了把帝位让给尧的儿子丹朱，自己特意跑到老远的地方去躲避。

不料诸侯不去朝见丹朱，而是不远千里去拜见舜；打官司的人也不去找丹朱评理，而是找舜寻求公道；歌咏者也不歌颂丹朱，只来歌颂舜。百姓的表现就是天意吧？所以最后还是舜坐了天下！（《万章上》）

孟子说到这儿，引《尚书·泰誓》那两句话说："天视自我民视，天听自我民听。"——上天借百姓的眼睛来看、借百姓的耳朵来听，可见百姓地位之高，可以与天平起平坐！

孟子所讲述的历史，显然带有虚构成分。根据历史上留下的蛛丝马迹，当年为了争夺氏族领导权，舜与丹朱的斗争肯定也是你死我活的！

不过孟子并非考证历史，他是通过虚构的历史来表达自己的政治理念，即让百姓来决定谁是他们喜爱、信任的领导者。两千多年前的孟子还想不出"无记名投票"的选举方式，不过他为我们勾画了一幅"用脚投票"的理想画图，今天看起来，也仍然是新鲜的。

孟子看问题的着眼点，总不离一个"民"字。他在邹国时，邹国与鲁国发生了冲突，邹国的官吏死掉了三十三个；可邹国的老百姓却袖手旁观，谁也不肯出手援救。邹穆公为此十分恼怒，跟孟子唠叨说：这些百姓太可恨！杀了他们吧，人太多，杀不完；不杀吧，眼瞅着长官死了却不肯一伸援手，着实可恶，真不知该拿他们怎么办！

孟子回答：荒年灾月，您的百姓境遇凄惨，老弱弃尸山沟，强壮的逃亡四方，人数成百上千。可您的粮库却仓满囤流，府库里满是财宝，官吏也不向您汇报灾情，这等于是残害百姓啊！曾子说过："戒之戒之！出乎尔者，反乎尔者也。"如今不过是百姓得着报复的机会罢了，您就别责怪他们了。假如您行仁政、爱百姓，百姓自会亲近上级，到了关键时刻，也会挺身而出替长官效命的。

"出乎尔者，反乎尔者也"是孟子借曾子之言对统治者发出的警告：你怎样对待人家，人家也会怎样对待你！当你抱怨百姓时，应当好好想想你是怎么对待他们的！

成语"出尔反尔"便是由此演化而来，只是今天的意思已有所转变，变成对言而无信者的批评了。

孟子也有"犟脾气"

孟子是个有"脾气"的人——不跟小民耍脾气，专跟在位者耍，而且对方地位越高，他的脾气越大！

孟子到齐国去，准备朝见齐王。刚要出门，恰好碰上齐王的使者来传话：寡人本打算到客舍拜会孟先生，不料患了感冒，怕风不敢出门。不知孟先生肯不肯屈尊到我这里一谈？孟子一听，回答说：不幸得很，我也病了，不能前往。——给齐王碰了个软钉子。

孟子不是正准备进见吗，怎么人家一请，反而"拿起糖"来？多半孟子是被齐王的虚伪惹恼了：你召唤我去，明说就是了，何必装病啊？你这样，我偏不去！你能生病，我就不能生病吗？

第二天，孟子大摇大摆出门拜客。学生公孙丑劝他：昨天您托病谢绝齐王，今天又公然出门拜客，有些不妥吧？孟子说：昨天病了，今天不许好吗？硬是去了。这工夫，齐王派人来探视，孟子的堂弟孟仲子接待使者，临时撒个谎说：我哥昨天确实不舒服，今天好了，正去朝见呢。一边派人分头去堵孟子，告诉他：先别回家，无论如何到朝廷走一遭。

孟子来了犟脾气：不去！一拐弯，躲进齐臣景丑家里。景丑劝孟子：齐王待您够恭敬的，可您对齐王却缺乏足够的尊重。孟子反驳说：你们才不尊重齐王呢！你们从来不拿仁义的道理去劝说他。我知道你们心里怎么想的：就他？也配谈仁义？我呢，不是尧舜之道就不敢对齐王讲。我是不是比你们更尊重齐王？

聊着聊着，聊到谁该先见谁的话题。孟子说：天下有三样东西最尊贵：一是爵位，一是年龄，一是道德。在朝廷上重爵位；在乡间重年龄；至于辅助君王、治理百姓，则最重道德。哪能依仗其一，轻视其二呢？——这显然是批评齐王轻视贤者呢。在孟子看来，道德才是三者中最尊贵的。

孟子最后的结论是：凡是打算大有作为的君主，就一定有不可随便召唤的大臣（"故将大有为之君，必有所不召之臣"）。有要事相商，君主就该到大臣那里屈尊俯就。现如今，几个诸侯大国势均力敌，谁也压不倒谁。为什么呢？就因为各国领导都喜欢听话的大臣，却不喜欢可以让自己受教的大臣。——言下之意，我孟轲就是传说中的"不召之臣"，齐王对我召之即来挥之即去，休想！

臣可视君如"寇雠"

孟子的脾气可真够犟的！其实不是脾气犟，孟子对待统治者是有原则的，这原则来自孟子的"师爷"子思。

子思是孔子的孙子，继承了祖父的儒学衣钵。前头说过，《礼记·中庸》据说就是子思所撰。

鲁缪（mù）公尊重子思，常常派人问候他，还不时送些肉食美味等。时间一久，子思有点不耐烦了。有一回，直接把缪公的使者赶出大门，朝北磕头拜了两拜，表示不再接受馈赠，说是：今天我才知道国君是拿我当犬马养着！

原来，子思是嫌缪公不能重用自己，又不能给以足够的尊重；时不时送一锅肉来，子思还得为了这点吃食，对使者一再行礼拜谢。这能不让他窝火吗？

其实鲁缪公倒没有不敬的意思，还经常屈尊拜访子思。有一回他略带讨好地问：古代的千乘之君跟士人交朋友，是怎么做的呢？言外之意是：他们做的有我好吗？子思听了不高兴，说：古人是说国君拜士人为师吧？难道说的是跟士人交朋友吗？（《万章下》）

子思这是话里有话：若论地位，您是君主，我是臣下，我哪敢跟您称兄道弟攀交情啊？可若论道德，您向我求教，这难道是朋友关系吗？您得管我叫老师才对啊！——你看，鲁缪公主动来看子思，子思还不依不饶呢；孟子又怎能主动去看齐王呢！

孟子这样做，还算客气的。有一回齐宣王问孟子：公卿的职责是什么？孟子反问：您问的是哪一类公卿？齐王很奇怪：公卿还有不同吗？孟子说：有王族的公卿，也有异姓的公卿。齐王说：您说说王族的公卿吧。孟子说：君主有大的过失，他们就该劝谏；反复劝谏不听，就该把君主废掉！齐王听了，脸色都变了。孟子说：您别见怪，您问我，我不能不实话实说。齐王脸色稍稍缓和，又问异姓公卿的作为。孟子说：君主有过错就该劝谏，反复劝谏不听，自己就辞职走人。（文摘一三）

齐宣王很在乎君臣关系这事，一次问孟子：我听说商汤放逐了夏桀，周武杀掉了商纣，这是以臣弑君啊，怎么可以这么干呢？孟子回答：戕害仁的叫作"贼"，戕害义的叫作"残"，既"贼"且"残"的，叫作"独夫"。我只听说杀掉了独夫纣，没听说臣弑君这回事。（文摘一三）——在孟子看来，君一旦背离了仁义，也便破坏了君臣之义，臣杀死君不但不是罪过，反而成了正当行为！

孟子这话借古讽今，还算客气的，他还有更让君主难堪的呢：

孟子告齐宣王曰："君之视臣如手足，则臣视君如腹

心；君之视臣如犬马，则臣视君如国人；君之视臣如土芥，则臣视君如寇雠。"（《离娄下》）

◎土芥：泥土小草。雠：同"仇"。

这话是当面对齐宣王讲的：君主若把大臣当成自己的手足四肢，大臣也该把君主当作心腹来护卫；君主若把大臣看作犬马，大臣便可把君主视为陌路旁人；君主若把大臣看作一钱不值的泥土小草，大臣完全可以把君主视为仇敌！

《孟子》中没记录齐宣王当时的反应；不过明朝删改《孟子》时，这两段文字都没逃过朱元璋的裁刀！

【文摘一三】

齐宣王问卿（《孟子》）

齐宣王问卿。孟子曰："王何卿之问也？"王曰："卿不同乎？"曰："不同；有贵戚之卿，有异姓之卿。"王曰："请问贵戚之卿。"曰："君有大过则谏；反覆之而不听，则易位。"王勃然变乎色。曰："王勿异也。王问臣，臣不敢不以正对。"王色定，然后请问异姓之卿。曰："君有过则谏，反覆之而不听，则去。"（节自《万章下》）

◎贵戚之卿：与王族同姓的公卿。◎易位：更换王位。◎去：（公卿自己）离开。

残贼之人谓之一夫（《孟子》）

齐宣王问曰："汤放桀，武王伐纣，有诸？"孟子对曰："于传有之。"曰："臣弑其君，可乎？"曰："贼仁者谓之'贼'，贼义者谓之'残'。残贼之人谓之'一夫'。闻诛一夫纣矣，未闻弑君也。"（节自《梁惠王下》）

◎放：放逐。◎传（zhuàn）：史传。◎贼：戕害。◎一夫：独夫，也就是残暴无道、众叛亲离的统治者。

大丈夫的三条标准

孔子给人的印象是"温而厉，威而不猛，恭而安"（《论语·述而》）。——温和而严肃，有威仪却不凶狠，庄重而安静。外表是内心的反映，孔子的内心无比强大，才会显现出这样的仪态风度。孔子说过这样的话：

三军可夺帅也，匹夫不可夺志也！（《论语·子罕》）
◎夺：强迫改变。

君子哪怕只是孤单一人，一旦立下志向，任什么力量都无法迫使他改变，哪怕那力量可以从千军万马中轻取统帅！

孟子自称"私淑"孔子，在自尊、自信这方面则青出于蓝。他有一番话，专论大丈夫：

居天下之广居，立天下之正位，行天下之大道；得志，与民由之；不得志，独行其道。(《滕文公下》)

孟子说：住在天下最轩敞的住宅——仁宅中，立在天下最端正的位置——礼位上，走在天下最宽阔的大道——义路上。有机会当官，便偕同百姓沿正道向前；不得志时，就坚守自己的理念不动摇。

说到这儿，孟子总结了三句话：

富贵不能淫，贫贱不能移，威武不能屈，此之谓大丈夫。(《滕文公下》)

◎淫：摇荡其心。移：转移，改变。

高官厚禄不足以诱惑他，贫贱境遇不能改变他，武力威慑不能让他屈服——这才叫"大丈夫"！

在大丈夫面前，君王的排场、奢靡的生活，又算得了什么？孟子说：

说大人，则藐之，勿视其巍巍然。堂高数仞，榱题数尺，我得志，弗为也。食前方丈，侍妾数百人，我得志，弗为也。般乐饮酒，驱骋田猎，后车千乘，我得志，弗为也。在彼者，皆我所不为也；在我者，皆古之制也。吾何畏彼哉？(《尽心下》)

◎说（shuì）：说服，劝说。大人：在位者。藐：藐视。

◎仞：古代长度单位，七尺或八尺。榱（cuī）题：屋檐。◎食前方丈：指肴馔非常丰富。◎般乐：奏乐。

"说大人"是指向诸侯公卿们游说进言，劝他们施仁政、行王道。孟子的心态是，首先要藐视他们！别看他们高高在上，住在巍峨的宫殿里；别看他们吃饭时佳肴堆满一丈见方的食案，侍妾簇拥数百；别看他们在高堂奏乐宴饮，到田野驱驰射猎，随从的车子上千辆。——凡是"大人"自认为了不起的奢华享受，我若到他们那个位置上，全都不屑一顾！

我会怎么做呢？"在我者，皆古之制也"，也就是依照古代圣人的礼仪规矩行事。我比他们高尚得多，"吾何畏彼哉"——我为什么要怕他？

"浩然之气"是怎样养成的

有人疑惑：孟子超人的自信和勇气是打哪儿来的？学生公孙丑就曾向老师发问：如果让您现在就做齐国的卿相，得以辅佐齐王成就霸业，您会动心吗？孟子回答：不会的，我从四十岁起就对任何事都不动心了！公孙丑向老师请教修炼的方法，孟子于是从几位勇士说起。

一位叫北宫黝，他培养勇气，可以做到刺肌肤不躲、刺眼睛不避，让他刺杀万乘之君，他觉得跟杀一个小百姓没啥两样；高高在上的诸侯骂他，他也要反唇相讥，毫不犹豫！另一位叫孟施舍，他培养勇气，到了根本不考虑胜负的地步，只知道勇往直前！

然而孟子更佩服曾子，曾子的勇敢理念来自孔子：

（曾子曰）："……吾尝闻大勇于夫子矣：自反而不缩，虽褐宽博，吾不惴焉；自反而缩，虽千万人，吾往矣！"（《公孙丑上》）

◎自反：自我反思。缩：直，引申为正义。褐宽博：褐夫，指穿麻布衣的下等人。惴（zhuì）：忧惧，这里有恐吓意。

曾子说：我从孔夫子那里得知什么是"大勇"：遇事先反思，如果正义不在自己手里，哪怕对方是个下等人，我也不会去欺负他；若自忖我有正义在手，哪怕面对千军万马，我也会一往无前！

正是基于这样的理念，孟子说了下面的话：

（孟子）曰："我知言，我善养吾浩然之气。""敢问何谓浩然之气？"曰："难言也。其为气也，至大至刚，以直养而无害，则塞于天地之间。其为气也，配义与道；无是，馁也。是集义所生者，非义袭而取之也。行有不慊于心，则馁矣。"（《公孙丑上》）

◎浩然：盛大磅礴之貌。◎直养：用正直来培养。◎馁（něi）：这里意为疲软，气馁。◎集义：累积义。袭：突击、进入。◎慊（qiè）：快意、满足。

"浩然之气"匾额

　　孟子说：我善于分辨别人的言辞，更善于培养我自己的"浩然之气"。这个"浩然之气"很难表述——这么说吧，这种气广大而刚劲，用正直去培养它而不加损耗的话，它能充塞于天地之间！这种气必须用义和道来滋养、配合，没有道义，它就会衰减。这种气，是由正义逐渐累积而成的，不能仅靠一两次正义之举而获得。只要干一件亏心事，这股气就会受损、疲弱！

　　孟子的描绘带着点形而上的神秘味道；不过道理讲得再清楚不过：君子培养"浩然之气"，靠的是对正义的不懈追寻和坚守。——北宫黝、孟施舍的勇敢只是匹夫之勇，植根于思想和信仰的勇气，才可以无敌于天下！

　　"得天下英才而教之"

　　跟孔子一样，孟子也是教育家。他带着学生周游列国，还差点当上齐国的"中央大学"校长哩。

孟子到齐国"推销"仁政，齐王对孟子很感兴趣，却不肯采纳他的主张；只表示要请他在国都办学，并给他提供万钟粟米做经费，结果被孟子拒绝了。(《公孙丑下》)——他大概不愿被人当摆设吧。

孟子确实有当大学校长的资质。在教育上，他站得高，看得远，说老百姓吃饱穿暖之后，最重要的事情就是"设为庠、序、学、校以教之"。我们在介绍"三礼"时说过，庠、序、学、校是各级学校的名称。

齐王邀请孟子时就说：你在国都办学，好让"诸大夫、国人皆有所矜式"（让官员和百姓都有效法的榜样）。而孟子的教育内容，主要是"明人伦"（明辨人伦关系）。他认为，学生毕业当了"干部"，能把人伦关系理顺，百姓自然会亲密和谐。(《滕文公上》)

孟子深爱教育，可以说乐在其中。他说：

> 君子有三乐，而王天下不与存焉。父母俱存，兄弟无故，一乐也；仰不愧于天，俯不怍于人，二乐也；得天下英才而教育之，三乐也。君子有三乐，而王天下不与存焉。"(《尽心上》)

◎不与存：不同在。◎故：事故，灾病。◎怍（zuò）：愧疚。

在孟子看来，人生有三乐：一是父母健在，兄弟平安；二是自己坦荡做人，抬头无愧于天，低头无愧于人；三是能遇上天下最优秀人才给自己当学生。君子有了这三种乐趣，天子的宝座都不换！

的确，孟子有不少高足，名字出现在《孟子》中的就有十几位。像万章、公孙丑、乐正克、孟仲子、陈臻、屋庐连、公都子、盆成括、浩生不害、滕更，等等。

其中乐正克后来还做了鲁国的高官，滕更则是滕国国君的弟弟，孟仲子是孟子的堂弟。而万章、公孙丑的名字，还成为《孟子》书中的篇章标题。《孟子》中的不少内容，便是与弟子的谈话记录。

孔子"有教无类"的教育原则，也被孟子继承了。孟子在滕国办学时，住在"上宫"，那应该是一处官方招待所吧。馆舍中有人把一双正在编织的草鞋放在窗台上，不见了。

馆舍的人来问孟子：是不是您的人把它藏起来了？孟子说：你以为他们来这里学习，是为了偷一双草鞋吗？对方回答：那倒不会。不过您开课讲学，对学生"往者不追，来者不拒"（走的不追问，来的不拒绝）；只要有学习意愿的，您统统接收。——这样做，难免会良莠不齐，所以我来问一声。（《尽心下》）

孟子怎么回答，书中没记。但这足以从侧面证明，孟子的教育理念是宽松自由的。

严师出高徒

孟子对待弟子宽中有严，越是喜爱的学生，要求越严格。

孟子在齐国时，学生乐正子（乐正克）也随一位齐国贵族来到这里。第二天，乐正子去看老师，没想到孟子虎着脸问：你还知道来看我？

乐正子吃了一惊，忙问：先生何出此言？孟子说：我问你，你来了几天了？乐正子回答：昨天到的。孟子说：既然如此，我这话有错吗？乐正子解释说：我昨天找旅馆来着。孟子说：你听谁说的，要先找旅馆，后见老师？乐正子只好低头说：学生错了！（《离娄上》）

孟子火气未消，数落乐正子说：你这回跟王子敖（就是那位齐国贵族）一块来，就是为了贪图吃喝吧？没想到你学习古人之道，归齐就是为了吃喝啊！——孟子大概不满意王子敖，结果一肚子火都撒在学生身上；当然这里也有批评学生跟错"老板"的意思。想必乐正子心里也知道，所以低头闭嘴，没敢再说什么。

其实乐正子是孟子最喜欢的学生。另一个学生曾问孟子：我师兄乐正子怎么样？孟子说："善人也，信人也。"又解释说：人品分六等，值得喜欢叫"善"；优点实际存在叫"信"；再扩充到全身叫"美"；不但扩充到全身，还光大于外，叫"大"；既光大于外，又融会贯通，叫"圣"；圣德发挥到不可测度时，就叫"神"了！你的师兄乐正子嘛，乃是"二之中，四之下"，也就是居于"善""信"二者之间，处于"美""大""圣""神"四者之下。（《尽心下》）——孟子对学生的观察剖析，真是细致而透彻。他整个身心都扑在学生身上。

严师出高徒。乐正子到底没辜负老师的栽培与厚望，日后做了鲁国执政。消息传来，孟子"喜而不寐"。——倒不是因为今后可以走个"后门"什么的，孟子这是替国家高兴。

不过就在这时，孟子的头脑仍是清醒的。弟子公孙丑问：老师，乐正子强吗？孟子说：不强。又问：思想深邃吗？回答：不深邃。又问：见识广吗？回答：不广。公孙丑不解：那您为什么"喜而不寐"呢？孟子回答：乐正子好善，这就够了！好善的人，就能吸引天下好善的人来给他出好主意；不好善者，"距（拒）人于千里之外"，只会引来一帮"谗谄面谀之人"（花言巧语、当面奉承的人），还指望能治理好国家吗？（《告子下》）

"得天下英才而教之"，孟子的确从中获得了极大的乐趣和成就感！

冷淡"官二代"，回避亲儿子

孟子对教育做过深层研究，总结出君子育人的五种方式：

> 君子之所以教者五：有如时雨化之者，有成德者，有达财者，有答问者，有私淑艾者。此五者，君子之所以教也。（《尽心上》）
> ◎达财：朱熹认为"财"与"材"通。私淑艾：私淑。

这五种方式，有的像及时雨沾溉万物，有的侧重于成就学生的品德，有的着重培养学生的才能，有的只是答疑解惑，也有的是留下道德文字，供后人私下学习。看来，孟子把孔子的"因材施教"又推进了一步。

其实还有一种教育方式，可以称作"不教之教"。举个例子看。

孟子从不"巴结"学生，哪怕学生是"官二代"。例如他的弟子滕更是滕君的弟弟，也来孟子门下听课。可其他弟子发现，孟子很少回答滕更提出的问题，大家甚至觉得老师有点失礼。

孟子回答说，我有五不答：倚仗贵势来问，倚仗聪明来问，倚仗年长来问，倚仗功劳来问，倚仗交情来问，我都不会搭理他！滕更同学在这五项中占了两项。（文摘一四）——哪两项呢？孟子没说。可能是贵势和功劳吧？孟子所厌恶的，是倚仗某种优势而流露出的倨傲态度，这破坏了师徒间应有的尊敬。

不过孟子还说过这样的话：教诲也是多种多样的；我对某些人不屑于教诲，那也是一种教诲！（孟子曰："教亦多术矣。予不屑之教诲也者，是亦教诲之而已矣！"《告子下》）——想来滕更也从这"不教之教"中受了益，今后再向老师请教，还会摆出贵族派头吗？

很明显，孟子是"师道尊严"派，主张在学校教育中树立教师的权威。然而在家庭教育中，孟子的主张正相反：他反对父母过多插手孩子的教育，这大概也是当时的一种共识。

学生公孙丑就曾问孟子："君子之不教子也，何也？"（君子不亲自教育自己的孩子，这是为什么？）孟子回答：

势不行也，教者必以正；以正不行，继之以怒。继之以怒，则反夷矣。'夫子教我以正，夫子未出于正也。'则是父子相夷也。父子相夷，则恶矣。古者易子而教之，父子之间不责善。责善则离，离则不祥莫大焉。(《离娄上》)

◎夷：伤害。◎易：交换。责善：因要对方好而责备。◎离：隔阂。不祥：不吉，不善。

孟子的意思是：君子不亲自教育孩子，是迫于情势：你要教育孩子，就得摆出正理来；正理讲不通，就难免发脾气；这一发脾气，也便伤了父子和气。儿子就会说：您拿正理教导我，您自己却有悖正理，乱发脾气！于是父子感情受到伤害。父子间伤了感情，这结果太可怕了！古人明白这个道理，所以总是交换儿子来教育，这就避免了父子间为了求好而相互责备。为求好而相互责备，必然导致隔阂，那可是太糟了！

孟子在跟另一个学生公都子讨论时，还提到他的一个朋友匡章，就是因为"子父责善"，最终落了个"不孝"之名。孟子总结道："责善，朋友之道也；父子责善，贼（戕害）恩之大者。"(《离娄下》)——以善相责是朋友相处之道；父子间以善相责，没有比这更容易伤害恩义感情的了！

《三字经》把这种关系总结为"养不教，父之过；教不严，师之惰"，把"父"和"师"的责任义务分得很清楚："父"的责任是为孩子提供受教育的条件；至于对孩子认真施教、严格要求，则是"师"不可推卸的责任！——《三字经》的说法，显然来自孟子，至今仍有参考价值。

【文摘一四】

有所不答（《孟子》）

公都子曰："滕更之在门也，若在所礼，而不答，何也？"孟子曰："挟贵而问，挟贤而问，挟长而问，挟有勋劳而问，挟故而问，皆所不答也。滕更有二焉。"（节自《尽心上》）

◎所礼：应该以礼相待的。◎挟（xié）：倚仗。

"生于忧患，死于安乐"

儒家主张终身教育：不但重视拜师求学、及门受教，也提倡转益多师、私淑圣贤；不但重视目览口诵的书本研读，也重视社会实践、生活磨砺。——孟子就特别强调险恶环境、苦难经历对人生成长的磨砺作用。

孟子曰："人之有德、慧、术、知者，恒存乎疢疾。独孤臣孽子，其操心也危，其虑患也深，故达。"（《尽心上》）

◎慧：智慧。术：本领。疢（chèn）疾：灾患。◎孤臣：被疏远的臣子。孽子：由妾所生的儿子，即庶子，地位卑贱。危：不安。达：通达。

孟子说：一个人所以有道德、智慧、本领、知识，多半由于他常常遭逢灾患的缘故。什么人在德、慧、术、知上更有优势呢？恰恰是那些"孤臣孽子"，也就是在朝廷上受排挤、遭孤立的臣僚，以及家族中没有地位的庶出子弟。他们因处境险恶，因而常怀忧患意识，临事能深谋远虑，做事反而更容易成功。

孟子并非随便说说，他还举出许多前代圣贤的例子，来说明这个规律：

> 孟子曰："舜发于畎亩之中，傅说举于版筑之间，胶鬲举于鱼盐之中，管夷吾举于士，孙叔敖举于海，百里奚举于市。故天将降大任于是人也，必先苦其心志，劳其筋骨，饿其体肤，空乏其身，行拂乱其所为；所以动心忍性，曾益其所不能。人恒过，然后能改；困于心，衡于虑，而后作；征于色，发于声，而后喻。入则无法家拂士，出则无敌国外患者，国恒亡。然后知生于忧患而死于安乐也。"（《告子下》）
>
> ◎畎（quǎn）亩：田间。版筑：夹版填土筑墙。◎拂乱：扰乱。◎曾：同"增"。◎征于色：表现在脸色上。◎法家拂（bì）士：有法度的世臣及辅弼的贤士。拂，同"弼"，辅佐。

孟子一连举了六位先贤，全都有着苦难的人生经历。先是五帝之一的大舜，相传他出身农夫，种田、修屋、淘井无所不能。第二位傅说是商王武丁的大臣，他原本是傅岩那地方筑土墙的壮工。第三位胶鬲则是商代大臣，关于他"举于鱼盐之中"的事迹，已无从了解，大概他曾在海边打鱼贩盐吧。第四位管夷吾即管仲，前面说过，他因辅佐公子纠，得罪了齐桓公，下过大狱。"士"是刑狱官；"举于士"是说他的好友鲍叔牙把他从刑狱官手中解救出来，举荐给桓公。第五位孙叔敖是春秋时楚国人，先前躬耕于海滨，后经举荐，做了令尹（宰相）。而第六位百里奚也是春秋时楚人，曾在虞国做官；晋人灭掉虞国，百里奚被贬为媵（yìng）人（奴隶）。后来他逃到民间牧牛为生，秦穆公闻听他的大名，用五张黑公羊皮把他换回，拜他为上大夫。在他的主持下，秦国迅速强大。人们不忘他的出身，都叫他"五羖大夫"。"羖（gǔ）"即黑色公羊。

孟子总结说：这几位的成长经历说明，上天想要把重任交给谁，一定先要他心智苦恼、筋骨劳碌、饥肠辘辘、身体困顿，让他一举一动总是不合意。实则是以此触动他的心志、坚韧他的性情、增强他的能力。人常犯错，常吃亏，才知道改正；心意困苦，思虑阻塞，才能奋发有为；变了脸色，叫出声音，才能领悟到苦难的真谛。

说到这儿，孟子话锋一转说：一个国家，内部没有知法度的大臣和辅国之士，外部没有可抗衡的邻国及种种外患，这样的国家总是容易灭亡的。由此可知，忧愁祸患可以使人生存，安逸快乐反足令人败亡！

孟子总结的这番道理，既是个人修身的指南，也是领导者治国的镜鉴。——而"生于忧患，死于安乐"八个字，也成为人们常常挂在嘴边的警世名言与自励隽语。

"劳心者治人"有道理吗

孟子是位论辩能手，有一回他跟陈相展开一场辩论，事见《滕文公上》。——陈相是许行的弟子，许行则是信奉"神农之言"者，带着几十个弟子从事农耕，穿着粗麻衣，还自己打草鞋、织席子售卖。

滕国国君收留了许行，可许行却批评滕君说：你虽然是位不错的君主，可惜没有掌握真理。真正的贤人应该跟百姓并肩耕种，自己烧饭吃，然后再替他们办事。可眼下你有粮仓、有金库，这都是剥夺百姓所得，又怎么称得上明君呢？

陈相把师傅的理论讲给孟子听，孟子不置可否，问道：许先生是不是只吃自己种的粟米呢？陈相回答：不错。孟子又问：许先生戴帽子吗？回答：戴。问：戴什么帽子？回答：戴白绸子帽。问：是自己织的吗？答：不是，是用粟米换来的。问：许先生干吗不自己织呢？答：那会耽误种地的。又问：许先生是用陶锅烧饭、用铁器耕田吗？答：是。问：这些东西也都是许先生亲手制作的吗？答：不是，也是用粟米换的。

孟子开始转守为攻：农夫用粟米换陶锅、农具，不能说是损害了陶匠、铁匠；那么陶匠、铁匠用陶锅农具换粟米，难道就是损害了农夫吗？许先生为什么不亲自烧窑打铁、制造各种器具，放在家里随时取用？干吗这么不怕麻烦，跟各种匠人去交换呢？陈相回答：各式各样的工作，本来不是一面耕种一面干得来的。

孟子抓住了对方的漏洞，反问道：难道管理国家是可以一面耕种一面干得来的吗？世间万事，有管理者的工作，有百姓的工作。就一个人而言，如果各种东西都需要自己动手造，这是率领天下人疲于奔命啊！所以说，这个社会上有动脑的，有动手的；动脑的管理人，动手的听人管（"劳心者治人，劳力者治于人"）；被管理的养活人，管理人的被养活（"治于人者食人，治人者食于人"）——各有分工，相互依赖，这是天下的通理啊！

你不能不佩服孟子的论辩能力，他远远说来，似不经意，却能一点点把对方带进事先挖好的"坑"前，对方不跳都不行。

其实想想，这的确也只是个社会分工问题。试看古今中外各种事业（包括政府行政、公司运转、工农业生产乃至作战），哪一样不是"劳心者治人"呢？总要有少数人规划、指挥、管理，而多数人去实践、执行、操作。——问题在于对"治"的理解："治"的本义不过是"治理""管理"，可是在后世的某些阐释中，额外加入"整治""打压""迫害"等义，孟子的论断于是被曲解了。

其实，在讨论"劳心者治人，劳力者治于人"时，也不应忽视下面的一句："治于人者食人，治人者食于人。"——这里的"食（sì）"有喂养、供养之义。治人者靠被治者来供养，你要把心摆正，对得起手里捧着的这碗干饭才好！

寓言故事寄哲思

孟子在与人论辩时，喜欢用寓言讲道理。即如以"五十步笑百步"来讽喻梁惠王，就是有名的例子。此外如"揠苗助长""日攘一鸡""弈秋""楚人学语""齐人妻妾"等，也都脍炙人口。

宋臣戴盈之和孟子讨论百姓的税负问题，说是今年完全减免关税和商业税还做不到，先减一点，剩下的等来年再说，怎么样？孟子于是讲了个邻人偷鸡的寓言：

孟子曰："今有人日攘其邻之鸡者，或告之曰：'是非君子之道。'曰：'请损之，月攘一鸡，以待来年，然后已。'如知其非义，斯速已矣，何待来年？"（《滕文公下》）

◎攘：偷。◎损：减损，减少。已：停止。◎速：马上。

孟子说：有个人每天都偷邻人的鸡。别人对他说：这可不是正派人的行为。他说：请允许我少偷一些，改为每月偷一只，到来年彻底断绝，如何？——如果知道不合义理，就赶快停止罢了，干吗还要等来年呢？

孟子的寓言里含着讥刺，但宋国的君臣们很可能假装听不懂。

在寓言"齐人有一妻一妾"中，孟子的讽刺锋芒更犀利：有个齐国人跟一妻一妾共同生活。他每天出门去，回来时总是酒足饭饱。问起来，他的朋友据说都是有钱有势之人。可是有一回他的妻子偷偷跟踪，却发现他是到城郭外的墓地里去乞讨，饱食人家祭祀剩下的酒肉！妻妾得知真相，在院子里抱头痛哭：我们仰仗终身的人，竟是这样一副德性！

孟子最后提示寓意："由君子观之，则人之所以求富贵利达者，其妻妾不羞也，而不相泣者，几希矣！"（文摘一五）——在君子看来，一些人追求升官发财所用的卑劣手段，妻妾一旦得知而不感到羞耻以至于相对痛哭的，简直没有！

是啊，社会上总有一些人，在邻里亲友以及大众面前趾高气扬、不可一世，可是一想到他们在另外的场合（如上级或权势者面前）还会有耸肩谄笑、阿谀奉承的另一副"德性"，人们便不免联想到孟子笔下的"齐人"，嘴角不由得挂上一丝轻蔑的讪笑！

【文摘一五】

齐人有一妻一妾（《孟子》）

齐人有一妻一妾而处室者，其良人出，则必餍酒肉而后反。其妻问所与饮食者，则尽富贵也。其妻告其妾曰："良人出，则必餍酒肉而后反；问其与饮食者，尽富贵也，而未尝有显者来，吾将瞷良人之所之也。"蚤起，施从良人之所之，遍国中无与立谈者。卒之东郭墦间，之祭者，乞其余；不足，又顾而之他，此其为餍足之道也。其妻归，告其妾，曰："良人者，所仰望而终身也，今若此。"与其妾讪其良人，而相泣于中庭，而良人未之知也，施施从外来，骄其妻妾。——由君子观之，则人之所以求富贵利达者，其妻妾不羞也，而不相泣者，几希矣。（节自《离娄下》）

◎良人：丈夫。屦：足。◎眮（jiàn）：偷看。◎蚤：通"早"。施（yí）从：有偷随之意。国：这里指都城。◎卒：最后。墦（fán）：坟墓。◎讪（shàn）：怨谤。施（yí）施：志得意满的样子。◎几（jī）希：不多，一点儿。

附：《孝经》与《尔雅》

《孝经》：行孝从爱护自己开始

有句古话叫"千金之子，坐不垂堂"，意思是提醒年轻人不要坐在房檐底下，小心被意外掉下的瓦块砸到。也就是说，要有保护自己的意识。——儒家主张爱人，这个"人"既包括他人，也包括自己；准确地说，是为父母爱自己。

这不禁令人想起另一段话："身体发肤，受之父母，不敢毁伤，孝之始也。"——你的躯体四肢、毛发肌肤都是父母给的，你若受了伤，无疑会让父母心疼，这便是不孝了。所以说，行孝要从爱护自己开始。

这段话出自《孝经》，那是一部专门讨论孝道的儒家经典，记录了孔子与曾参的对话，如同孔子为曾参一个人开了一门"孝道研究"课。

历代统治者无不重视《孝经》，战国时魏文侯就曾亲自为它作注。汉代设置儒学博士，其中便有专治《孝经》的。——汉代标榜以孝治天下，自惠帝以下，皇帝谥号前都要加一"孝"字，如孝惠帝、孝文帝、孝景帝、孝武帝……地方上举荐人才，也首先考察他是否孝顺父母、廉洁正直，入选者称"孝廉"。

唐玄宗李隆基在佛、道、儒三教之间搞平衡，曾亲手抄写三教经典，并为之作注。其中儒家经典选的便是《孝经》（其他两部是《金刚经》和《南华经》）。

此外，历史上为《孝经》作注的帝王还有晋元帝、晋孝武帝、梁武帝、梁简文帝以及清代的顺治、康熙、乾隆等。作注的学者更是数不胜数，粗略统计有五百位之多！

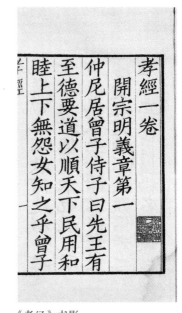

《孝经》书影

《孝经》篇幅不长，全书不到两千字。总共十八章，每章短的只有几十字，长的也不过二三百字。依顺序，分别为《开宗明义章》《天子章》《诸侯章》《卿大夫章》《士章》《庶人章》《三才章》《孝治章》《圣治章》《纪孝行章》《五刑章》《广要道章》《广至德章》《广扬名章》《谏净章》《感应章》《事君章》《丧亲章》。

孔子的"行孝三部曲"

《开宗明义章》是《孝经》全书的总纲，以下几章分别论说天子、诸侯、卿大夫、士和庶人应当如何行孝。《庶人章》以下诸章，有的是从政治角度阐释孝道的意义和作用，有的是对第一章的阐释发挥，也有的点拨行孝的具体方法。

前面提到的"身体发肤"一段，便出自《开宗明义章》。一上来，孔子便问曾参：古代圣王把握"至德要道"（最高的道德和教化手段），可以把天下治理得顺顺当当，百姓也因此和睦相处，上下和谐，没人抱怨。你知道这"法宝"是什么吗？

曾子离席而起，老实承认自己无知，请老师点拨。孔子说：

> 夫孝，德之本也，教之所由生也。……身体发肤，受之父母，不敢毁伤，孝之始也。立身行道，扬名于后世，以显父母，孝之终也。夫孝，始于事亲，中于事君，终于立身。（《开宗明义章》）

原来，孔子所说的"至德要道"，便是孝道。孔子说：孝是一切道德的根本，是教化百姓的起点。

照孔子分析，人生行孝分三阶段："身体发肤……不敢毁伤，孝之始也"，是指身为孝子，心里要时刻装着爹娘，要尽量保护自己，躲避伤害，以免爹娘操心，这是行孝的起码要求。——存了这样的心，侍奉爹娘还会有问题吗？

中年做官，不在父母身边，又该如何行孝呢？此刻应当用孝顺父母之心来对待君王和事业，让孝始终在心里占着地步。

有人说：原来儒家奖励行孝，最终目的仍是替统治者效力啊！你错了，行孝的最高境界是"终于立身"。也就是修身行道、成就事业、扬名天下、传之后世；人家提起来，说这是某某人的儿子，于是父母跟着脸上有光。——这才是对父母最大的孝敬，也是行孝的最圆满结局。

弘扬孝道没错。就是到今天，我们也仍然提倡孝敬父母；而孝敬父母的方式，除了在生活上关心他们，在物质上给以回馈，同时也包括爱护自己的身体，不让父母操心；而更高层次的行孝，是努力做好自己的工作，为社会做出贡献，让父母"望子成龙"的梦想得以实现！——孔子的"行孝三部曲"，到今天仍不失其积极的意义！

同是行孝道，对天子、诸侯、卿大夫、士以及百姓，各有不同要求。看看天子如何行孝：

子曰："爱亲者，不敢恶于人；敬亲者，不敢慢于人。爱敬尽于事亲，而德教加于百姓，刑于四海。盖天子之孝也。《甫刑》云：'一人有庆，兆民赖之。'"（《天子章》）

◎刑：通"型"，做榜样。◎《甫刑》：《尚书·吕刑》。◎兆民：万民。赖：依靠。

孔子说：天子爱父母，便把这爱扩展到天下，不敢嫌恶天下人；天子敬父母，便把这敬扩展到天下，不敢怠慢天下人。爱和敬的极致即孝敬父母，以此教化百姓，给天下人做个好榜样。这就是天子的孝。正如《尚书·吕刑》所说：天子有了爱心，万民便都有了依靠！

至于诸侯、卿大夫和士，他们要做的是居高思危、谨遵礼法、忠君敬长，这样也便保住了自己的社稷、宗庙和禄位，也就是行孝了。

在《士章》中，孔子还特别提到对父亲的敬和爱，说是拿对父亲的爱来爱母亲，拿对父亲的敬来敬国君（"母取其爱""君取其敬"），而"兼之者，父也"（兼获爱和敬的，便是父亲）。

庶人之孝要简单得多，"用天之道，分地之利，谨身节用，以养父母，此庶人之孝也"。——古人称天、地、人为"三才"；庶人上顺天道，下分地利（也就是土里刨食，通过农耕获取生活物质），中间修养自身、节俭衣食，以此奉养父母，这就是庶人的孝道了。

孔子总结说：从天子到庶人，凡是"孝无始终"的（行孝有头无尾的），没有不祸及其身的！就这一点而言，也可以说是"孝道面前人人平等"吧。

行孝勿忘"五要""三戒"

在《纪孝行章》里，孔子还谈到行孝的具体做法，即"五要""三戒"。

"五要"是"居则致其敬，养则致其乐，病则致其忧，丧则致其哀，祭则致其严"。就是说，孝子对待父母，在日常生活中要恭敬，在供养衣食时要愉悦，在父母生病时要忧愁，在父母过世时要悲痛，在祭祀先人时要严肃恭谨。

"三戒"呢，是"居上不骄，为下不乱，在丑不争"。——"居上不骄"是针对国君而言，因为"居上而骄则亡"。"为下不乱"是针对士大夫说的，士大夫最忌有犯上作乱的念头，因为"为下而乱则刑"（居臣位而犯上作乱，就会招致刑法严惩）。"在丑不争"是说地位卑微的大众不要争竞，"丑"即大众；"在丑而争则兵"（居于众庶之位而争斗，便会引来刀兵之祸）。

其实，无论"五要"还是"三戒"，都体现着孔子的礼治理想：把整个社会纳入礼法轨道，上下恪守礼法，各安其位，社会便会和谐稳定，步入小康。

一般对儒家的批判，也总是抓住这一点，认为孔子要求臣下"不乱"、百姓"不争"，是提倡"奴性"。其实孔子最先警告的是"居上"者，要他们在位"不骄"，否则便难逃国破家亡的灭顶之灾！

总体来看，儒家的礼治观是对等的、全面的。对"君父"的要求和责备，总要更多一些；而对于地位低下者，也并不主张他们盲目听话，一味顺从。

譬如在《谏诤章》里，曾子向老师发问：孝子要爱父母、敬父母，让父母安乐，为父母增光，这些我都懂了；"敢问子从父之令，可谓孝乎？"（请问儿子对爹爹的命令绝对服从，这可以叫作孝吗？）

孔子当即否定说："是何言与，是何言与！"（这是什么话，这是什么话！）他说：从前天子跟前有七位专职的"争臣"（谏诤之臣），即使这位天子没有德政，也不致丢掉天下。诸侯跟前有五位专职的"争臣"，即使诸侯没有德政，也还不致亡国。大夫之家有"争臣"三人，即使大夫没有德政，也还不致败家。士若有诤友（"争友"），就不至于丢掉好名声；当爹的若有个直言规劝的儿子（"争子"），就不至于陷于不义！

孔子归纳说：如果君、父不义，当儿子、做大臣的绝不能听之任之，要直言规劝谏诤！一味听爹话的儿子，又哪里算得上孝子呢！（文摘一六）看来，在"至高无上"的"孝"的上面，还有个"至高无上"的"义"管着哩！

由尽孝的态度，又可推出尽忠的原则。《事君章》说：

> 君子之事君也，进思尽忠，退思补过，将顺其美，匡救其恶；故上下能相亲也。
>
> ◎将顺：顺势促成。匡救：匡正补救。

君子对待国君的准则是：做官时要竭尽忠诚，退隐时要弥补缺失。国君有美政，我要大力赞助推进；国君有恶政，我要直言匡谏补救，这才能使君臣关系协调如亲人。

这里遵循的，依然是儿子对待父母的孝道原则。

【文摘一六】

争臣与争子（《孝经》）

曾子曰："若夫慈爱、恭敬、安亲、扬名，则闻命矣。敢问子从父令，可谓孝乎？"子曰："是何言与？是何言与？昔者，天子有争臣七人，虽无道，不失其天下；诸侯有争臣五人，虽无道，不失其国；大夫有争臣三人，虽无道，不失其家；士有争友，则身不离于令名。父有争子，则身不陷于不义。故当不义，则子不可以不争于父，臣不可以不争于君。故当不义则争之。从父之令，又焉得为孝乎？"（《谏诤章》）

　　◎慈爱：这里指儿女孝爱父母。安亲：侍奉父母使之安康。闻命：领教。◎争臣：敢于直陈利弊、规劝君主的臣下。争，谏诤。◎争友：诤友，能直言规劝的朋友。令名：好名声。

《尔雅》是本什么书

　　读书离不开词典，今人如此，古人也一样。春秋战国时人读更早的《尚书》《诗经》等典籍，因时代久远或地域隔阂，有些字义已不能明了，于是《尔雅》这样的训诂之书也便应运而生。——"训诂（gǔ）"意为解释，一般专指对古籍词语的解释。

　　"尔雅"的"雅"指雅言、正言，也就是古代中原地区通用的规范语言，有点近乎今天的普通话。"尔"即迩，是近的意思。"尔雅"即"接近于正言"，也就是用当时的"普通话"来解释古语、方言。

　　《尔雅》的作者，有人说是周公，也有说是孔子的门

《尔雅》书影

人。不过一般认为此书不是一人一时之作，而是许多学者采集、编辑词语训诂材料汇集而成的，时间大致在战国末到西汉初。

今天的词典编排，有的按部首，有的按音序，近代还有"四角号码"等方式。作为辞书的老祖宗，《尔雅》则是按词义分类排列的。全书共收词语四千三百多个，分两千多个条目，共十九篇。前三篇为《释诂》《释言》《释训》，集中解释古文献中常见的词语。多半是把词义相近的词放到一块来解释。像《释诂》第一条：

初、哉、首、基、肇、祖、元、胎、俶、落、权舆，始也。

细说起来，"初"指裁衣之始；"哉"指草木之始；"首"（即头）是人体之始；"基"是筑墙之始；"肇"是开门之始；"祖"是人类之始；"元"即人头，跟"首"一样，也是人体之始；"胎"是人生之始；"俶"是品德最高者，也可引申出"始"的意思；"落"是指庙堂等宫室落成；"权舆"是草木迁曲出土，即植物生长之始。——总之，都是开始的意思。

不过，《释诂》《释言》《释训》三篇还是有所区别的，《释诂》多收名词，《释言》偏重收形容词，而《释训》所收多为描写事物情貌的词语，其中有不少出自《诗经》，还净是叠音词。

例如这一条："明明、斤斤，察也。"（明明、斤斤，是明察的样子）。这两个词分别出自《诗经·大雅·常武》的"赫赫明明，王命卿士"和《诗经·周颂·执竞》的"斤斤其明"。

又如"穆穆、肃肃，敬也"（穆穆、肃肃，肃敬的样子）。两词分别出自《诗经·大雅·文王》的"穆穆文王，于辑熙敬止"和《诗经·大雅·思齐》的"肃肃在庙"。

先秦文献中，《诗三百》最具文学之美，辞藻也最丰富；《尔雅》多从《诗经》中取例，也就不难理解。

百科辞书，包罗万象

这三篇以下的篇章，则带有百科辞书的性质。像《释亲》，主要解释亲属关系；《释宫》《释器》《释乐》则分别解释跟建筑、器物及乐器有关的词语。另有天文地理类的篇章，像《释天》《释地》《释丘》《释山》《释水》；此外又有解释植物、动物名称的篇章，像《释草》《释木》《释虫》《释鱼》《释兽》《释畜》等。

举几个例子看。古人重视亲族关系，远近亲戚各有称谓。《释亲》篇解释这些称谓，又分为宗族、母党、妻党、婚姻等。如开篇的两条：

> 父为考，母为妣（bǐ）。
> 父之考为王父，父之妣为王母。王父之考为曾祖王父，王父之妣为曾祖王母。曾祖王父之考为高祖王父，曾祖王父之妣为高祖王母。

前一则说：父亲称"考"，母亲称"妣"。后一则说：父亲的父亲称"王父",父亲的母亲称"王母",也就是今天所说的祖父、祖母,或称爷爷,奶奶。再往上是"曾祖王父""曾祖王母",也就是今天所说的曾祖父、曾祖母,或称太爷、太奶。……这是往上数,那么往下呢?

> 子之子为孙。孙之子为曾孙。曾孙之子为玄孙。玄孙之子为来孙。来孙之子为晜(kūn)孙。晜孙之子为仍孙。仍孙之子为云孙。

今天人们只数到玄孙,不知下面还有"来孙""晜(同"昆")孙""仍孙""云孙"……一条解释,把子孙八代的称呼都交代得清清楚楚。

今天男子娶妻,称妻子的父母为岳父、岳母(或丈人、丈母);从前则不同,称二位为"外舅""外姑"。

反过来,"妇称夫之父曰舅,称夫之母曰姑"。——唐代诗人朱庆馀有诗云"洞房昨夜停红烛,待晓堂前拜舅姑",写的便是新娘子入门第二天晨起拜见公公、婆婆的情景。

《释宫》篇解释跟房屋、道路、桥梁等土木建筑有关的名词。其中还包括屋室内外各个部位的名称。如在一室之内,西南角叫"奥",西北角叫"屋漏",东北角叫"宧(yí)",东南角叫"窔(yào)"。——古人常说"不愧屋漏",即是说君子独自一人待在屋子角落、没人见到的地方,也应不干坏事、不起恶念,做到问心无愧,这就叫"慎独"。

《释宫》中还有涉及道路名称的词条:

一达谓之道路，二达谓之歧旁，三达谓之剧旁，四达谓之衢，五达谓之康，六达谓之庄，七达谓之剧骖（cān），八达谓之崇期，九达谓之逵。

这里说的"达"，有通达、达到之意。"一达"就是通往一个方向，"四达"就是通往四个方向。读了这一条，使我们对"通衢大道""康庄大道"一类的常见词汇，有了更清晰的认知。

《释器》篇则专门解释各种器物。如有一种盛放食物的高脚盘叫"豆"，可以用各种材质制作，又有不同名称："木豆谓之豆，竹豆谓之笾（biān），瓦豆谓之登。"

再如古代的玉器多为礼器，其中有一种圆片的形制，或称"璧"，或称"宣"，或称"瑗"（yuàn），或称"环"。据解释："璧大六寸谓之宣。肉倍好谓之璧，好倍肉谓之瑗，肉好若一谓之环。"

什么叫"肉"和"好"？原来这些圆片形玉器中间都带孔，孔的空缺部分叫"好（hào）"，孔缘至外沿的玉质部分叫"肉"。这里是说，六寸大的璧称作"宣"；"肉"比"好"大一倍的（也就是孔小的）叫"璧"，"好"比"肉"大一倍的（也就是孔大的）叫"瑗"，"肉"与"好"等宽的叫作"环"。

有意思的是，少量衣物和食品的名称也归入《释器》中，大概《尔雅》编纂者认为衣食也是为人所用的"器物"吧。

《释天》篇主要解释天文、历法、气象方面的词语。像天空、四时、祥、灾、风雨、祭祀等等。《释地》篇主要解释地理方面的专名，包括九州的划分、各地的山川特产等。此外关于山丘、川流等词语，也都有专篇训释。读者不难自行披览学习。

稳坐着"经书"的交椅

《尔雅》中有关动物的词语要比植物的多，又分为虫、鱼、鸟、兽、畜等篇。虫即昆虫，其中的"螜"（hú，蝼蛄）、"蜚"（蟑螂）、"蜩"（tiáo，蝉）、"蛣蜣"（jiéqiāng，屎壳郎）、"蚾"（bié，金龟子）等，至今还随处可见。

《释虫》篇中对一些害虫的描写，也十分准确。如：

> 食苗心，螟。食叶，蟘（tè）。食节，贼。食根，蟊。

"螟"即螟蛉的幼虫，专吃农作物的苗。"蟘"即蝗虫，专吃庄稼的叶子。吃禾秆的害虫叫"贼"；而在地下啃食庄稼根系的是"蟊"，也就是俗称的"蜡（là）蜡蛄"。——读旧小说，好汉们见了劫道小贼，常喊："哇！胆大蟊贼！……"原来根子是在这里！

《释兽》篇中罗列了各种动物名称，如麋、鹿、獐、兔、野猪、老虎、豺狼、狐狸、狗熊、犀牛、猴子、猩猩……简直就是个动物园。有意思的是，有一种"貘"，训释为"白豹"。后人作注说："似熊，小头，痹脚，黑白驳。能舐食铜铁及竹骨，骨节强直，中实少髓，皮辟湿。……"并说"出蜀郡"——原来"貘"便是被今人视为"国宝"的大熊猫，两千多年前的先民已开始注意这种珍稀动物了！

《尔雅》作为一部语言工具书，本来跟探讨人文理念的儒家经典不在一个层面上。然而它又是读经者手边必备的参考书，往往跟架上经书插在一起。西汉时，文帝设置《尔雅》传记博士，于是《尔雅》也跟《论语》《孟子》等一同成为"候补经典"。汉武帝则将这几部书（还包括《孝经》）列为"中学"科目，地位仅次于"大学"科目的"五经"。到了唐代，《尔雅》终于升格为经书，排在了《孟子》之前。

《尔雅》的编排并不严密，字词也不够丰富，解释上更有简单笼统之弊。然而它是训诂学的开山之作；就是在当时的世界范围，如此规模的释词专书也是首屈一指的。

后人推崇《尔雅》，称它为"诗书之襟带"（刘勰《文心雕龙》），"训故之渊海，五经之梯航"（宋翔凤《尔雅郭注义疏序》）。人们对《尔雅》的学习研究也从来没停止过，甚至还形成一门学问，称作"雅学"。

今天收字最多的字典，收有汉字五万六千多个，是《尔雅》的十几倍，标音注释也比《尔雅》完备得多。然而当我们俯首翻查这些工具书时，别忘了偶尔抬头向书架上的《尔雅》致敬：它是今天一切辞书的老祖宗，在儒学群经中稳稳坐着一把交椅。——它完全有这个资格！